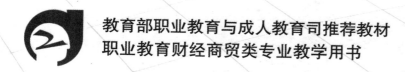

教育部职业教育与成人教育司推荐教材

职业教育财经商贸类专业教学用书

国际贸易实务

（第四版）

主　编　李小可

副主编　何民乐　倪瑞娟

主　审　高建宁　童宏祥

U0330936

华东师范大学出版社

·上海·

图书在版编目(CIP)数据

国际贸易实务/李小可主编. —4 版. —上海:华东师范
大学出版社,2019
ISBN 978-7-5675-7321-5

Ⅰ.①国…　Ⅱ.①李…　Ⅲ.①国际贸易-贸易实务-
职业教育-教材　Ⅳ.①F740.4

中国版本图书馆 CIP 数据核字(2019)第 004716 号

国际贸易实务(第四版)

教育部职业教育与成人教育司推荐教材
职业教育财经商贸类专业教学用书

主　　编　李小可
项目编辑　何　晶
特约审读　曹　勇
责任校对　劳律嘉
装帧设计　庄玉侠

出版发行　华东师范大学出版社
社　　址　上海市中山北路 3663 号　邮编 200062
网　　址　www.ecnupress.com.cn
电　　话　021-60821666　行政传真 021-62572105
客服电话　021-62865537　门市(邮购)电话 021-62869887
地　　址　上海市中山北路 3663 号华东师范大学校内先锋路口
网　　店　http://hdsdcbs.tmall.com

印 刷 者　常熟高专印刷有限公司
开　　本　787×1092　16 开
印　　张　18.25
字　　数　411 千字
版　　次　2020 年 1 月第 4 版
印　　次　2022 年 8 月第 6 次
书　　号　ISBN 978-7-5675-7321-5
定　　价　37.00 元

出版人　王　焰

出版说明（第四版）

CHU BAN SHUO MING

　　本书是"教育部职业教育与成人教育司推荐教材"，职业教育财经商贸类专业的教学用书。该书知识体系和选用信息新颖，针对性强，专门为本专业学生量身定做。

　　本书共分十二章，具体栏目设计如下：

　　趣味小问题：列举案例，提出问题，饶有趣味地引出每章正文。

　　小知识：简要解释专有名词，进一步向纵深拓展正文信息。

　　小思考：针对教材内容提出问题，引发学生思考。

　　小案例：切合文中概念、理论，举出生动的趣味案例，理论联系实际。

　　本章学习路径：简要勾勒本章学习框架，使重要知识点一目了然。

　　知识扩充：在每章末拓展补充本章中的一些知识点。

　　本书第四版依据最新的国际贸易趋势和实际情况对全书内容（主要是贸易术语部分）进行了修订与更新，以更好地适应实务教学的需要。

　　为了方便教师的教学活动，本书还配套有：

　　《国际贸易实务·习题集（第四版）》：所收录习题题型全面，由浅入深。既可供学生练习，又可作为教师的命题参考书。

华东师范大学出版社

2020 年 1 月

前　言（第四版）

　　为了适应社会主义市场经济的发展,培养新时代外贸实务人才,满足职业教育各类学校商贸、财经专业教学的要求,我们在 2012 年出版的第三版教材的基础上,适时进行修订与更新,继而推出了本书的第四版。

　　本书集中了教师长期贸易实务教学的经验,吸收了多本国际贸易实务教材的精华,采集了国际贸易实践活动的新做法,使得教材既集中群体智慧,又贴近贸易实践,同时也有利于教学活动的开展。

　　本书的另一特点是突出了案例教学。我们在每一章甚至每一节都设置了相关案例,让学生在学完一个知识点后,有机会进行实战训练,以有利于学生掌握相关知识和技能。

　　第四版教材尽可能选用最新的知识体系,最新的经济信息,以更好地贴近当前国际贸易的实际。

　　《国际贸易实务》教材由李小可主编。参加编写的有:李小可(第一章、第八章、第九章),何民乐(第二章、第三章、第六章),倪瑞娟(第五章、第七章),蒋学莺(第十章、第十一章),苏昌蕾(第四章),赵东雪(第十二章)。全书最后由李小可总纂。

　　本书由高建宁教授和童宏祥副教授主审。

　　在本书的编写中吸收了部分专家、学者的研究成果,均已作了注释说明,在此一并致以诚挚的感谢。

　　由于编者水平所限,本教材难免存有不足甚至缺陷,敬请专家同仁批评指教。

编者

2020 年 1 月

目　录

第一章　绪论

国际贸易实务是一门研究有关国际货物买卖和实际业务的课程。通过本课程的学习，使大家初步掌握国际货物买卖的基本理论和基本技能，以便将来在开展进出口业务的活动中，既能遵照法律和国际贸易惯例，又能把握我国的实际情况和企业的经营意图。

进出口业务是从货物交换开始的。中国作为 WTO 的一员，由于成员国之间要遵循最惠国待遇、国民待遇等原则，使得国际市场环境得到了不断优化，国际贸易发展迅速，贸易质量得到了进一步的提高。

趣味小问题

　　某出口公司按 CIF（成本、保险费加运费）条件向外方出口一批货物并就这批货物向中国人民保险公司投保了水渍险，货物在转船过程中遇到大雨，货到达目的港后，收货人发现货物有明显的雨水浸渍，损失率达70%，因而向该出口公司提出索赔。该公司能接受吗？（请学习下面的内容）

第一节 国际贸易实务的概念

一、什么是国际贸易实务

国际贸易实务,又称进出口贸易实务或进出口业务,它作为一门课程,专门研究商品跨国交易的理论、惯例、业务操作方法和技巧。随着中国经济国际化的发展,在市场营销活动中,"国界"的概念将逐渐淡化,跨国经营将成为营销领域中最基本的概念之一。销售人员、生产管理人员、各类服务贸易机构的工作人员等都必须掌握相关的进出口业务知识。

国际贸易按传统的定义,仅指货物的进出口。发展到今天,其业务范围已经扩大到包括货物进出口、技术进出口、服务进出口等多项内容的综合贸易业务。进出口业务是紧密结合国际经济贸易实践发展起来的业务。但是,无论在我国还是在国际上,货物买卖(有形贸易)仍然被视为国际贸易中最基本、最主要的部分。而且,有关技术转让与各种服务贸易的业务做法,不少也是从货物买卖的基本做法中演变而来的,有的甚至直接沿袭了货物买卖的基本做法。所以,有关国际货物买卖的基本理论、基本知识和业务流程,都是我们必须要掌握的。

二、国际贸易实务课程的主要内容

国际贸易实务是一门实践性、技术性、操作性、实用性很强的课程,主要包括以下几项内容:

① 国际贸易术语:常用的 6 种贸易术语、其他 5 种贸易术语,以及贸易术语的选用。

② 国际货物买卖合同条款:国际货物买卖合同的主要条款,包括品质、数量、包装、价格、装运、保险、支付条款;国际货物买卖合同的一般条款,包括检验、索赔、不可抗力、仲裁条款。

③ 国际货物买卖合同的商订与履行:国际货物买卖合同的磋商与订立、出口合同的履行、进口合同的履行。

④ 与国际货物买卖有关的主要法律法规、国际条约、国际惯例:联合国国际货物销售合同公约、2010 年国际贸易术语解释通则、跟单信用证统一惯例、托收统一规则、中华人民共和国合同法。

三、国际贸易实务课程的学习方法

在学习方法上,要注重课堂学习与操作练习的结合,加强案例分析和实践环节的训练,以提高实际动手能力。

国际贸易实务是集法规、惯例、理论和理性知识、业务技术和操作方法为一体的课程。所以,在学习的过程中有以下几个问题要注意:

(一)指导原则

国际贸易与国内贸易相比,存在着不同的市场环境因素。因此,会产生对相同的业务方法有不同理解的问题。为了保证业务操作的公平性和公正性,在进行业务操作时,必须以国际法规和惯例为原则。目前,进出口业务中经常应用的国际法规和惯例主要有:《联合国国际货物销售合同公约》(United Nations Convention on Contracts for the International Sale of

Goods，CISG）、《跟单信用证统一惯例》（国际商会第 600 号出版物）（Uniform Customs and Practice for Documentary Credits Publication No. 600，UCP600）、《托收统一规则》（国际商会第 522 号出版物）（Uniform Rules for the Collections，URC522）、《2010 年国际贸易术语解释通则》（INCOTERMS2010）、《中华人民共和国合同法》等。

（二）基础知识

国际贸易的发展首先是从贸易实践开始的，并且经过了漫长的发展历程。在贸易实践的发展过程中，经济贸易理论以及符合人类思维发展规律的理性知识也随之逐渐发展起来。这些理论和理性知识已经成为进出口业务的基础和依托，直接或潜移默化地指导着进出口业务的操作，并贯穿进出口业务的始终。有时理性知识的作用可能超过实践知识本身。所以，在学习的过程中，应该注意理性知识的作用。这里所说的理性知识除了国际法规、惯例等对贸易操作的指导性知识以外，更主要的是指在贸易发展的过程中，人们的认识规律结合进出口业务操作方法而发展起来的知识。比如，当学习到信用证是以银行为第一付款责任人的付款保证文件时，应该自然会想到，出口方发货时应该以符合合同的信用证为依据，来规避风险。

（三）相关知识

进出口业务是国际间经济活动的核心环节，它也是一种涉及面广泛的业务实践。可以说，从原材料的采购业务到产品的销售和售后服务的全过程，都与进出口业务息息相关。尽管一个人所从事的进出口业务工作可能集中于其中的某一个环节。但是，如果不了解该环节与其他环节之间的联系，以及其他环节的主要功能、发展水平等，就不可能真正做好该环节的工作。比如，从事商品出口工作的业务人员，应该掌握一些该商品的制造工艺等生产知识，也应该了解这种商品的性能知识。另外，进出口业务与很多学科都会有较密切的联系，其操作过程会因为其他学科的发展而获得改进，也可能成为其他学科发展的重要载体，例如电子商务、物流、金融、市场等学科。

（四）结合实践

国际贸易实务是一门实践性很强的课程。因此，在学习过程中应该紧密结合贸易操作实践，应该在课堂教学的基础上进行社会实践和教学实训。比如到贸易公司、报关企业、生产企业等单位，向业务人员学习有关理论与实践知识；也可以到国际贸易商品展览会去实习。根据教学环节的需要，也可以利用教学软件进行贸易模拟操作实训。

第二节　进出口贸易的原则及特点

一、进出口贸易货物买卖的原则

在国际货物买卖中，交易双方应在平等互利的基础上，本着"契约自由"和"诚实守信"等原则，依法订立合同、履行合同和处理争议。根据我国《合同法》规定，当事人在订立合同、履

行合同和处理合同纠纷时,应当遵循下列基本原则:

(一)平等自愿原则

订立、履行合同和承担违约责任时,当事人的法律地位都是平等的,享有同等的法律保护。任何一方不得将自己的意志强加给另一方,也不允许在适用法律上有所区别。

当事人依法享有自愿订立合同的权利。违背当事人真实意思的合同无效,不具有法律效力。但是,应强调指出,实行合同自愿的原则,并不意味着当事人可以随心所欲地订立合同且不受任何限制和约束,当事人必须在法律规定的范围内订立和履行合同。

(二)公平守信原则

当事人在订立合同时,相互之间应该公平,以此来确定双方的权利和义务。在履行和终止合同时,相互之间也应该做到公平、公正、公允和合情合理。

当事人在订立、履行合同,行使权利和履行义务时,应当诚实守信。将道德规范与法律规范融为一体,并兼有法律调节与道德调节的双重功能。需要强调指出,诚实守信是一项强制性规范,不允许由当事人约定将其排除在外。任何违反诚实守信原则的行为都是法律所不允许的。

(三)合法原则

当事人订立、履行合同是一种法律行为。有效的合同是一项法律文件,只有依法订立的合同,才对双方当事人具有法律约束力。因此,当事人订立、履行合同应当遵守法律,否则合同就失去了法律效力,得不到法律的保护。

二、进出口贸易货物买卖的特点

国际货物买卖是国家(地区)与国家(地区)之间的商品交换。国际货物买卖与国内贸易相比,虽然都属商品交换范畴,但由于国际货物买卖是在国家(地区)与国家(地区)之间进行的,所以更具有国际性、复杂性、风险性,当然也更具有挑战性。

由于国际货物买卖涉及到不同国家或地区,在法律体系方面可能存在差异和冲突,还可能受到有关国家或地区对外贸易政策、措施法律以及外汇管制等方面的制约,其所涉及的问题和范围远比国内贸易复杂。

国际货物买卖的交易数量和金额通常都比较大;从合同的商定开始,一直到最后合同的履行,间隔时间往往比较长;货物由出口国到进口国大都需要经过长途运输;有的还需要使用多种运输方式才能完成。因此,买卖双方在交易过程中承担的商业风险、信用风险、商品风险、运输风险等也比国内贸易大得多。

国际货物买卖还会受到交易双方所在国家政治、经济以及其他客观条件的影响,因而较国内贸易具有更大的不稳定性。尤其是在当前国际局势动荡不定,市场竞争日益激烈,贸易摩擦时有发生,各国货币汇率浮动频繁,物价经常波动,经济、金融危机难以准确预测的背景下,买卖双方在交易过程中所承担的政治

> **小思考**
>
> 根据进出口贸易货物买卖的特点,在选择机电商品的进出口时,要考虑哪些因素?

国际贸易实务

风险、价格风险、行情风险、汇兑风险等大大超过了国内贸易。

国际货物买卖地域广、期限长、中间环节多。具体来说，国际货物买卖的每笔交易除了买卖双方之外，通常还需要得到国内外的运输、保险、海关、检验与检疫、银行、政府机关等部门的协作与配合，或接受其监督与管理。关系错综复杂，稍有不慎就可能造成损失或引起纠纷，以致提交仲裁或司法诉讼，从而影响交易的完成与合同的履行。

因为从事进出口贸易的难度大、要求高，加之国际市场广阔，从业机构和人员的情况复杂，所以非常容易产生争议或出现欺诈现象，受骗上当甚至因此蒙受严重经济损失的情况屡见不鲜，这就要求从事进出口贸易的人员，不仅必须掌握国际贸易的基本原理、基本政策，而且还要掌握进出口贸易的基本知识和基本技能，提高整体素质，特别是要掌握国际市场的动态变化，并且善于随机应变，这样才能在国际贸易市场上立于不败之地。

三、国际货物买卖合同的基本内容及适用的法律

（一）国际货物买卖合同一般应具备的五个基本内容

合同的标的：主要包括货物的名称、质量、数量、包装和货物的价格。

货物的价格：通常包括货物的单价和总价或确定价格的方法，有时还规定有关价格调整的条款。

卖方的义务：主要涉及何时何地以何种方式交付符合合同规定的货物或交付约定的货物，移交与货物有关的单据和转移货物的所有权等。

买方的义务：主要是于何时以何种方式支付货款和收取货物。

争议的预防与处理：主要包括商品检验、索赔、不可抗力、仲裁等事项的规定。

（二）国际货物买卖合同适用的法律

1. 国内法

国内法是指由国家制定或认可并在本国主权管辖范围内有效的法律。国际货物买卖合同必须符合国内法，即符合某个国家制定或认可的法律。

我国法律对涉外经济合同的冲突，采用了国际上的通行规则。《中华人民共和国合同法》第126条中明确规定："涉外合同的当事人可以选择处理合同争议所适用的法律，但法律另有规定的除外。涉外合同的当事人没有选择的，适用与合同有最密切联系的国家法律。"因此，除法律另有规定外，我国当事人只要与国外当事人达成协议，就可在合同中选择处理合同争议所适用的法律或国际条约。例如，既可选择按我国法律，也可选择按对方所在国法律或经双方同意的第三国法律以及有关的国际条约来处理合同的争议。如果当事人未在合同中作出选择的，则当发生争议时，由受理合同争议的法院或仲裁机构依照交易具体情况，认定"与合同有最密切联系的国家"的法律进行处理。

2. 国际条约

国际条约是两个或两个以上主权国家为确定彼此在政治、经济、贸易、文化、军事等方面的权利和义务而缔结的诸如公约、协定、议定书等各种协议的总称。订立和履行国际货物买卖合同，必须符合当事人所在国缔结或参加的与合同有关的双边或多边的国际条约。目前与我国对外贸易有关的国际条约，主要是我国与其他国家缔结的双边或多边的贸易协定、支

付协定,以及我国缔结或参加的有关国际贸易、海运、陆运、空运、工业产权、知识产权、仲裁等方面的协定或公约。其中,自1988年1月1日起正式生效的《联合国国际货物销售合同公约》(United Nations Convention on Contracts for the International Sale of Goods, CISG),是与我国进行货物进出口贸易关系最密切,也是最重要的一项国际条约。该公约共101条,分4个部分,包括:适用范围和总则、合同的订立、货物销售、最后条款。我国是最早加入该公约的缔约国之一。我国政府曾派遣代表参加了1980年的维也纳会议,为公约的定稿和通过作出了一定的贡献。在1986年12月11日核准该公约时,我国曾根据该条约第95条和第96条的规定,对该公约的适用范围和合同形式作出了保留。

小知识

《中国对外贸易法》简介

2004年4月6日,修订后的《中国对外贸易法》颁布,并于2004年7月1日起正式实施。较之十年前的版本,修订本新增三十五条,修改二十九条,删去两条,修改幅度相当大,除一些原则性规定外,大部分内容都有变动。

一、《对外贸易法》的基本框架和主要内容

修订后的《对外贸易法》共十一章七十条。

"第一章 总则",对《对外贸易法》的立法宗旨、适用范围以及发展对外贸易的基本原则作了规定。"第二章 对外贸易经营者",对经营者的主体资格及其权利义务进行了规范,并且增加了国家可以对部分货物的进出口实行国营贸易管理的内容。"第三章 货物进出口与技术进出口"及"第四章 国际服务贸易",对外贸客体——货物贸易、技术贸易和国际服务贸易的管理进行了规范。"第五章 与对外贸易有关的知识产权保护"是修订时新增加的一章,规定了通过实施贸易措施,防止侵犯知识产权的货物进出口和知识产权权利人滥用权利,并促进我国知识产权在国外取得保护的相关内容。"第六章 对外贸易秩序"、"第七章 对外贸易调查"、"第八章 对外贸易救济"和"第九章 对外贸易促进",就外贸主体在经营活动中的行为以及国家进行贸易调查的范围、程序,可以采取的贸易救济措施,国家及贸易组织在贸易促进方面的行为作了规定。"第十章 法律责任",规定了对不同主体的各种违法行为进行法律追究,通过刑事处罚、行政处罚和从业禁止等多种手段,对对外贸易违法行为进行处罚。"第十一章 附则",规定了对敏感物项——"军品、裂变和聚变物质或者衍生此类物质的物质"、文化产品依照相关法规管理,边境贸易可采取灵活优惠的原则,以及该法对单独关税区的非适用性,并规定了该法的生效日期。

二、《对外贸易法》的基本原则

1. 扩大对外开放,发展对外贸易,维护对外贸易秩序,保护对外贸易经营者的合法权益,促进社会主义市场经济的健康发展。

2. 适用于货物进出口、技术进出口和国际服务贸易以及与对外贸易有关的知识产权保护。

3. 实行全国统一的对外贸易制度。

4. 维护公平、自由的对外贸易秩序。

5. 根据平等互利、互惠对等的原则发展双边、多边贸易关系。

此外,《中华人民共和国民法通则》第142条又明确规定:"中华人民共和国缔结或者参加的国际条约同中华人民共和国的民事法律有不同规定的,适用国际条约的规定,但中华人民共和国声明保留的条款除外"。由此可见，根据"条约必须遵守"的原则，在法律适用的问题上，除国家在缔结或参加时声明保留的条款以外，国家缔结或参加的有关国际条约优先于国内法。

3. 国际贸易惯例

国际贸易惯例（International Trade Practice）或称国际商业贸易惯例（International Commercial Practice），也是订立和履行国际货物买卖合同应当遵循的重要法律规范。

国际贸易惯例是在长期实践中逐渐形成的、一些有较为明确和固定内容的贸易习惯和一般做法。它通常是由国际性的组织或商业团体制定的有关国际贸易的成文通则、准则和规则。

虽然国际贸易惯例不是法律，对合同当事人没有普遍的强制性，只有当事人在合同中规定加以采用时，才对合同当事人有法律约束力。但是，国际贸易惯例可以弥补法律的空缺和立法的不足，起到稳定当事人经济关系和法律关系的作用。必须指出的是，由于国际贸易惯例不是法律，对当事人无普遍的强制性，所以当事人在采用时，可以对其中的某项或某几项具体内容进行更改或补充。如果当事人在国际货物买卖合同中作出了与国际贸易惯例不相符的规定，在解释合同当事人义务时应以合同规定为准。

目前世界上绝大多数国家的贸易商和银行广泛使用的国际贸易惯例主要有：国际商会制定的《国际贸易术语解释通则》《跟单信用证统一惯例》和《托收统一规则》。我国《民法通则》第142条明确规定："中华人民共和国法律和中华人民共和国缔结或参加的国际条约没有规定的涉外民事关系，可以适用国际惯例。"

小案例

某年5月，中国某粮油进出口公司A与欧洲某国一商社B订立出口大米的合同。该合同规定：大米规格为：含水率最高20%，破碎率20%，杂质最高1%，以中国商检局的检验报告为最后依据；单价为USD360/MT，FOB中国一港口；麻袋装，每袋净重50 kg；买方应于同年9月派船接运货物。B商社未按期派船接运货物，一直延误到12月才派船接运。大米装船交货，承运人签发清洁提单，运到目的港后，买方发现大米生虫。于是委托当地的货物检验机构进行检验，并签发了虫害证明。买方B商社据此向卖方A公司提出索赔20%货款。当A公司接到B商社的索赔后，不仅不肯赔，反而要求B商社支付延迟装货的仓储费等。而另保存在中国商检局的检验货样，到发生争议时仍完好无损，未发生虫害。试分析：

（1）A公司对B商社支付延迟装货的仓储费等的要求能否成立？为什么？

（2）B商社的索赔能否成立？为什么？

第三节　进出口贸易的相关机构

对外贸易管理机构是进行对外贸易行政管理的国家经济管理机关。对外贸易行政管理是国家经济管理机关凭借行政组织权力，采取发布命令、制订指令性计划及实施措施、规定制度程序等形式，按照自上而下的组织系统，对对外贸易经济活动进行直接调控的一种手段。在社会主义市场经济体制下,对外贸易的宏观管理以法律手段为依据,采取以经济调控手段(主要指关税、汇率和进出口信贷)为主、以必要的行政手段为辅的模式。

一、进出口贸易的管理机构

(一)国家发展和改革委员会

国家发展和改革委员会是我国国民经济宏观管理机构,其在对外贸易管理方面的主要职能是:

① 研究经济体制改革和对外开放的重大问题,组织拟订综合性经济体制改革方案,协调有关专项经济体制改革方案,提出完善社会主义市场经济体制,以改革开放促进发展的建议,指导和推进总体经济的体制改革。

② 研究提出利用外资和境外投资的战略,总量平衡和结构优化的目标和政策,安排国家拨款的建设项目和重大建设项目、重大外资项目、境外资源开发类和大额用汇投资项目,组织和管理重大项目稽查特派员工作。

③ 研究分析国内外市场状况,负责重要商品的总量平衡和宏观调控;编制重要农产品、工业品和原材料进出口总量计划,监督计划执行情况,并根据经济运行情况对进出口总量计划进行调整;管理粮食、棉花、食糖、石油和药品等重要物资和商品的国家储备;提出现代物流业发展的战略和规划。

④ 拟订和制定关于国民经济、社会发展、经济体制改革和对外开放的有关行政法规、规章,以及行政法规的起草和实施。

(二)商务部

商务部是主管国内外贸易的职能部门,其在对外贸易管理方面的主要职能是:

① 拟订国内外贸易和国际经济合作的发展战略、方针、政策;起草国内外贸易、国际经济合作和外商投资的法律法规,制定实施细则、规章;研究提出我国经济贸易法规之间及其与国际多边、双边经贸条约和协定之间的衔接意见。

② 研究制定进出口商品管理办法和进出口商品目录;组织实施进出口配额计划,确定配额、发放许可证;拟订和执行进出口商品配额招标政策。

③ 拟订并执行对外技术贸易、国家进出口管制以及鼓励技术和成套设备出口的政策;推进进出口贸易标准化体系建设;依法监督技术引进、设备进口、国家限制出口的技术和引进技术的出口与再出口工作;依法颁发与防扩散相关的出口许可证。

④ 研究提出并执行多边、双边经贸合作政策;负责对外多边、双边经贸谈判;协调对外谈判意见,签署有关文件并监督执行;建立多边、双边政府间经济和贸易联系机制并组织相关工作;处理国家(地区)经贸关系中的重要事务,管理同未建交国家的经贸活动;根据授权,代表我国政府处理与世界贸易组织的关系;承担我国在世界贸易组织框架下的多边、双边谈判和贸易政策审议、争端解决、通报咨询等工作。

⑤ 负责组织协调反倾销、反补贴、保障措施及其他与进出口公平贸易相关的工作;建立进出口公平贸易预警机制,组织产业损害调查;指导协调国外对我国出口商品的反倾销、反补贴、保障措施的应诉及相关工作。

⑥ 宏观指导全国外商投资工作;分析研究全国外商投资情况,定期向国务院报送有关动态和建议;拟订外商投资政策,拟订和贯彻实施改革方案;参与拟订利用外资的中长期发展规划;依法核准国家规定的限额以上、限制投资和涉及配额、许可证管理的外商投资企业的设立及其变更事项;依法核准大型外商投资项目的合同、章程及法律特别规定的重大变更事项;监督外商投资企业执行有关法律法规、规章及合同、章程的情况;指导和管理全国招商引资、投资促进及外商投资企业的审批和进出口工作;综合协调和指导国家级经济技术开发区的有关具体工作。

⑦ 负责全国对外经济合作工作;拟订并执行对外经济合作政策;指导和监督对外承包工程、劳务合作、设计咨询等业务的管理;拟订境外投资的管理和具体政策,依法核准国内企业对外投资开办企业(金融企业除外)并实施监督管理。

⑧ 负责我国对外援助工作,拟订并执行对外援助政策和方案,签署并执行有关协议;编制并执行对外援助计划,监督检查援外项目执行情况;管理援外资金、援外优惠贷款、援外专项基金等我国政府援外资金;推进援外方式改革。

⑨ 拟订并执行对香港、澳门特别行政区和台湾地区的经贸政策、贸易中长期规划;与香港、澳门特别行政区有关经贸主管机构和台湾授权的民间组织进行经贸谈判并签署有关文件;负责内地与香港、澳门特别行政区商贸联络机制工作;组织实施大陆对台湾直接通商工作,处理多边、双边经贸领域的涉台问题。

(三)海关总署

海关总署是国务院主管海关工作的行政执法机构。主要负责研究拟定海关工作的方针、政策、法律、法规和发展规划并组织实施和监督检查,垂直管理全国海关;研究拟定关税征管条例及实施细则,组织实施进出口关税及其他税费的征收管理,依法执行反倾销、反补贴措施;组织实施海关稽查,统一负责打击走私工作。

(四)国家质量监督检验检疫总局

国家质量监督检验检疫总局是国务院主管全国质量、计量、出入境商品检验、出入境卫生检疫、出入境动植物检疫和认证认可、标准化等工作,并行使行政执法职能的直属机构。其在出入境检验、检疫方面的主要职责有:

① 拟定出入境检验检疫综合业务规章制度;负责口岸出入境检验检疫业务管理;负责商品普惠制原产地证和一般原产地证的签证管理。

② 组织实施出入境卫生检疫、传染病监测和卫生监督工作;管理国外疫情的收集、分析、整理,提供信息指导和咨询服务。

③ 组织实施出入境动植物检疫和监督管理;管理国内外重大动植物疫情的收集、分析整理,提供信息指导和咨询服务;依法负责出入境转基因生物及其产品的检验检疫工作。

④ 组织实施进出口食品和化妆品的安全、卫生、质量监督检验和监督管理;管理进出口食品和化妆品生产、加工单位的卫生注册登记;管理出口企业对外卫生注册工作。

⑤ 组织实施进出口商品法定检验和监督管理,监督管理进出口商品鉴定和外商投资财产价值鉴定;管理国家实行进口许可制度的民用商品入境验证工作,审查批准法定检验商品免验和组织办理复验;组织进出口商品检验检疫的前期监督和后续管理;管理出入境检验检

疫标志(标识)、进口安全质量许可、出口质量许可,并负责监督管理。

⑥ 依法监督管理质量检验机构;依法审批并监督管理涉外检验、鉴定机构(含中外合资、合作的检验、鉴定机构);垂直管理出入境检验检疫机构;对省(自治区、直辖市)质量技术监督机构实行业务领导。

⑦ 管理与协调质量监督检验检疫方面的国际合作与交流;代表国家参加与质量监督检验检疫有关的国际组织或区域性组织;签署并负责执行有关国际合作协定、协议和议定书;审批与实施有关国际合作与交流项目;按规定承担技术性贸易壁垒协议和卫生与植物检疫协议的实施工作,管理上述协议的通报和咨询工作。

(五)国家外汇管理局

国家外汇管理局是对外汇的汇兑和国际收支进行管理的职能部门,其在进出口收付汇管理方面的主要职责是:

① 制定经常项目汇兑管理办法,依法监督经常项目的汇兑行为;规范境内外汇账户管理。
② 依法监督管理资本项目下的交易和外汇的汇入、汇出及兑付。
③ 起草外汇行政管理规章;依法检查境内机构执行外汇管理法规的情况、处罚违法违规行为。

(六)国家税务总局

国家税务总局是国务院主管全国税收工作的直属机构。主要负责拟定税收法律法规草案,制定实施细则;提出国家税收政策建议并与财政部共同审议上报、制定贯彻落实的措施;研究税负总水平;提出运用税收手段进行宏观调控的建议;制定并监督执行税收业务的规章制度。与对外贸易相关的职能主要是对进口征收国内税的管理和对出口退税的管理。

(七)国家工商行政管理总局

国家工商行政管理总局是国务院主管市场监督管理和行政执法工作的直属机构。与对外贸易相关的职能有:对外商投资企业的注册与管理、商标的注册和保护以及进口商品的国内流通等。

(八)国家知识产权局

国家知识产权局是国务院主管专利工作和统筹协调涉外知识产权事宜的直属机构,负责拟定知识产权法律法规并监督执行。

小知识

约束政府行为的其他基本法律

我国已初步建立起直接规范政府行为的行政法规体系。例如:《国务院组织法》《行政诉讼法》《国家赔偿法》《行政处罚法》《行政复议法》《行政许可法》《政府采购法》和《认证认可条例》等。这些法律在一定程度上确保了企业对政府的法律诉讼权利,初步确定了企业与政府在法律制度上的对等地位。外贸管理机关要按照上述行政法规对政府的职责和执法程序的规定,完善对外贸易管理制度。

二、进出口贸易商与相关部门的联系

进出口贸易商要和许多部门产生联系,如图1-1所示,并要遵守各种规则。完成一笔贸易往来,需要一系列的业务程序,要和各个部门打交道,所以贸易商必须熟悉并且遵守其中的规则。

从事进出口贸易的贸易商,要受到政府有关贸易制度、贸易政策、商品进出口政策、外汇管制等约束。

贸易商要按照政府的政策来调整自己的贸易活动,就要了解政府的有关政策、方针、制度,否则将无法进行正常的贸易活动。

商检机构对于进出口商来说,就像运动场上的裁判。必须对未检验的商品进行检验,而检验出来不合格的商品是不能进口和出口的。进出口商必须了解商检机构的规定和做法,要主动配合商检机构做好检验工作。

海关是进出口商品合法进出的必经通道。进出口商品要经过海关验单、查货、征税、放行后,才能实现真正意义上的进出口。所以进出口商必须实事求是地向海关申报进出口商品,并配合海关做好查验、纳税等工作。

保险公司是进出口商转移风险的途径。贸易商要既能转移原本应该由自己承担的风险,又要尽可能地降低贸易成本,就必须熟悉保险条款,更要了解在保险业务中被保险人的义务。

承运人是完成一笔国际贸易活动不能缺少的重要环节。因为国际贸易货物运输比国内运输要复杂得多,所以进出口贸易商必须按运输行业的规则和惯例与承运人密切合作。

银行不仅为贸易商提供资金融通,传递信息,而且是进出口贸易中货款结算的中介机构。银行用严格的法律、条例来规范贸易商的行为,使贸易商将自己的风险转移建立在遵循国际惯例的基础上。银行则向贸易商收取各种手续费,贸易商一般情况下要向银行提供营运资本。

在进出口贸易中,贸易商还通过一些代理人与业务部门建立联系。代理人一方面增加了贸易的成本,另一方面也提高了贸易的效率。

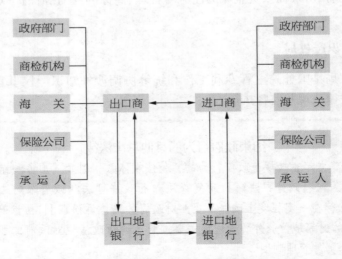

图 1-1　进出口贸易商与相关部门的联系图

第四节 进出口贸易的交易程序

交易程序是指业务操作的顺序。进出口业务程序是进口业务程序和出口业务程序的总称。为了有利于后面各章节的学习,首先需要对进出口业务的操作程序有一个整体的、概括的了解。

在进出口贸易中,由于交易方式和成交条件不同,其业务环节也不尽相同。但是,不论进口或出口交易,一般都包括交易前的准备、商订合同和履行合同三个阶段。

一、出口贸易的基本业务程序

出口贸易的基本业务程序(如图 1-2 所示):

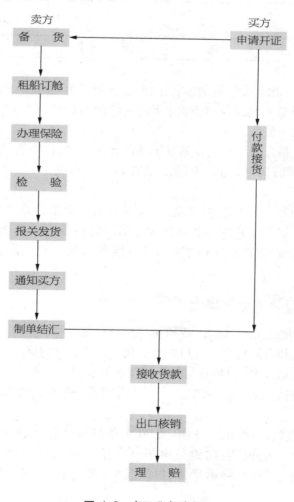

图 1-2 出口业务流程

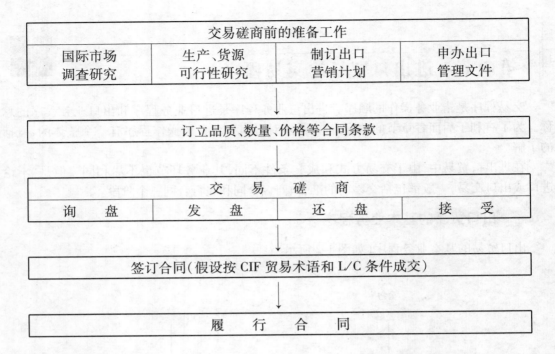

交易磋商前的准备工作			
国际市场 调查研究	生产、货源 可行性研究	制订出口 营销计划	申办出口 管理文件

订立品质、数量、价格等合同条款

交　易　磋　商			
询　　盘	发　　盘	还　　盘	接　　受

签订合同（假设按 CIF 贸易术语和 L/C 条件成交）

履　　行　　合　　同

① 交易前的准备。出口交易前的准备工作，主要包括下列事项：做好对国际市场的调查研究；制订出口商品经营方案或价格方案；落实货源；制订出口商品生产计划；开展广告宣传；选定客户和建立业务关系。

② 出口交易磋商和合同订立。在做好上述准备工作之后，即通过函电联系或当面洽谈等方式，同国外客户磋商交易，当一方的发盘被另一方接受后，交易即告达成，合同宣告订立。

③ 出口合同的履行。出口合同订立后，交易双方就要根据重合同、守信用的原则，履行各自承担的义务。如按 CIF 或 CIP 条件和凭信用证付款方式达成的交易，卖方在履行出口合同过程中主要完成下列各环节的工作：准备货物、落实信用证、安排装运、制单结汇。

二、进口贸易的基本业务程序

进口贸易的基本业务程序（如图 1-3 所示）：

① 进口交易磋商和合同订立。进口贸易的交易磋商和合同订立的做法与出口贸易基本相同，但应做好价格比较工作，以便在与外商谈判中争取到对己方最有利的条件。

② 在通过发盘与接受达成交易以后，大都还需签署一份正式的书面合同，如购货合同或购货确认书。

③ 进口合同的履行。例如，按 FOB 或 FCA 条件和凭信用证方式付款订立的合同，买方履行合同的程序一般包括：向银行申请开立信用证、催装、租船订舱或订立运输合同、通知装货日期、办理保险、接运货物、付款赎单、进口报关、接卸货物、进口报检、拨交等环节。

国际贸易实务

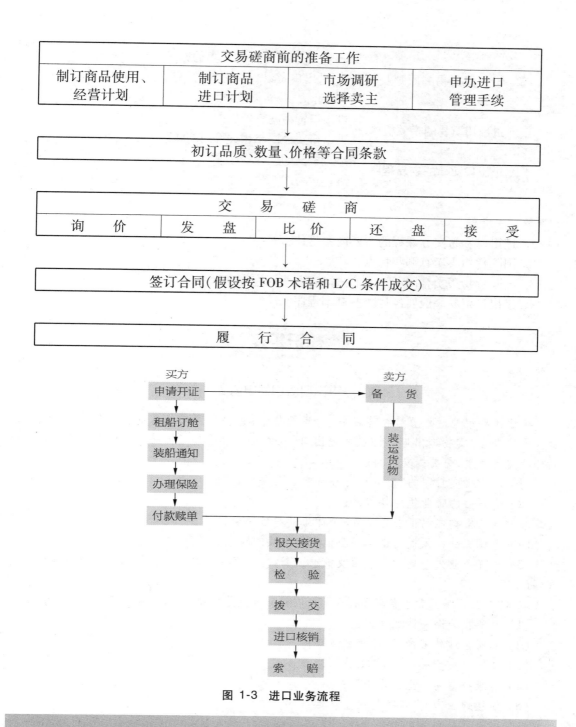

图 1-3 进口业务流程

		进出口贸易货物买卖的原则
二、进出口贸易的原则及特点		进出口贸易货物买卖的特点
		国际货物买卖合同的基本内容及适用的法律
三、进出口贸易的相关机构		进出口贸易的管理机构
		进出口贸易商与相关部门的联系
四、进出口贸易的交易程序		出口贸易的交易程序
		进口贸易的交易程序

本章复习思考题

1. 进出口贸易实务课程的主要内容是什么?
2. 国际货物买卖有哪些特点?
3. 国际货物买卖合同所涉及的法律有哪些? 应遵守哪些原则?
4. 进出口贸易一般要经过哪些基本程序?

知识扩充

进出口权如何申请

企业先要申请对外贸易经营者备案,步骤如下:先去工商局给营业执照做增项申请(经营范围须包含"货物进出口"或"技术进出口"业务),然后去外经贸局外贸科进行备案。企业到外经贸局备案,需要提交材料如下:

(1) 网上提交打印的"对外贸易经营者备案登记表";

(2) 变更后的营业执照复印件;

(3) 组织机构代码证书复印件(个体工商户可免交);

(4) 个体工商户须提交由合法公证机构出具的财产公证证明(原件);

(5) 外资企业先变更营业执照及批准证书,再提交由合法公证机构出具的资金信用证明文件(原件)。

取得"对外贸易经营者备案登记表"后,在正常开展外贸业务前,企业还需办理如下手续:

(1) 到所在地海关注册登记;

(2) 到所在地外汇局,取得核销号码;

(3) 省级海关金关中心 IC 卡录入;

(4) 省级技监局网上认定盖章;

(5) 所在地工商局、税务局网上认定盖章;

(6) 省级海关金关中心开卡;

(7) 所在地外经贸局网上审核盖章;

(8) 所在地外汇管理局审批盖章;

(9) 材料送回所在地海关审核认定;

(10) 海关 IC 卡开通使用;

(11) 企业将海关注册登记书传真到市外经贸局以便今后统计管理。

第二章　进出口贸易交易前的准备

国际金融危机爆发和国际政局动荡，使一些国家为了自身利益，以邻为壑，设置各种保护本国市场的政策措施，大大增加了国际贸易的困难和风险。为此，对于货款金额巨大、手续环节繁复的贸易活动，进出口商在每笔交易前，必须认真准备、精心谋划，做好市场调研、选对贸易伙伴、测算交易成本、订立经营方案，以保证交易顺畅、利益优化。

趣味小问题

申达贸易公司日前获得一批非洲国家非常需要的青蒿素类抗疟疾药后，便积极寻找买主。一天，业务员小王接到尼日利亚某医药进口商的函电，称该国急需此类药物，愿高价购买，但采用承兑交单的付款方式。小王首次与该公司交易，因觉得有厚利可赚，在与该商简单接洽后便签约成交。申达公司发货寄单数月后仍未收到对方货款，小王觉得事有蹊跷，待去函催账时发现对方公司已音讯全无。原本期望赚取厚利的生意，最后以货款两空告终。此案中，小王有何教训可吸取？通过本章的学习你可回答此问题。

第一节　国际市场调研

一、市场调研的目的

（一）出口调研的目的

1. 寻找可能进入的市场

一家出口商无论从事哪一类产品的销售,他首先必须了解:哪里的市场需要他的产品? 哪一个市场容易进入(没有或者很少有贸易壁垒)? 这就是出口商市场调研的首要目的。

2. 寻找有利的市场

在能够进入的众多市场中,出口商还要选择不仅需求量大而且利润高的目标市场。要寻找这类市场,必须依靠市场调研。

3. 寻找稳定的市场

国际市场情况错综复杂、瞬息万变。即使今天你已进入某一市场,明天也很可能会失去或者丢掉部分份额。要想牢固地抢占市场并保持甚至扩大市场份额,就要不断地通过市场调研,对目标市场进行准确的预测。

小知识

出口市场细分

出口市场细分就是把整个世界市场或者世界各国(地区)按照某种标准分成若干不同的类型。国际市场可以按照地理标准、经济标准、文化标准等进行分类。出口市场细分有利于出口商有针对性地开展出口贸易。

（二）进口调研的目的

小案例

《河南商报》2017 年 2 月 10 日报道:2016 年,河南出入境检验检疫局处理消费者投诉案例 3 起,分别是进口捷恩斯汽车轮胎有问题、奥迪 Q7 驾驶室有汽油味、奔驰 R320 天窗窗帘不能闭合及发动机变速箱接合处漏油。2016 年,河南出入境检验检疫局对辖区内 40 家 4S 店进口缺陷汽车召回和"三包"情况进行了督查,发现存在销售记录不完善、缺陷汽车召回不全等问题。河南出入境检验检疫局督促相关进口汽车经营者落实整改,并监督召回缺陷进口汽车 13520 辆。2016 年全国缺陷汽车召回数量超过 1100 万辆,进口汽车缺陷召回数量 130 万辆,进口汽车在全国汽车销量中占比虽不足 4%,但缺陷召回比例却超过11％,原因是一方面各大进口汽车厂商重视品牌形象和规避可能出现的风险,另一方面检验检疫部门对进口汽车经营者后续监督管理呈现常态化,他们合力维护了进口车主的利益。

1. 寻找进口商品货源地

进口商根据国内资本品或消费品的需求,要通过市场调研去了解哪些国家或地区有此类商品的生产与供应,其供应能力如何,规格是否对路,数量能否满足需求等问题。

2. 比较进口商品供应地之优劣

在有同样商品供应的国家或地区之间,还有不同的情况。比如对商品出口的限制政策或制度,同样商品的不同生产成本、不同质量规格等,要通过"货比三家"来确定最佳进口性价比。这些都只有通过市场调研才能做到。

二、市场调研的内容

与国内市场相比,国际市场更具多样性、复杂性和不可控性。因此国际市场调研涉及面很广。这里我们主要阐述国别地区调研和商品市场调研(仅以出口贸易为例)。

(一)国别地区调研

1. 经济贸易情况

一国的经济发展水平决定了该国的国民收入水平和消费倾向。往往经济发达国家因其收入水平高且购买力旺盛,消费者不太计较价格而注重产品质量与功能,甚至品牌;一国的贸易政策、国际收支等情况也会影响该国的进口贸易。一般而言,贸易政策、外汇管制宽松,有利于商品进入该国市场。

2. 人口文化状况

人口是构成市场的基本要素之一,哪里有人存在,哪里就有需求。人口的数量及增长率、年龄结构、受教育状况等都会对商品需求产生很大影响。一般情况下,在收入水平比较稳定的情况下,人口数量决定市场容量,而年龄、性别、受教育程度等则影响商品需求的类别和档次。

宗教信仰、语言文字及民族偏好、忌讳也是影响贸易不可忽视的因素。比如信奉伊斯兰教的阿拉伯人与其他教徒在食品、服饰等方面有很大的差异。Pansy men's clothing(三色紫罗兰男装)在英语俗语中有"同性恋"之意,如不了解,以这种标名品牌的服装进入某些中东国家市场,怎么可能不遭受失败呢?

3. 自然条件

地理、气候及资源分布等也是必须了解的内容。地理条件在一定程度上决定了一个国家的经济特征,也会影响该国的商品需求。如中东不少以产油为主的单一经济条件的国家决定了他们的工业品、食品几乎

小思考

通用汽车公司的雪佛兰·马里布汽车在国际市场上很热销。但在加拿大通用汽车公司向伊拉克出售了25000辆该型号汽车后,伊拉克居然表示以后拒绝进口该汽车。这是为什么呢?

全靠进口;而出口到加纳的商品则既要考虑沙漠高温、缺水地区的需要,又要顾及热带雨林、高湿度地区的需要。销售汽车则必须考虑进口国的地形条件,一辆在发达国家可以行驶好几年的汽车,如不加改进,在一些非洲国家则可能开不到两三年就会支离破碎。

4. 政治法律情况

政治与经济是不可分的。进口国政府是保守的还是极"左"的、政治法律气候是鼓励自由贸易的还是主张垄断的、民族主义倾向如何等都是出口商应知晓的。就产品而言,贸易商还必须了解:所销产品的用途是否符合进口国法律要求,产品对东道国的社会或经济是否重要,产品是否影响该国的安全等情况。

(二)商品市场调研

1. 商品的供求状况

要把产品销往国外,必须了解该产品在当地的需求情况,包括产品规格、品质要求、数量、能接受的价格水平等。还应知晓该产品在本地的生产情况、它的生产与供应能力、它的供货成本、产品的性能差异等,以此作为出口商推销商品的重要参考依据。

2. 竞争者情况

国际市场是开放的,大家都想进入,也都可以进入。同类产品可能不只一个国家的一个生产商在生产和供应。这时,你就必须充分了解谁是你的主要竞争对手,熟悉他的产品质量(包括规格)情况、供货成本与价格情况、进入渠道等。只有做到知己知彼,方能稳操胜券。比如世界第一大玩具公司就是通过市场调查首先确定它的多个产品各自的竞争对手,然后一一分析,逐个击破。

3. 替代产品情况

许多商品因其功能类似,是可以相互替代的。比如在经历了几次石油危机后,日本就积极开发以氢能源代替石油作为动力的汽车。当某一种商品供应紧张、价格高昂时,就会有替代品出现(当然有些是不能替代的)。比如台风季节,绿叶菜断档,就以豆制品替代,还有药品的相互替代等。所以出口商应该考虑替代品的影响,包括它们的产能、功能、成本、消费者的认可度等。

三、市场调研的途径

(一)机构调查

进出口商一般可以通过下述机构展开市场调研:
① 进出口商所在国的驻外使、领馆;
② 进出口商派驻国外的分支机构;
③ 国内行业协会;
④ 国外市场研究机构或征信机构。

(二)媒介调查

① 国内专业报纸杂志;
② 同业公会或商会等行业出版物、网站;

国际贸易实务

③ 政府机构(如商务部等)发行的刊物、政府网站。

(三) 实地调查

当第二手资料(上述途径所获得)不足或没有现成的第一手资料时,就需要实地调查以直接掌握市场情况。所谓实地调查就是贸易商派遣人员到市场所在国,通过走访客户、与消费者对话、考察相关产品的销售情况等进行问卷调查,获得关于目标市场的第一手资料。

第二节 建立贸易关系

通过市场调查,基本确定想要进入的市场后,就必须在该市场寻找稳定的客户,作为进入市场的阶梯。

一、寻找客户的方式

(一) 寄发信函

向专营某商品的进口商寄发信函是出口商寻找交易对手较常用的方式。这种方式比较方便,费用较低,但效率不高。这种信函的目的一般为:希望与对方建立业务关系,并希望对方尽快答复。内容包括以下几部分.

1. 信息获得途径

eg:(1) We learned from the ... that you are interested in ...

　　(2) We have obtained your name and address from ...

2. 自我介绍

eg:(1) We are a leading company with many years' experience in ...

　　(2) This corporation specializes in importing and exporting electronic products.

3. 去函目的

eg:(1) We are writing to you established long-term trade relations with you.

　　(2) We express our desire to enter into business relationship with you.

4. 结尾

eg:(1) We are looking forward to your specific inquiries.

　　(2) We are looking forward to your favorable reply.

参考以下附信示例:

Dear Mr. Lockwood,

From the March 4 issue of *the International Business Daily* we have learned that you are a leading import for electric gadgets, which just falls within our business scope. We are now writing to you to establish long-term trade relations.

As a leading company in Shanghai and backed by nearly 20 years of export experience, we have good connections with some reputable electric gadgets factories, sufficient supplies and on-time delivery are guaranteed.

Enclosed please find our latest catalogue. You will see that we can offer a wide selection of quality electric gadgets styles.

Please let us know if we may be of further assistance, and we are looking forward to your specific inquiry.

Yours sincerely,

×××

参 考 译 文

亲爱的洛克伍得先生：

我们从3月4日的《国际商务日报》上获悉贵公司是电器配件的主要进口商,经营电器配件正是我公司的业务范围。我们给您去信是希望彼此之间建立长久的贸易关系。

作为上海主要经营电器配件且积累了近二十年出口经验的公司,我们与信誉卓越的电器配件供应商保持着良好的联系,我们保证有充足的货源和按时交货。

从随信附带的最新产品目录中你们可以发现,我们可向贵公司提供丰富的优质电器配件品种的选择。

请告知我们能否进一步地合作,我们期待着贵公司的询价。

您真诚的×××

（二）参展

① 参加大型的国际商品博览会；
② 参加国内全国性或地区性的出口商品交易会(如广交会、上交会)。

通过这种展销活动,可以直接接触客户,而且在展销会接洽的客户,往往有明确的购货或销售意图,容易达成交易。参展的成本也不太高。

（三）出国访问

参加政府部门组织的贸易访问团,或者公司自行派遣人员去进、出口国进行洽谈。这种方法的好处是针对性强,并能在目标市场直接了解客户的业务状况,效果较好。但是出国的费用较大,所以往往在出口量大或者进口价值高的情况下使用这种方式。

（四）刊登商业广告

在专业杂志上刊登商品广告(如:《国际商务报》《国际经贸消息》等),在某些网站上招揽客户都不失为一种传播面广、传播速度快的寻找客户方式。

（五）利用搜索引擎或网站搜寻

这是一种既方便又节约成本的有效方法。常见的搜索引擎有百度(http://www. baidu. com)、搜狗(http://www. sogou. com)、360搜索(http://www. so. com)等。常见的商务网站如欧洲黄页(http://www. europages. com)、美国进出口网(http://www. usaex. portingport. com)、

阿里巴巴(http://www.alibaba.com)等。

二、对客户的信用调查

从事进出口贸易并非只要找到客户就能交易,为了交易顺利、降低风险,必须对所要结成的贸易伙伴进行信用调查。

(一)信用调查的内容

1. 品格(charact)

首先要调查客户的品格。无论是出口商还是进口商,他的商业道德、商业信誉直接关系到贸易伙伴的经营风险。往往具有优良品格的商人比较重合同、守信用,有利于贸易活动的正常开展。

2. 经营能力(capacity)

交易对手的经营能力也很重要。出口商组织货源的能力、进口商转售商品的能力等都关系到双方的交易是否顺利。事先未查清楚,不能贸然签约。

3. 资本实力(capital)

客户的资金状况直接关系到进口商的支付能力,以至影响到出口商的资金周转;同样对出口商而言,他的资金有问题,则会影响他组织货源、按期交货的能力。

在上述"3c"的基础上,还可间接地调查客户的贸易环境,即国别情况(country)、货币汇率情况(currency)和外部条件(condition)。上述六个方面,习惯上简称为"6c"。

(二)信用调查的渠道

1. 银行

贸易商一般都有与自己有业务往来的银行,而规模较大的银行在海外都设有分支机构,另外还可要求老客户提供其往来银行的联系方式,通过这些银行去了解贸易伙伴的资金、信用和经营能力等资料,往往比较准确。

2. 专业征信机构

这种机构因其专业性强、业务水平高,所以调查结果比较准确,但费用也高。如果交易涉及的价值比较高,可以求助这个渠道。

3. 各类驻外机构

委托驻交易对手所在国的使、领馆,或者委托当地的同业公会、行业协会,或者让公司在当地的派驻人员代为调查,也能获得比较可靠的情报。

4. 其他途径

另外,向以往的客户或同行查询,还可通过当地公开发行的工商名录查询,也能获得准确的信息。

上述几条途径的选择,取决于贸易量、成交金额的大小,取决于是一次性的交易还是想建立长期贸易伙伴关系,不同的意图应采用不同的方法。

上海某进出口公司受当地一家商行的委托,向其指定的香港公司进口钢材。双方签署了代理协议。在收到该商行的开证保证金(货款总额的 15%)后,进出口公司通过银行开出了远期信用证。港商很快通过银行寄来了全套单据。根据代理协议的规定,全套单据交商行审核确认后,进出口公司向银行承兑取得了单据。当进出口公司要求商行支付余款(85% 货款),商行称资金周转暂时有困难,请求宽限几周。于是进出口公司将单据交给了商行。到付款期限时,商行分文未付,进出口公司只能先对外付清货款,等回过来找商行时,该商行已是人去楼空。后来才发现,该商行早已欠下巨额外债,而港商是与其多年的老朋友,他们的"合作"使进出口公司遭到了巨额损失。进出口公司应从本案中吸取什么教训?

第三节　选择贸易渠道

在确定了所要进入的市场和基本客户后,就要对可能进入市场的渠道进行选择。主要的贸易渠道有两种,即直接出口和间接出口。

一、直接出口

直接出口是指出口企业不通过国内的中间机构而直接将产品卖给外国(地区)的进口商或最终用户的贸易方式。一般有经销、代理和自营三种形式。

(一)经销

1. 经销方式的含义及形式

经销是指出口企业与国外经销商达成书面协议,主要规定经销商品的种类、经销期限和地区范围,利用国外经销商就地推销商品的一种方式。

出口企业与国外经销商一旦订立经销协议,就确立了双方的经销业务关系,可以通过双方的合作,达到推销约定商品的目的。

经销有一般经销和独家经销(包销)之分。

前者是由出口企业与国外经销商签订书面协议,向其提供在一定地区、一定时间内经营某项(或几项)商品的销售权,经销商为出口企业就地销售商品并维护出口企业的利益,但国外经销商无专营权。

独家经销是指出口企业与国外独家经销商达成协议,授予该经销商在约定地区和约定期限内独家经营某一种或某一类商品的独家经营权的经销方式。这是经销中较常用的一种方式。独家经销的特点可以归纳为:三定(双方定商品、定地区、定时间);三自(经销商自行购买、自行销售、自负盈亏);一专(专营权)。

2. 独家经销的利弊

独家经销这种专营权确定了双方在一定期限内比较稳定的关系,排除了在同一地区和同一时间内其他商人经营这类商品的权利,因此比较能调动经销商的经营积极性,使他愿意承担销售前的宣传工作和销售后的服务工作,避免在同一市场因多头经营而导致自相竞争的局面。这种方式适用于最终用户比较分散、需要作较多售前宣传和售后服务的商品。当然,若独家经销商经营能力差或经营作风不正,会出现完不成协议最低限额或凭借专营销售权压低价格的现象。

3. 对经销商的考察

鉴于有可能出现独家经销的弊端,因此对经销商的考察与选择就显得非常重要,一般可从以下几个方面对经销商进行考察:

① 经销商的资本规模、财务状况与其在银行及客户中的信用度;
② 经销商拥有的销售网与销售队伍的推销技术及历年的销售业绩;
③ 售前宣传与售后服务的能力;
④ 与当地政府的关系及一般的沟通能力。

(二)代理

1. 代理的含义与分类

代理方式是指出口企业与国外代理商达成协议,规定代为推销的商品及其最低金额或数量、期限和地区范围,并要求代理商反馈市场信息的销售方式。

商业代理按有无专营权可分为独家代理和一般代理。一般代理也称佣金代理,是出口商未授予专营权的代理。独家代理是指出口企业与国外的独家代理商签定书面协议,在约定的期限和地区范围内,给予对方独家推销约定商品的权利。

2. 代理方式的优点及应用

代理方式的优点是比较灵活。出口方可以根据市场变化情况,主动掌握成交价格、销售量及其他交易条件;代理人按成交金额收取佣金,有利于调动代理人协助开辟市场、提供信息、推销商品的积极性。当然,因为代理人责任较轻,如果他的经营能力或责任心较差,会影响出口商品的销售。

因此,代理方式主要适用于最终用户比较集中、销售数量较大、不需要过多的广告宣传和售后服务的商品,但要注意对代理人经营能力和经营作风的考察。

> **小案例**
>
> 国内某外贸企业一直以来与 A 国包销商签有某产品的独家经销协议。后来看到该出口产品有较大的涨价空间,感到原包销利润低估了,又立即与当地一家代理商签订代理协议,委托其以新价格代理销售该商品。但时隔数月,一方面,代理销售情况很差,同时原包销商又提出违约索赔,使外贸企业赔了夫人又折兵。那么问题到底出在哪里呢?

(三)自营

自营是指出口商不经过经销商、代理商等中间机构,直接把商品卖给最终用户的出口方式。这种方式适用于价格极高或技术性很强的商品(如:飞机、轮船、大型成套设备等),最终用户为外国政府、地方当局及其他官方机构;或者国外用户要求以这种方式成交。

表2-1 直接出口三种形式比较			
直接出口形式	与委托人的关系	营运资金	利益来源
代理	委托买卖关系	委托人资金	佣金
经销	买卖关系	自有资金	购销差价
自营	无委托	自有资金	商业利润

二、间接出口

间接出口是指企业在经营出口贸易时,将产品卖给本国境内的中间商,再由他们将产品销往外国。所以间接出口一般是对生产企业而言的。

(一) 由专业外贸公司出口

专业外贸公司在从事国际贸易方面具有突出优势。他们拥有大量精通国际贸易、外语、法律等方面的专门人才,业务能力非常强;与国外客户有很广泛的联系,有较为稳定的销售渠道;资金充裕、信息灵敏,且在行业内有较高声誉。因此,我国大量的出口业务都是通过这条渠道进行。

(二) 由国际贸易公司出口

国际贸易公司是高度多样化的大型贸易企业,这些公司经营范围广、资金雄厚、人才济济、市场覆盖面大(我国许多专业外贸公司也在向国际贸易公司发展)。委托国际贸易公司出口,交易容易达成,风险较小,所以也是企业间接出口的主要形式之一。

(三) 合作出口

合作出口又称互补出口,指的是两家生产企业在出口方面进行合作,一个生产企业利用自己的出口能力和海外渠道为另一生产企业出口产品。

前者之所以为后者出口产品,原因有很多。比如为后者出口的产品是前者产品的相关产品,配套出口更容易为外国客户接受;或者是前者发现自己在海外的销售渠道还没有得到充分利用等。而后者则有生产能力而无出口渠道。

间接出口的好处在于生产商借助自身以外的销售渠道将自己的产品迅速销往国外,并且不必承担汇率风险和信贷风险。当然也存在不足之处,因为通过中间商出口不利于迅速获得有关信息,不利于在海外市场建立自己的声誉。因此企业如果有能力,应选择直接出口。

第四节 进出口成本核算与商品经营方案

一、进出口成本核算

成本是衡量一个企业经营成果的主要指标之一。作为一个贸易商,无论是出口还是进口,他的基本任务是盈利、创汇,所以一定要核算成本。

（一）出口成本核算

核算出口商品成本,主要是计算以本币计价的出口商品总成本和出口商品收入一定单位外汇的本币成本。

1. 出口商品总成本

出口商品总成本是外贸企业从生产或供货单位购进出口商品的价格(含增值税)加上出口商品在国内的所有费用和税金。它的计算公式为:

$$出口商品总成本 = 出口商品购进价 + 国内费用 - 出口退税$$

出口商品购进价包含增值税;国内费用(或称定额费用,以购进价乘以核定的定额费用率得出)包括银行利息、工资支出、邮电通信费用、交通费用、仓储费用、码头费用以及其他的管理费用等。由此看出,除了政府规定的税费外,提高企业生产效率、改善经营管理、节约流通费用等都是降低出口成本的途径。

2. 出口商品换汇成本(出口换汇率)

出口商品换汇成本是指出口商品净收入1美元所需要的人民币成本,计算公式为:

$$出口商品换汇成本 = \frac{出口商品总成本(人民币)}{出口销售净收入(美元)}$$

说明:

① 出口商品总成本(退税后) = 出口商品购进价(含增值税) + 定额费用 - 出口退税收入

② 定额费用 = 出口商品购进价 × 费用定额率

③ 退税收入 = $\frac{出口商品购进价(含增值税)}{(1 + 增值税率)}$ × 退税率

公式中的出口销售净收入是指出口商品售价减去国外运费、保险费和佣金等而确定的收入。出口商品换汇成本是出口商品换汇能力的反映。

小思考

出口健身椅1000只,出口报价为每只20美元CIF纽约,CIF总价20000美元,其中运费2200美元,保险费120美元。进价每只人民币125元,共计人民币125000元(含增值税17%),费用定额率10%,出口退税率10%。算一算健身椅的换汇成本是多少?

---

3. 出口商品盈亏率

出口商品盈亏率是指出口商品盈亏额与出口商品总成本的比率,计算公式为:

$$出口商品盈亏率 = \frac{出口商品盈亏额(人民币)}{出口商品总成本} × 100\%$$

公式中的商品盈亏额是出口销售人民币净收入减去出口商品总成本的差额。出口商品盈亏率计算的结果是正数,即为盈利率;是负数,则为亏损率。由上述公式看出:出口销售净收入越高,出口商品总成本越低,则盈利越大或亏损越小;反之,则盈利越小或亏损越大。它们都反映了生产企业与外贸公司的业务质量。

4. 出口创汇率

出口创汇率是指加工后成品出口外汇增值额与原(辅)料外汇成本的比率。成品出口外汇增值额是加工后成品出口外汇净收入与原(辅)料外汇成本相比的差额。原(辅)料如果是进口品,它的外汇成本即实际外汇支出,按 CIF 价计算;如是国产品,即按如果出口能换得的外汇净收入估算,按 FOB 价计算。计算公式为:

$$出口创汇率 = \frac{成品出口外汇增值额}{原(辅)料外汇成本} \times 100\%$$

这种核算方法主要是考核出口成品有利还是出口原(辅)料有利,同一进料加工为不同成品时出口何种更有利,并可作为审核出口价格尤其是对进料加工商品的定价依据之一。

(二)进口商品盈亏的核算

1. 进口商品盈亏额

进口商品盈亏额是指进口商品国内销售价和进口商品总成本之间的差额。进口总成本一般以进口商品的 CIF 价计算。由于国内销售价是以人民币计算的,而从国外进口商品的货价、运费、保险费等通常用外币计价并支付。因此进口商品总成本要依据购买外汇的成本来核算,即按人民币市场汇价把外汇折算成人民币才能算出。即:

$$人民币货价成本 = CIF 价(以外币计) \times 人民币汇价$$

如果进口总成本大于进口商品国内销售价,企业就亏损;反之,企业就盈利。

2. 进口商品盈亏率

进口商品盈亏率是指该商品的进口盈亏额与进口总成本的比率。用公式表示:

$$进口商品盈亏率 = \frac{进口商品国内销售价 - 进口总成本}{进口总成本} \times 100\%$$

$$或 \quad 进口商品盈亏率 = \frac{进口商品盈亏额}{进口总成本} \times 100\%$$

得出比值是负数,表明亏损,此时比值越大,表示亏得越多;

得出比值是正数,表明盈利,此时比值越大,表示盈利越多。

进口商品盈亏率是衡量进口项目经济效益的一个重要指标,进口商要获得较好的经济效益,一定要在进口交易前做好估算进口商品盈亏率的工作。

二、制订进出口商品经营方案

国际商品市场竞争激烈,贸易对手鱼龙混杂,开展进出口贸易事先若无周密的计划,定将事倍功半,甚至得不偿失。在此我们以出口为例阐述商品经营方案。

(一)出口商品经营方案的主要内容

出口商品经营方案的主要内容就是对商品出口的各环节作出安排,一般包含以下方面的内容:

① 方案概要。它是对方案中的主要目标和建议作的扼要概述。方案概要能使高管层迅

速了解该方案的主要内容。

② 对国际市场的一般分析。它包括国外市场的情况(市场规模与增长、消费者需求等)、产品情况(品种、规格及其供求情况、价格走势等),进口国的贸易、关税制度等。

③ 出口计划的初步安排。它包括出口国别、客户的选择、销售意图与经营方针、销售渠道及推销方法等。

④ 贸易条件的设想。它包括价格条件、交货条件、收汇方式及其他条件。

⑤ 财务目标和市场目标。前者为通过交易设想获得的利润和一定期限的投资收益率;后者是为实现前者确定的营销目标。财务目标的实现必须以市场营销目标为基础,如某公司计划获得 180 万元利润,目标利润率为 10% ,那么,市场营销目标就要确定 1800 万元的销售额。

⑥ 可能出现的问题及解决办法。

(二) 制订出口商品经营方案的步骤

第一阶段,先思考下列问题:

① 本公司开发市场的目标与产品是什么?

② 本公司的顾客及其购买力的情况怎么样?

③ 本公司产品的销售渠道如何?

④ 本公司产品的定价如何?

⑤ 竞争对手情况如何等?

第二阶段,市场调研(对目标市场进行分析与筛选)。

先对潜在市场进行评估分析,包括目标市场的最低潜力、最低利润、可以应付的竞争程度、政治稳定状况、必须遵守的法律及其他适合于企业产品的措施等,以此来确定哪些是有前途的出口市场,剔除没有前途的国家和地区。

第三阶段,拟订销售计划。

在上述两个阶段思考与评估的基础上,计划与目标市场相适应的营销活动。一旦目标市场确定,为满足该市场的需求,就要对 4Ps 策略(产品 product、促销 promotion、定价 price、渠道 place)进行组合与调整。从现状分析入手,制成一个行为方案,对具体做什么、由谁做、怎么做、何时做等进行计划。

(三) 出口商品经营方案的制订方法

1. 以市场调研为基础

依据市场调研的结果,根据国外市场的商品需求与国内厂商的供货可能来确定出口商品的品种、规格、数量等。以资信可靠、实力雄厚的客户为目标,将出口对象落实到客户。

2. 以经济效益为中心

出口一定要保证创汇和获利。所以必须在方案中核算盈亏率、换汇成本和出口创汇率。

3. 以有力措施为保证

从出口具体的商品到具体的市场、客户,还必须有具体的措施来保障。那就需要解决销售渠道、推销方法和关键问题的落实措施,这些都应在方案中提出。

附:某进出口公司小五金制品××年向东南亚国家出口营销方案

我外贸进出口专业公司已有四十多年的小五金制品出口历史,以"金杯牌"注册商标向

国际贸易实务

东南亚地区国家出口。公司在该地区拥有相当数量的固定客户,产品享有一定的知名度。作为公司传统的出口商品,今年小五金制品向东南亚地区国家出口量为500吨,销售金额45万美元,纯利润2.2万美元。公司计划:明年小五金制品向东南亚地区出口量达550吨,力争销售额达到50万美元,纯利润目标为2.5万美元。

1. 产品情况

小五金制品属于零散性出口商品,其经营特点为:品种多(大致有上百个品种),规格复杂(大约有上千种规格),产品尺寸大小相差较大,小到螺丝帽,大到金属链条。外商每次订货时各品种订货批量小、零散。因此,对小五金制品进行贸易量统计时,一般采用以公吨为单位,而不是采用计件方式。

小五金制品相对来讲,应用范围广泛,市场需求量大。主要用于人们的日常生活中。产品包括门锁及各种锁具、门把及各种拉手、合页、金属链条、插销、五金工具等。目前国际市场上对各种小五金制品的需求大致分为两个档次:一部分是高档产品,其附加价值高,销售价格高,市场潜在需求量大。由于我国目前的生产加工水平有限,我公司尚未经营这类产品出口,海外市场还未能打开;另一部分是档次较低的大路货,其附加价值低,海外销售价格低,是我公司长期经营的出口产品,由于这类制品采取老工艺加工生产,因此,生产企业无需太多的投入,仍可保持现有的市场销售量。我公司出口已形成规模,出口渠道稳定。

2. 我公司经营情况分析

(1) 公司的经营优势

我公司是经营对外贸易的专业公司,具有四十多年的历史,产品远销世界各地。东南亚市场是我公司的传统出口市场,在该地区拥有自己的固定客户,并在客户中建立起了良好的信誉,公司长期以来"遵合同,讲信誉",公司资信情况好。通过不断努力和积极开拓,创出了自己的品牌商标——"金杯牌"。由于"金杯牌"商标在东南亚地区进行了注册,使公司获得独家经营权。该品牌多年来一直为公司带来较好的经济效益。目前国内虽然有许多出口公司经营小五金制品贸易,但公司的老客户宁愿承担略高些的价格来购买我们的"金杯牌"产品,而不愿购买其他品牌的产品。

(2) 企业外部环境

小五金制品因其生产加工不属于高精尖技术,生产企业无需进行大规模投资,国内尚有许多生产厂家,特别是南方城市的许多合资企业,他们的加工设备先进,产品档次也较高。因此,国内生产企业之间竞争激烈。

同时我国小五金制品出口经营单位多,由于各公司内部出口成本核算构成不同,货源渠道不同,同类产品出口作价相差较大,出口公司之间价格竞争十分激烈,出口报价混乱。

随着人们的消费水平不断提高,原有的小五金制品的档次大大落后于目前消费水平,不能满足消费者需求。以门锁、把手为例,现在我公司出口的门锁、把手还是过去的老品种,颜色、样式较老,产品单调,包装简单。而随着家庭装修越来越普遍,对装饰材料的需求量和品种要求越来越高,与现代化房屋装修相配套的装饰产品搭配更加重要。比如与房屋装饰配套的仿古式把手、门锁等产品,属于较高档次的小五金制品,有较大的市场需求。这些高档次小五金制品,产品品种与低档次相同,但产品由于与现代化装饰相配套,产品美观、高雅,加工精细,因此,在国际市场上销售价格高,而低档次大路货产品面临着被国际市场淘汰的威胁。

（3）公司面临的主要问题

目前公司面临的最大问题是资金不足。为了进行出口制品的生产,生产企业要求外贸公司向工厂交付一定金额的预付款,而原来外贸公司出口货源采购是采取托收方式,对外贸公司来说资金不成问题。我公司出口成本核算计算公式为:

$$（出口商品成本＋外贸企业商品流通费用＋国内运输费用）\times 汇率$$

由于专业外贸公司出口成本核算构成不同于小型出口公司。特别反映在商品流通费用的支出成本方面,我公司的商品流通费用大约为 10%～14% 之间,而小型出口企业商品流通费有时只有 2% 左右,仅此一项费用,大公司与小公司之间相差 8%～12%。假设大型外贸公司和小型出口企业出口商品的成本、运费和汇率大致相同的情况下,大型外贸公司的出口成本要高于小型出口企业,这使得大公司出口价格竞争不利。

（4）东南亚市场特点

五金制品在东南亚地区销售的主要特点是:需求量大,有部分转口贸易,市场复杂。向东南亚地区国家出口的小五金制品占我公司同类产品出口量的一半以上,其中部分产品是通过当地的中间商转口到中南美地区国家。对该地区的出口产品包装本着结实、不散为主,有利于中间商进行转口。由于大多数中间商是华人,他们对国内情况比较了解,往往货比三家之后才肯签订合同。近几年来出现有些东南亚厂家纷纷到大陆投资设厂,直接经营小五金制品生产及贸易。因此,我公司在贸易中遇到了一些困难,但仍然有些老客户,始终保持与我公司贸易往来,使得我公司在竞争激烈的情况下,出口量略有增加。

3. 公司计划及行动方案

今年我公司小五金制品出口量为 500 吨,销售额为 45 万美元,东南亚地区市场占有率为 5%。明年公司计划向东南亚地区出口量为 550 吨,销售额达到 50 万美元,当地的市场占有率为 5.5%。要完成这一目标需做到:

一是保持原来大路货商品出口市场份额,发挥公司的出口优势。大路货商品虽然价格低,但有一定的市场占有率,可以维持本公司出口规模,获得一定的经济效益。

二是开辟东南亚地区高档次小五金制品出口。高档次小五金制品的出口需求在近期内会有较大增加,它可以为公司带来两个方面的好处:一方面高档次商品附加价值高,出口价格高,公司相应获得的利润额就高;另一方面为我公司今后出口产品的更新换代,提高小五金制品档次打下基础,使得我公司在今后几年中高档次小五金制品的出口比例逐年提高,成为公司主要出口产品。要实现这一计划,公司应采取的行动方案将分两步进行:①保持原有的销售渠道,维持现有的出口规模,利用老客户渠道出口大路货商品,作好稳定老客户、老渠道的工作;②将开辟东南亚地区高档次小五金制品的出口市场,作为我公司明年出口工作的重点。具体措施是首先腾出一部分精力,广泛联系国内有能力的生产企业,收集适合于出口的商品样品,同时搞好出口市场调研,按照进口商的要求组织生产,使产品适销对路。计划投入一部分资金进行高档次小五金制品样品和样本的宣传,抓紧样本的印制工作,以尽早将样本邮寄给我公司的老客户。目前,我国南方地区有些合资企业加工水平高,可以与他们建立供货关系,稳定出口货源。对东南亚地区高档次小五金制品出口渠道可以利用原来的老渠道,通过进口国当地的小五金批发商代理出口。

利用一年两次的广交会向外商展示高档次小五金制品,以获得市场反馈信息,为我公司今后的出口产品换代作准备,使企业在不断变化的国际市场竞争中处于有利地位。

第五节　广告宣传和商标注册

对出口贸易而言,商品的对外宣传和必要的法律手续是必不可少的。

一、出口商品的广告宣传

"酒香不怕巷子深"的观念已经落伍了,因为今天的市场已经不是昔日方圆几里地的小集市,尤其是出口商如果无法让进口商和终端用户了解商品的特点、优点,就很难占领市场。因此,出口商品的广告宣传显得日益重要。

(一)出口广告的特点

出口商品的广告是指面向国际市场,以介绍商品名称及特征并进行销售说服等为主要内容的商品宣传形式,它能使出口商品迅速为国际市场所了解,赢得商品声誉,扩大商品销售。它与国内广告相比,有下述特点:

① 广告覆盖范围更广;
② 广告环境差异更大;
③ 广告受众文化背景更复杂;
④ 广告作业更困难;
⑤ 广告费用更昂贵。

根据国际广告的特点,结合出口商品的意图和特异性,就要求对广告宣传的渠道作出科学的选择。

(二)出口广告的渠道

国际商品广告的渠道一般有:

1. 报纸期刊

可以选择一些国内对外发行的报纸期刊进行宣传。比如在中国国际贸易促进会主办的《中国对外贸易》和《人民日报》海外版、《中国日报》《人民中国》等纸质媒体上刊登商品广告。也可选择港澳台及海外发行范围较大的报刊进行宣传。比如香港《文汇报》和澳门《澳门日报》等。

这种广告途径费用相对较低,受众面却较广,但对受众者有较高的文化要求,广告的形式相对单一。

2. 户外媒体

户外媒体即利用设置在室外的各种露天广告传播工具进行商品宣传。比如在各种公共场所设置、悬挂广告牌,五光十色、醒目美观,与城市环境浑然一体。还可将交通工具作流动广告的载体,如:在公共汽车、摆渡轮、出租车等交通工具的外立面上印制广告。这种广告注目度高、灵活方便、制作简易。户外广告与印刷媒体广告相比,形象生动、受众面更广。

3. 多媒体广告

这是运用计算机技术和现代电子科技成果作为宣传手段的广告。比如电视、广播、霓虹

国际贸易实务

灯、激光技术、光导纤维等。这种形式的广告信息量大、传播迅速、覆盖面更广、表现力强，但费用一般比较高。

4. 互联网广告

Internet 是一个全新的广告媒体，速度最快、效果也很理想，是中小企业扩展壮大的很好途径，对于广泛开展国际业务的公司更是如此。出口商可利用网站上的广告横幅、文本链接、多媒体等方法，在互联网刊登自行制作的商品宣传网页或发布出口商品广告，通过网络传递到互联网用户。它传播速度快、受众面广，与传统的四大传播媒体（报纸、杂志、电视、广播）广告及近来备受青睐的户外广告相比，网络广告具有得天独厚的优势，是实施现代营销媒体战略的重要方式。

上述各种广告宣传方式要根据销售商品的数量、价值、产品周期等因素来选择。

（三）对外广告宣传的要求

在出口商品的广告宣传上，除了最基本的要符合我国对外贸易的政策和总体方针外，还应注意以下问题：

1. 广告宣传的内容和形式

在这方面首先要体现社会主义风格，既要适应国外市场的习惯和需要，同时必须注意我国的国情，保持我国的民族特色；要解放思想、大胆创新，提高广告宣传的效果。

2. 针对性和准备工作

对一些国产名牌、国际上又很畅销的商品要花大力气去宣传。在重点地区，对重点商品要强化广告推广。尤其是对国际市场畅销又有前途的商品，在宣传时要准备好宣传样品，以备国外客商索要。

3. 国外广告代理商的选择

由于国际广告受语言、风俗、宗教信仰等文化因素影响较大，为了取得比较好的宣传效果，对销售量较大的出口商品的宣传，可选择国外广告代理商。在选择国际广告代理商时，要考虑代理商的声誉、业务水平和他的国际网络。

> **小思考**
>
> 为什么当初在美国很好销的"百事可乐"在德国却少有人问津？

小案例

2014 年，红牛能量饮料公司因其用了近 20 年的广告语"Red Bull gives you wings"（红牛给你翅膀）而被起诉。消费者 Beganin Caraethers 以广告欺诈起诉红牛，表示自己喝了 10 年红牛饮料压根没长翅膀。最终，红牛公司同意支付其 1300 万美元罚款，并且凡是在 2002 年 1 月 1 日到 2014 年 10 月 3 日期间在美国买过红牛饮料的消费者都可以获得 10～15 美元的赔偿。

二、出口商品的商标注册

在知识产权的保护得到日益重视的今天,任何商品要进入国际市场都要解决商标注册的问题,因为不经过注册的商标是没有合法身份的。

(一)什么是商标

商标是商品的一种标志,一般由文字、记号、图案或它们的组合所构成,它是区别生产或经营的同类产品并代表其商品质量的标志。

各国的商标法一般都有规定,商标注册后,申请注册的企业享有专用权,受法律的保护。如有人仿冒,申请人可向商标注册机关或法院申诉,对仿冒者有关部门可根据情节给予不同程度的惩罚:从责令停止使用、没收仿冒商品和非法所得、处以罚款以及刑事处罚。

(二)商标设计的要求

一个产品要设计商标,其目的不仅在于与同类产品相区别,更重要的是对外宣传商品。因此在设计商标时一定要仔细研究,考虑周密,使其能真正发挥作用。

1. 设计思想要新颖,风格要独特

商标的设计当然首先要简单易认、便于识别,这样才能起到区别于其他同类商品的作用。但同时必须做到图案新颖、色彩夺目、特点鲜明,对消费者形成视觉冲击力,抓住消费者的视线,让人一看就被吸引并能牢牢记住。

2. 要注意销售市场的习俗和法律规定

出口商品是要进入外国市场的,因此商标的设计一定要遵循外国消费者的习惯,还要符合当地的法律。比如使用的图案不能是他们所忌讳的,色彩也要迎合他们的偏好,对商品牌号无论是音译还是直译,都不能与东道国认为不利的读音、文字相同或相似。

3. 商标代表的质量要标准明确

每一个商标就是一个品牌,每一个品牌就代表着一种品质。因此一个商标应该规定一个统一的质量标准。同一商标的产品中如有不符合标准的,就不能出口,这样才能始终维护该品牌,尤其是共用商标,更要注意商品质量的统一性。

(三)商标注册的一般规定

出口商品的商标首先要在生产国国内注册。在我国,经工商行政管理总局批准并发给注册证,然后在准备大量销售的国家或地区再办理注册手续。这种注册可委托当地可靠的律师或资信较好的本国驻外机构等办理。

> **小思考**
>
> 在 PRETUL 案中,香港莱斯公司于 2010 年 3 月 27 日经原商标权人转让,获得"PRETUL 及椭圆图形"商标在中国的专用权(第 6 类),而案外人储伯公司系墨西哥"PRETUL"或"PRETUL 及椭圆图形"注册商标权利人(第 6 类、第 8 类)。2011 年,储伯公司授权亚环公司按照其要求生产标有 PRETUL 商标的挂锁,并全部出口墨西哥。莱斯公司认为亚环公司的贴牌加工行为侵犯了其对 PRETUL 商标的专用权。那么亚环公司是否侵犯 PRETUL 商标专用权呢?

国际贸易实务

按照国际惯例,下列商标不能注册:

① 同国家名称、国旗、军旗、国际政府组织的标志相似的;

② 违背公共秩序或道德的文字、图案或标记;

③ 含有他人肖像、姓名、名称的;

④ 表明商品产地的地理名称或图形和表示商品原材料或用途的;

⑤ 同他人(企业)已注册的商标相同或类似的商标。

除此以外,还要注意一些国家的特殊规定。

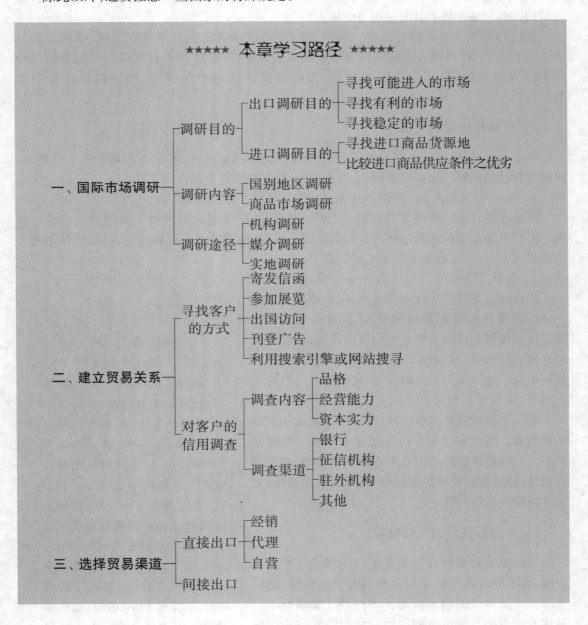

★★★★★ 本章学习路径 ★★★★★

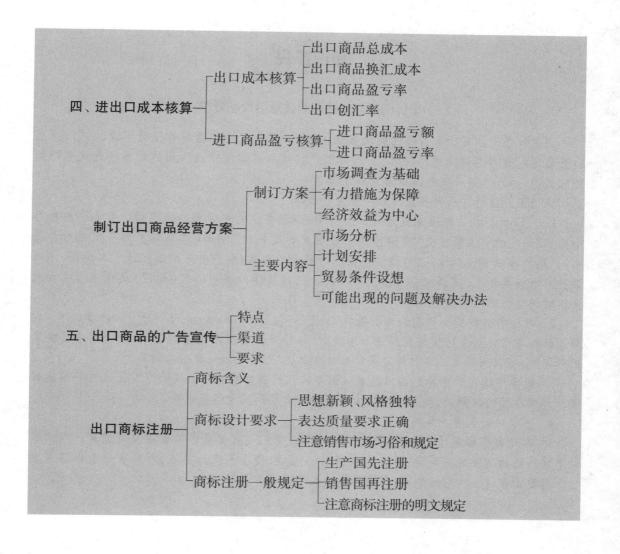

四、进出口成本核算
- 出口成本核算
  - 出口商品总成本
  - 出口商品换汇成本
  - 出口商品盈亏率
  - 出口创汇率
- 进口商品盈亏核算
  - 进口商品盈亏额
  - 进口商品盈亏率

制订出口商品经营方案
- 制订方案
  - 市场调查为基础
  - 有力措施为保障
  - 经济效益为中心
- 主要内容
  - 市场分析
  - 计划安排
  - 贸易条件设想
  - 可能出现的问题及解决办法

五、出口商品的广告宣传
- 特点
- 渠道
- 要求

出口商标注册
- 商标含义
- 商标设计要求
  - 思想新颖、风格独特
  - 表达质量要求正确
  - 注意销售市场习俗和规定
- 商标注册一般规定
  - 生产国先注册
  - 销售国再注册
  - 注意商标注册的明文规定

本章复习思考题

1. 为什么要进行市场调研？市场调研的主要内容是什么？
2. 对贸易伙伴的调查可以通过哪些途径？主要调查什么？
3. 独家经销的特点有哪些？选择经销商要注意什么？
4. 为什么要进行进出口成本核算？
5. 出口商品经营方案的内容包括哪些方面？
6. 为什么要进行出口商品的广告宣传？
7. 商标的国际注册要注意什么问题？

申请国际商标注册的注意事项和要求

现在世界上共有三个国际性或地域性的组织,可以直接受理商标注册申请,它们是《马德里协定》、欧洲共同体商标注册、非洲知识产权组织。如果申请注册的国家不是这些组织的成员国,那只有逐一向各国申请商标注册。

申请国际商标注册时要注意以下规定和要求:

1. 一个商标在一个国家或地区的一类商品/服务上的申请为一份申请。每个商标在每个国家/地区的申请需提交"申请至国外注册商标委托函"一份(各事务所都备有专用委托书)。委托事项需逐项填写,申请注册商标所指定的商品/服务应采用国际通用术语,具体列举并附准确英译文(英译文亦可由代理人代译),所提供的在申请国(地区)及在本国的首次使用时间应力求准确。

2. 每份申请需提交印刷的商标图样25张(不超过8 cm×8 cm,不小于3 cm×3 cm)。在美国等国基于使用基础提交商标注册申请时,每份申请还需附实用标签10张。无法提供实用标签的,可以用商品的或其外包装的照片代替,但照片中商标部分应清晰。

3. 提供申请注册商标的国内注册证副本或注册商标所有人出具的许可他人注册的授权书。尚未在国内注册的,应另附有关申请商标所有权及其他情况说明。

4. 提供申请人营业执照复印件一份。

5. 办理商标事宜过程中须提交签署文件的,委托人应按要求签署并及时提交。申请商标事宜所需的文件如需翻译、公证或认证时,一般由代理人代为办理,所需费用由申请人支付。需要由申请人在当地办理,申请人应按要求办理并及时提交。

第三章　进出口贸易的交易条件（一）

国际贸易中，进出口双方交易的基本标的是一定数量和品质的经过包装的商品。各国合同法与《联合国国际货物销售合同公约》都对交易商品的品质、数量、包装条件的要求作出了明确的规定。所以，贸易双方在商品买卖时，不仅要事先谈妥这些交易条件并写进合同，更要在履行合同时严格遵守品质、数量和包装条款。

趣味小问题

上海申达贸易公司与英国买家达成一笔出口1500公吨玉米的交易。合同中规定了数量1500公吨和交货期。在接到英国进口商开来的信用证后，我外贸公司业务员未经仔细审核，随即装运了1500公吨玉米上船。货到目的港后，英国买方来电要求补交160公吨玉米，或者让我外贸公司退还相应数量玉米的货款。我方查了交货单据，未发现货物少交，怎么对方底气十足地坚持要补货或退款呢？

第一节　进出口商品的品质条件

一、商品的名称

商品的名称，是指能使某种商品区别于其他商品的一种称呼或概念。

商品的名称在一定程度上体现了商品的自然属性、用途以及主要的性能特征。交易双方在洽商交易和签订买卖合同时，一般只是凭借对所要买卖的商品作必要的描述来确定交易的标的。因此，在国际货物买卖合同中，列明商品的名称，就成为必不可少的条件。商品名称的确定方法具体见表3-1。

表3-1　商品名称确定方法及示例

序号	商品名称确定方法	示　例
1	以商品主要用途命名	织布机、旅游鞋、杀虫剂等
2	以商品主要成分命名	西洋参皇浆、珍珠霜、毛笔等
3	以商品主要原料命名	羊毛衫、玻璃杯、冰糖燕窝等
4	以商品外观造型命名	喇叭裤、圆珠笔、宝塔纱等
5	以商品制作工艺命名	精制油、二锅头烧酒、钢化玻璃等
6	以人物名字命名	中山装、孔府家酒、张小泉剪刀等
7	以其褒义词命名	青春宝、太阳神口服液、金利来领带等

商品的名称看似只是一种商品的叫法，但规定得是否科学、合理，会直接影响消费者的消费心理，诱发或削弱消费者的购买欲望，甚至影响商品的出口及其价格。在规定商品名称时，必须明确具体，能确切反映交易商品的特点；要尽可能使用国际上通用的名称，应与HS编码规定的品名对应；另外，要注意品名与进口国的关税、进口限制及品名与运费、仓储费的关系。

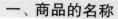
小知识

《商品名称及编码协调制度》

《商品名称及编码协调制度》(Harmonized Commodity Description and Coding System，简称HS)（以下简称协调制度）是世界海关组织在《海关合作理事会商品分类目录》(CCCN)和联合国的《国际贸易标准分类》(SITC)的基础上，参照国际上主要国家的税则、统计、运输等分类目录而制定的一个多用途的国际贸易商品分类目录。经国务院批准，我国海关自1992年1月1日起开始采用《协调制度》，使进出口商品归类工作成为我国海关最早实现与国际接轨的执法项目之一。

二、进出口商品的品质

（一）商品的品质及其重要性

1. 商品品质的含义

商品的品质是指商品的内在质量和外观形态的综合。

商品的内在质量是指商品内在的物理构造、化学成分和生物特征等需借助各种仪器设备分析才能获得的技术指标；商品的外观形态主要是指商品的外形、款式、颜色、光泽、软硬度、气味等通过感官可感觉到的特征。

2. 进出口商品品质的意义

商品的品质在国际贸易中意义重大。

对于出口商而言，商品的品质直接影响其出口定价的高低、市场销路的宽窄，直接关系到出口国国家的形象。在贸易摩擦加剧时，可能还会影响到产品能否顺利进入目标市场。

对于进口商而言，进口商品的质量则关系到它的使用功能，因而影响其销量；进口资本品的质量会影响其加工成品或工程建设的质量，从而影响该国的经济建设；如果是消费品其质量会影响到该商品的使用效能，甚至可能关系到消费者的身体健康和生命安全。

3. 对进出口商品质量的要求

在国际贸易中，进出口商对其成交商品质量的把握，直接关系到交易双方的利益乃至声誉，因此必须严肃对待。《联合国国际货物销售合同公约》第 35 条明确规定，卖方所交货物的品质如果与合同规定不符，卖方要承担违约的赔偿责任，买方有权对因此而遭受的损失向卖方提出赔偿要求或解除合同。

对出口商品质量的把握，出口产品生产企业和出口商要注意以下几方面：

第一，强化质量至上的观念，将低价竞争转向为品质竞争。严格把好质量检验关，杜绝所有劣质商品、不合格产品的流出。

第二，努力提升产品的技术含量，提高产品的档次。以出口高附加值产品的战略代替只追求扩大数量的粗放型出口战略。

第三，积极实施国际标准化的质量、环境管理体系。ISO9002 质量管理体系与 ISO14000 环境管理体系系列标准是国际通行标准。我国的出口企业及其产品如能将自己的质量管理纳入这两个体系并被认可，将极大地推动其产品进入国际市场。

第四，重视科学技术在生产中的应用，加强新产品的研究、开发。出口商应针对不同目标市场、不同时期消费者的需求，开发出具有较强市场适应性、针对性和竞争力强的出口产品。

第五，出口商交货时必须严格遵守合同中的品质条款，所交商品必须完全符合合同中规定的品质要求。

对进口商品质量的要求主要注意两个问题。一是要实事求是，根据国内生产和消费的实际需求组织进口，避免因盲目追求高档次、高规格和重复进口（主要指大型成套设备）而造成的不必要浪费。二是要破除迷信，严格把住进口商品质量关，尤其是防止那些危害国家安全、影响人民生命健康以及破坏生态环境（比如洋垃圾等）的商品流入国内。

据《青岛晚报》2016年1月22日报道,2015年11月,山东检验检疫局辖属临沂、威海检验检疫局在对韩国进口的电暖毯实施检验时,发现存在重大电气安全隐患,共涉及2批次、3258条。对上述两批次不合格电暖毯分别实施销毁、技术整改处理措施。2015年山东检验检疫系统共检验进口消费品6507批,货值61934.04万美元,其中检出不合格1933批,货值达4307.43万美元,主要涉及电气安全、标志标识、机械强度、有毒有害物质含量等方面。

（二）进出口商品品质的规定方法

在国际贸易中,贸易双方对商品的质量都非常关心,尤其是进口商必须十分清楚他所购买的商品品质如何,是什么规格。这就涉及到在贸易合同中对商品质量如何表示、如何规定的问题。

在贸易实务中,一般采用两大类规定商品品质的方法。

1. 以实物表示成交商品的品质

（1）以现货表示商品品质（也称看货买卖）

这是指由买方或其代理人在卖方存货的地方查验货物,如果买方认定该批货物符合其品质要求,双方即成交。卖方交货时只要按验看过的商品品质交货,买方不得对该品质提出异议。

这种看货买卖的方式现在多用于既无法用文字说明、又没有质量完全相同的样品可以表明其品质的货物买卖。如:珠宝、字画、特殊工艺品等。

（2）以样品表示成交商品的品质（也称凭样买卖）

以现货表示商品品质的方法是最原始的一种方法。随着国际贸易在全球展开,看货买卖的局限性日益显露,以样品表示商品品质的方法逐步取而代之。

所谓样品,是指能反映和代表整批商品品质的少量实物。而以样品表示商品品质,就是买卖双方约定,样品的品质作为成交商品品质的依据。

① 以卖方样品表示成交商品的品质（凭卖方样品买卖）。

卖方样品就是指在交易中由卖方向买方提供的样品,凭卖方样品买卖就是一旦买方认可卖方样品的品质标准,即以此作为将来卖方成批交货品质的依据。

由此看出,此种贸易方式下卖方样品的重要性。在贸易实务中,卖方切不可掉以轻心。

第一,卖方所提供的样品必须是代表性样品（representative sample）,即它的品质一定要能代表将来成批交货的品质。样品品质过高,会给以后交货带来困难;品质过低,则影响出口,或被压低成交价格。

第二,卖方在提供样品时,必须留有复样（duplicate sample）,即留存一份或数份与样品品质一致的样品,以备将来组织生产、交货或处理品质纠纷时用。对复样还要保证在规定的复验期内不改变其品质。

第三,要注意参考样品与标准样品的区别。有时,为了增进买方对出口商品的了解,卖方会给对方寄送样品,但这只是为了介绍商品。因此寄送时必须注明"参考样品,仅供参考",以避免买方将此样品与标准样品混淆。

② 以买方样品表示商品品质(凭买方样品买卖)。

买方样品是指在交易中买方向卖方提供的样品,凭买方样品买卖就是一旦卖方确认买方样品的品质标准,它就作为将来成交商品的品质依据。在这种贸易方式下,出口方同样要注意一些问题:

第一,对买方样品的确认要慎重。卖方必须充分考虑所需特定商品生产的原材料、设备、加工技术等问题,不能急于成交、盲目签约。最好的办法是先按买方样品制作,然后再交买方确认后作为将来交货的品质依据。买方如无异议,说明生产、交货没有困难,可以签约、成交,否则只能放弃交易。而卖方返交的这种样品称为"回样"或"对等样品"。

第二,对买方来样要注意防止卷入侵权纠纷。在实务中,出口方往往无法或无力调查买方来样是否侵权(如商标权等)。为保险起见,在贸易合同中坚持写入类似条款:如发生买方样品引起的产权纠纷,概由买方负责。

在凭样品买卖中,无论是凭卖方样品还是凭买方样品买卖,按《联合国国际货物销售合同公约》的规定,卖方应保证所交货物与样品品质一致。

为避免在履约过程中发生品质纠纷,双方可采用"封样"(sealed sample)的方法,即由双方确认的第三方或公证机关将复样封存起来,并由封存机关留存起来备案。

2. 以文字说明表示商品品质(凭文字说明买卖)

国际贸易中的大量商品尤其是工业品无法用样品来确定商品品质,只能用文字说明表示。

(1) 凭规格买卖(sale by specification)

商品的规格是指一些能反映商品品质的主要指标,如成分、含量、纯度、容量、尺寸等。不同种类的商品,表示其质量的指标也不同。

用规格来表示商品的品质,因其方法简便、描述品质准确,因此,在国际贸易实务中使用较为普遍。

例:China Northeast bean　　　中国东北大豆

Moisture	(max)	15%	水分	(最高)	15%
Oil content	(min)	17%	含油量	(最低)	17%
Impurity	(max)	1%	杂质	(最高)	1%
Admixture	(max)	9%	不完善粒	(最高)	9%

(2) 凭等级买卖(sale by grade)

商品的等级是指同一类商品,根据生产及长期贸易实践,按其规格的差异,用大、中、小或一、二、三等文字或数字所作的分类。

一般而言,一种商品的每一等级都有相对固定的规格,只需等级明确,无需列明等级品质的具体规格。而如果买卖双方对等级理解有差异时,就必须列明每一等级的规格。

例:Chinese green tea　　　　　中国绿茶

Special Chunmee special grade	Art No 41022	特珍眉	特级	货号 41022
Special Chunmee grade 1	Art No 9317	特珍眉	1 级	货号 9317
Special Chunmee grade 2	Art No 9307	特珍眉	2 级	货号 9307

(3) 凭标准买卖(sale by standard)

商品的标准是指政府机关或商业团体统一制定和公布的标准化了的品质指标。凭标准买卖就是卖方交货的质量指标以有关部门公布的某项标准作为依据。

例:Rifampicin B. P. 1993　　利福平英国药典 1993 年版

国际贸易实务

商品的标准按制定部门的所辖范围不同,一般可分为以下几类:

① 企业标准,即一个企业范围内的标准,它只对该企业的产品质量有效。

② 团体或行业标准,即某一团体或行业制定的标准,它局限于相应行业。如美国材料试验协会(ASTM)标准。

③ 国家标准,即由国家制定的标准,它限于该国使用。如:法国国家标准(NF)。

④ 区域标准,由区域标准化组织制定的标准。如:欧洲标准化委员会(CEN)制定的标准。

⑤ 国际标准,是由国际性机构制定的标准。如:国际标准化组织(ISO)制定的标准。

在这种交易方式下,要注意几个问题。第一,由于科学技术的发展,商品的质量标准不断随之而修改,因此要注明标准的版本名称及其年份;第二,要注意有些标准的强制性,如:销往美国、加拿大的电器产品,必须符合美国保险人公会 UL(underwriter laboratories Inc.)下的检验机构规定的认证标准。

(4)凭商标或牌名买卖(sale by trade mark and brand)

关于商标第二章已有定义。牌名是指企业给其制造或销售的商品所冠的名称,以便与其他企业的同类产品区别开来。商标或牌名的作用就在于帮助购买者识别产品。一般只能对名牌或著名商标的产品使用这种方式。因为消费者凭这种知名度就能确认其品质(如:梅林牌罐头、红双喜乒乓器材等)。但使用这种方式要注意有关法规。

(5)凭产地名称买卖(sale by name of origin)

这是凭商品的产地即可表明其特有品质的做法。有些商品,特别是农副产品,由于产地的自然条件、传统加工工艺等因素的影响,在品质上有其他地区所不具备的特色,在国际上享有盛誉。如:青岛啤酒、法国香水等。

(6)凭说明书买卖(sale by description)

凭说明书买卖是指用文字并辅以图样、照片、图纸等来说明商品的规格、性能、质量的方法。国际贸易中,一些技术含量较高、结构和性能较复杂的工业品,如:机器、电器、仪表仪器、成套设备等,无法用样品或几项简单的指标表示其质量与性能,只能以此种方式交易。

在实务中,究竟采用何种方式规定成交商品的品质,要根据商品的特性、市场交易习惯等;要从有利于扩大出口、维护自身利益的角度来合理选择。具体详见表3-2。

表3-2　文字说明商品品质方法及分类

文字说明 具体方法	含义	注意事项	示例	适用商品
用规格说明 Sale by specification	用以反映商品质量的若干主要指标说明成交商品的品质	使用时要将主要指标订入合同,注意用途不同规格有差异	中国东北大豆:水分(最高)13%,含油量(最低)20%,杂质(最高)1%,不完善粒(最高)5%	大部分商品
用等级说明 Sale by grade	按质地、尺寸、重量等差异,对同一类商品作出分类,用以说明成交商品的品质	对于双方不熟悉的等级内容,最好明确每一等级的具体规格	鲜鸡蛋:约重特级:每枚60克,超级:每枚55克,大级:每枚50克,一级:每枚45克,二级:每枚40克,三级:每枚35克	有明确等级的商品

国际贸易实务

文字说明 具体方法	含义	注意事项	示例	适用商品
用标准说明 Sale by standard	以有关部门或国家、区域、国际颁布的标准说明成交商品的品质	尽量采用国际通行标准。要注明所援引标准的版本及年份。注意有些标准的强制性	利福平:英国药典1993年版母水貂皮串刀长大衣;中国标准,胸围、身长:120×115厘米	有通用标准的商品
用商标或牌名说明 Sale by trade mark and brand	以品牌或商品的特定标志(商标)说明成交商品的品质	同一品牌有不同型号或规格,必须同时规定型号或规格(要注意有关法规)	梅林牌罐头 红双喜乒乓球	国际上久负盛名的商品
用产地名称说明 Sale by name of origin	以特定地区独特的加工工艺保障商品品质的地名说明成交商品的品质	必须使用在产地品质特征非常著名的商品上	青岛啤酒 法国香水	产地即可表明其特有品质的商品
用说明书和图样表示 sale by description	以文字并辅以图样、照片、图纸等说明成交商品的品质	必须对成交商品的构造、性能、使用方法及维护作详细说明	海尔洗衣机:品质与技术数据与卖方提供说明书严格相符	机器、电器、仪表、仪器、成套设备等

(三) 进出口合同中的品名质量条款

商品的品名质量是构成商品说明的重要部分,是买卖双方交接货物的依据。《联合国国际货物销售合同公约》规定,卖方交付的货物,必须符合合同规定,否则买方有权根据卖方违约的程度,主张损害赔偿、补救以致拒收货物和宣告合同无效。可见,合同中的品质条款是多么重要。

1. 品名质量条款的基本内容

品名质量条款的内容与规定商品品质的方法有关。在凭样品买卖时,合同中除了要列明成交商品的名称外,必须注明凭以达成交易的样品编号,必要时要列出样品寄送的日期;在凭文字买卖时,应根据不同的具体方式,在合同中明确商品的名称、规格、等级、标准、商标牌名、产地名称等内容;在凭说明书买卖时,要注明说明书、图样的名称、份数等内容。

例1:样品号612布娃娃　　　　　　　　sample No. 612 rag doll

例2:T101美加净牙膏　　　　　　　　T101 MAXAM Dental Cream

例3:1515A型多梭箱织机,详细规格按所附文字说明和图样

Multi-shuttle Box loom Model 1515A, detailed specification as per attached descriptions and illustrations

2. 订立品质条款应注意的问题

（1）对某些特殊商品要规定品质机动幅度

订立合同中的品质条款，对品质规定应尽量明确具体，不能含糊不清，以免日后履约时发生争议。而对于一些品质无法统一的进出口商品（农副产品、手工艺品等），在合同中不能规定过细的质量要求，要给予一定的灵活性，即品质机动幅度——允许卖方所交货物的品质有一定幅度的差异。具体规定方法如下：

① 规定机动范围。即允许卖方交货的品质有一定范围的差异。例："漂布，幅阔 35/36 英寸"，即卖方交付的漂布，幅阔只要在 35 ～ 36 英寸之内，买方均不能拒收。

② 规定机动的极限。即规定卖方所交货物品质规格的上下极限。卖方交货的品质只要在此极限内，就符合了品质规定。例："薄荷油，薄荷含量最少为 50%"。

③ 规定机动的上下差异。即允许卖方所交货物的品质在一定指标的基础上上下波动的范围。例："灰鸭毛，含绒量 18%，上下 1%"。

对某些工业品的交易，一般用品质公差（国际上公认的允许产品品质出现的误差）来表示品质机动。比如"××牌手表，允许 48 小时误差 1 秒"。

在品质机动幅度内的商品，一般仍按合同价格计算。有些价格较高、成交量大的商品也可在合同中规定按交货的实际品质加价或减价。如"芝麻，含油量 52%，允许有 1% 的差异，价格按实际交货品质增减 1%"。

（2）正确采用品质的规定方法

在实际交易中，买卖双方在确定采用牌号或地名后，往往还订立具体的规格等级。这时，卖方交货就必须符合规格等级指标。原则上，凡是能用一种方法表示商品品质的，就不要采用两种以上的方法表示，以免作茧自缚。

小案例

我某外贸公司接到一笔运动服订单。一外国客商指定我公司按其提供样品生产报价。我公司按原样（包括商标、图案）制作样品并报价后，对方很快确认并与我公司签约，在约定的期限开来信用证。我外贸公司按样批量生产后送海关出口报关时，被告知该产品涉嫌仿冒国外某名牌运动服。后经调查确认，该产品的商标、图案确实仿冒外国名牌运动服，海关予以全数没收，并处罚款。以后又遭该国外名牌运动服公司侵权索赔。当我外贸公司要求外国进口商提供该商标注册证明和使用该商标的授权书时，对方不予回复，且音讯全无。此案中我外贸公司究竟错在哪里？

（3）品质指标的确定要切合实际

首先，凡是能够明确交易商品品质的，品质条款就应定得明确具体，不要使用笼统的、不确切的词语。

其次，要防止把品质定得过高、过低、过繁。定得过高，超过实际生产能力，势必造成履约困难；定得过低，不但影响售价，还会影响成交和销售量；过繁，则给自己束缚太多，也会增加生产和交货困难。

3. 品质条款示例

例1：样品号 N7002 长毛绒玩具熊　尺寸 24 英寸

sample No. N7002 Plush Toy Bear size 24"

例2：金星牌彩色电视机　型号 SC374　制式 PAL/BG

220 伏　50 赫兹　双圆头插座带遥控

Golden Star Brand Colour Television Set Model SC374

PAL/BG System 220V 50Hz 2round Pinplug，with remote control

第二节　进出口商品的数量条件

一、进出口商品数量及其重要性

商品的数量是以一定度量衡表示的重量、个数、长度、面积、体积、容积的量。

商品数量是计算单价、总金额的重要依据。卖方在确定出口数量时，不能只考虑一味扩大销售量，还必须注意了解商品的生产、供应能力，目标市场的实际需要和销售情况，买方的资信和经营能力以及运输条件等。买方在商定进口商品数量时，也必须了解当地的实际需求及其变化状况，考虑支付能力等。买卖双方的交易数量还要受到双方国家的进出口商品管理政策、法规的制约。

在国际贸易实务中，国际协定对进出口商品数量的交接有明确的规定。《联合国国际货物销售合同公约》第 35 条、第 52 条都有规定，按约定数量交付货物是卖方的一项基本义务。如卖方交货数量少于约定数量，应在规定的交货期届满前补交，但不得使买方遭受不合理的不便或承担不合理的开支；同时，买方仍然有保留要求损害赔偿的权利。同样，如卖方交货数量多于约定数量，买方可以拒收多交的部分，也可以收取多交部分中的一部分或全部，但应仍按合同价格付款。因此，商品数量是国际货物买卖合同中的主要交易条件。

二、商品数量的计量

（一）度量衡制度

国际贸易中，进出口商品的计量都会受世界不同国家、地区常用的度量衡制度约束。目前国际贸易中通常使用的度量衡制度有四种：

1. 公制（Metric system）

公制主要在东欧、拉美、东南亚和非洲国家使用。

2. 英制（British system）

英制主要在英国、新西兰和澳大利亚等国使用。

3. 美制（U.S system）

美制主要在北美国家使用。

4. 国际单位制（International system）

国际单位制由国际标准计量组织制定，许多国家都有采用该制度。

在不同的度量衡制度下,同一计量单位所表示的实际数量会有差异,在具体使用时需要换算。在进出口交易中,贸易商必须熟悉各种度量衡制度的内容及其换算方法,以便精确核算进出商品的实际数量。

（二）商品数量的计量单位

由于商品的种类、性质不同和各国采用的度量衡制度不同,表示商品数量的单位和方法也不同。国际贸易实务中常用的计量单位有以下几种:

1. 重量单位

重量单位一般用于农产品、矿产品和其他初级产品的计量。有些贵重商品(如:黄金、白银等)也用重量计量。

2. 个数单位

个数单位一般用于大多数工业制成品的计量。如:机器零件、服装鞋袜、纸张、机器、电器、设备等。

3. 长度单位

长度单位多用于计量钢管、金属绳索、纺织品等。

4. 面积单位

面积单位多用于计量玻璃、皮革、毯子等商品。

5. 体积单位

按体积单位成交的商品一般是化学气体、天然气、木材等。

6. 容积单位

容积单位一般用于谷物及各类液体状商品。

具体的计量单位名称见表3-3。

表3-3　常用计量单位	
计量方法	计　量　单　位
按重量计量	公吨(metric ton)、长吨(long ton)、短吨(short ton)、千克(kilo-gram)、磅(pound)、盎司(ounce)、克(gram)、克拉(carat)
按数量计量	件(piece)、双(pair)、套(set)、打(dozen)、卷(roll)、令(ream)、罗(gross)、袋(bag)、包(bale)、部(unit)、箱(case)、张(plate)
按长度计量	米(meter)、英尺(foot)、码(yard)、英寸(inch)
按面积计量	平方米(square meter)、平方尺(square foot)、平方码(square yard)
按体积计量	立方米(cubic meter)、立方尺(cubic foot)、立方码(cubic yard)
按容积计量	蒲式耳(bushel)、公升(liter)、加仑(gallon)

三、商品重量的计算

在国际贸易中,很多商品采用重量单位计量。根据一般商业习惯,重量的计量方法如下:

（一）按毛重计

毛重（gross weight，GW）是指商品本身的重量加包装的重量。按毛重计是指对于价值较低的商品（粗粮、饲料等价值接近包装物价值的商品），为方便计算，不再区分包装物与商品，两者一起计量，也称"以毛作净"（gross for net）。如："马料豆100公吨，单层麻袋装，每袋100公斤，以毛作净"，即指每袋100公斤是包含麻袋重量的。

（二）按净重计

净重（net weight，NW）是指商品本身的重量，也即毛重减去皮重（包装物重量）后的重量。在贸易实务中，以重量计算的商品，大部分按净重计量。这是因为大部分商品的价值要远远高于包装物价值，以毛重计算会损害进口商利益。所以，如果合同中未订明商品重量的计算方法，按惯例即以净重计。

在贸易中，毛重扣除皮重的方法有四种：

1. 扣除实际皮重

这是将整批商品的包装逐一过称，算出每一件包装物的重量和总重量，然后扣除。

2. 扣除平均皮重

对比较整齐划一的包装，从整批货物中抽出几件，称其包装物的重量然后去除以抽取的件数，得出平均数，再进行扣除。

3. 习惯皮重

一些材料和规格定型的商品包装，其重量已被公认，这种重量就称为习惯皮重。

4. 约定皮重

约定皮重是指买卖双方事先约定的单件包装的重量。

在以净重计重时，对于价值较高的商品，一般采用扣除其实际皮重的方法，比较公平，其余则可使用另三种方法。

（三）其他计算重量方法

1. 按公量计算

公量（conditioned weight）是指用科学方法抽去商品中的水分，再加上标准水分所得出的重量。对一些经济价值高而含水量高且不稳定的商品（如：生丝、羊绒等商品），其计算公式为：

$$公量 = 干量 + 标准含水量$$

2. 按理论重量计算

理论重量（theoretical weight）是指对一些固定规格、相同尺寸的商品，因其每件商品重量大体相等，就按其件数推算出的重量。

3. 按法定重量计算

法定重量（legal weight）是指纯商品的重量加上直接接触商品的包装材料。按法定重量计量是海关依法征收从量税时，作为税收的基础计量方法。

度量衡常用单位换算

长度:1 米 = 1.094 码 = 3.2808 英尺 = 39.37 英寸
面积:1 平方米 = 1.196 平方码 = 10.764 平方英尺 = 1550 平方英寸
体积:1 立方米 = 1.308 立方码 = 35.3147 立方英尺 = 61023.7 立方英寸
容积:1 公升 = 0.22(英)加仑 = 1.26(美)加仑
重量:1 公吨 = 0.9842(英)长吨 = 1.1023(美)短吨
个数:1 大罗 = 12 小罗 = 144 个(只、件)

四、进出口合同中的数量条款

(一)数量条款的基本内容

成交商品的数量和计量单位是数量条款的基本内容。计量单位的名称要准确,因为涉及不同度量衡制度,其内涵有较大的差异。按重量成交的商品,还应明确计算重量的方法。有些商品,尤其是大宗商品(农产品、矿产品等),由于其成交量大,在运输环节中可能发生各种损耗,以至难以准确地按合同规定的数量交货。对此,买卖双方应在合同中规定数量机动幅度条款。这样,卖方的交货数量只要在约定的机动幅度内,买方就不能因交货数量不准而提出赔偿要求。

(二)订立数量条款应注意的问题

1. 应明确交货数量与计量单位

在合同中对交货数量的规定一般不宜采用"大约"、"估计"、"左右"等不确定的词语。因为各国各行业对此解释不一,容易产生歧义。如确实难以精确确定交货数量,可在合同中规定数量机动幅度条款。

2. 合理约定数量机动幅度

数量机动幅度可以是在交易数量前加"约",如:"约1000公吨"。按国际惯例《跟单信用证统一惯例》第39条A款,这个"约"被解释为不超过10%的增减。

数量机动幅度一般以"溢短装条款"(more or less clause)表示,即规定允许卖方交货时可多交或少交合同数量的一定百分比。卖方交货数量只要在机动幅度内,就视为符合合同的数量规定。百分比的大小,应根据商品的特性、运输方式或行业习惯由卖方、买方或承运人决定。如"数量:800公吨,卖方可溢短装5%(quantity:800M/T,5% more or less at sellers' option)"。

对于在机动幅度范围内多交或少交商品的数量部分,一般仍按合同价格结算。但对于一些价格波动频繁、波动幅度大的商品,为防止有权选择的一方当事人利用市价变化,通过多装或少装谋取额外利益,可在合同中规定:多装或少装的商品按交货时的市价结算,以保证双方公平合理。

小案例

　　我粮油土特产进出口公司向国外某客户出口 20000 公吨小麦和稻米。我公司于某日接到对方开来信用证,数量条款为:约 20000 公吨小麦和稻米。每种货物的装运比例约为各 50%。我公司收到信用证后,立即按来证规定安排装运出口。实际装运小麦 10850 公吨,稻米 11100 公吨。随后制作全套单证向银行议付,但遭到银行拒付。拒付理由是稻米装运数量超过了信用证所允许的增减幅度,因为按银行的理解是卖方小麦和稻米装运总量应该在 18000 公吨到 22000 公吨之间,两者分别的装运数量应该为 9000 公吨到 11000 公吨之间。显然,卖方稻米的装运量超过了该幅度。但按我公司的理解,在信用证中,凡"约"或类似意义的词语涉及数量时,应解释为允许有关数量有 10% 的增减。经过我公司几次交涉,银行终于同意我公司的解释,支付了货款。

(三) 数量条款示例

例 1:数量:5000 公吨,买方可溢短装 6%。

Quantity:5000m/T,with 6% more or less at buyers' option.

例 2:数量:2000 公吨,卖方有权决定多交或少交 3%,以满足装货场所的要求,所差数量按合同价格计算。

Quantity:2000m/T,3% more or less at sellers' option,if it is necessary for the purpose to meet the shipping space and each difference shall be settled at the contrated price.

第三节　进出口商品的包装条件

　　在国际贸易中,除了少数可以不作包装或几乎不包装即可直接装入运输工具的货物(散装货 bulk cargo,裸装货 nude cargo)外,大量的进出口商品都需要包装。进出口货物的包装不仅是保护商品、说明商品和满足目标市场需要的重要因素,也是进出口合同中不可或缺的内容。

　　《联合国国际货物销售合同公约》第 35 条(1) 款规定:卖方须按照合同规定的方式装箱或包装。卖方交付的货物,如未按照合同规定的方式装箱或包装,就构成违约。卖方要对因违反包装规定而造成货物在运输、储存、装卸过程中的损失承担赔偿责任。

一、包装的种类及要求

(一) 运输包装

　　运输包装(shipping package)也称外包装,它是满足货物运输需要,以特定方式成件的包装。

1. 运输包装的种类

（1）单件运输包装

单件运输包装是指商品在运输过程中作为一个计件单位的包装。如：箱（纸箱 carton，木箱 case）、包（bale）、袋（bag）、桶（drum）等。各种形式的单件运输包装又可以分别用木、纸、麻、各类金属等材料制成。

（2）集合运输包装

集合运输包装是指一定数量的单件包装组合成一件大的包装。如：托盘（pallet）、集装袋（flexible container）和集装箱（container）等。由于集装箱运输的便捷性和安全性，它日益成为国际货物运输中重要的包装工具。

2. 运输包装的作用

① 保护进出口商品在长时间、远距离、多环节的运输过程中不被损坏和散失。

② 方便进出口商品的搬运、装卸、储存和运输。

③ 方便小体积、多数量商品的计数和分拨。

3. 运输包装的正确做法

① 科学：应根据商品的特性选用合适的包装。比如对易碎商品要采用防震、防碰撞包装，包括选用适当的衬垫材料等。

② 经济：合理设计包装，节省包装材料和运输空间。比如对轻泡货可在不影响商品质量的前提下压缩体积，既可节约包装材料，又能减少运载空间。

③ 适用：注意进口国对运输包装的特殊规定。比如有的国家禁用有虫蛀的或带树皮的木材作包装等。

出口方只有认真对待包装，才能使运输包装有利于货物安全，加速货物运转，节约包装材料和运费，不致因包装问题而遭对方索赔。

小·知识

出口包木质装需要蒸熏消毒的国家有：澳大利亚、美国、加拿大、韩国、日本、印度尼西亚、马来西亚、菲律宾、以色列、巴西、智利、巴拿马等。

（二）销售包装

销售包装又称内包装，它是进入零售市场直接与消费者见面的一种包装。

1. 销售包装的种类

（1）便于陈列展销类

这类包装方便商家利用有限的空间展示商品。如：堆叠式包装、挂式包装、展开式包装等。

（2）便于识别类

这类包装主要方便消费者观察、识别、选购商品。如：透明包装、开窗式包装和习惯包装等。

（3）便于使用类

这类包装是为了方便消费者携带和使用商品。如：携带式包装、易开式包装、喷雾式包

国际贸易实务

装、礼品包装和一次性包装等。

　　2. 销售包装的作用

　　(1) 保护商品

　　销售包装的基本作用还是保护商品(食品最为典型),避免商品外露,受外界污染。

　　(2) 促销作用

　　新颖美观的销售包装容易吸引消费者的眼球,引起消费者的购买"冲动",从而达到扩大销售的目的。

　　(3) 增值作用

　　精致的包装可以提高商品的档次,增加商品的附加值,从而提升商品"身价",使销售价格明显提高。

　　3. 销售包装的正确做法

　　(1) 装潢画面要创新

　　在设计出口商品的包装装潢时,对画面的色彩、图案、文字等都应在弘扬社会主义精神文明的前提下注意艺术创新,反映民族风格和特色,具有美感和吸引力。

　　(2) 包装造型要科学

　　对造型的设计要充分考虑零售商陈列展销的方便,还应有利于消费者识别选购和携带使用。

　　(3) 注意进口国政府规定和民族喜恶

　　世界上有不少国家对销售包装也有特殊规定和好恶偏差。如对文字使用的规定,对烟酒类商品的标贴规定等,对颜色、图案、数字的喜恶等。

小知识

表3-4　各国对图案及颜色的偏好、忌讳		
国　　家	喜爱的图案或颜色	厌恶的图案或颜色
英　　国	熊猫	象、山羊
法　　国	粉红色(女)蓝色(男)	黑桃、仙鹤
意大利	艳色(食品、玩具)	菊花
	浅色(高级包装)	
捷　　克	红、蓝、白色	红三角
新加坡	双喜红、绿、蓝色	宗教性符号标志、黑色
日　　本	鸭子	荷花
伊　　朗	狮子	蓝色
美　　国	鹰、蝴蝶、白猫	蝙蝠、熊
信奉伊斯兰教的国家	绿色	猪及类似的图案

总之,销售包装要尽可能达到 AIDA 的境界,即能引起消费者的注意(attention),从而发生兴趣(interest),进而产生购买欲望(desire),最终采取购买行动(action)。

二、包装标志

包装标志是为了方便商品运输、装卸和储存,便于识别和保护商品,防止商品错发错运而在商品外包装上刷写的标志。

(一)运输标志(**shipping mark**)

运输标志俗称"唛头",是为了方便识别商品、防止错发错运而刷制在商品外包装上的标志。

在电子数据交换(EDI)技术日益发展的今天,为了方便单据的传输,国际标准化组织制定了"标准运输标志",向全世界推荐使用。该标志规定使用四行文字,代表四部分内容,每行不超过 17 个字符。

① 收货人或买方的名称字首或简称,如:A. B. C. CO。
② 参考号码,如:S/C940508。
③ 目的地(港),如:NEW YORK。
④ 件数号码,如:CTN/Nos. 1 - 200。

运输标志中的收货人用英文缩写;参考号码一般为合同号、信用证号码或发票号码;目的地(港)表明商品最终运抵地点(港口)。如需转运,则在目的地后注明转运地,如 NEW YORK Via HONG KONG,这里纽约为目的地,香港即为中转港;件数号码主要说明本件货与整批货物的关系,前例中 CTN/Nos. 1 - 200,就是指 200 纸箱,"1"表示本件是 200 件中的第一件。

小知识

主唛与侧唛

唛头一般反映的是整批货物的信息,一般刷在箱子相对较大的两面,俗称"主唛"(main mark)。箱子的另两个较小的侧面常需要刷一些商品的信息,如重量、体积及产地等,这通常被称为"侧唛"(side mark)。

在运输包装上表明包装的毛重、净重和体积,以方便运输和装卸。在内外包装上均注明产地,作为商品说明的一个重要内容。商品产地还是海关统计和征税的重要依据。

例如:GROSS　　　WEIGHT　　　120 KG
　　　NET　　　　WEIGHT　　　108 KG
　　　MEASUREMENT　　　　50 cm × 40 cm × 30 cm
　　　MADE IN CHINA

(二)指示性标志(**indicative mark**)

指示性标志是提示有关工作人员在装卸、运输和保管过程中引起注意的标志。

指示性标志一般是在商品外包装上印刷一些国际上通用的图形,辅之以英文说明。主要用于保护商品。如图 3-1 所示。

国际贸易实务

KEEP DRY

THIS WAY UP

FRAGILE

USE NO HOOK

图3-1　指示性标志

（三）警告性标志（warning mark）

警告性标志又称危险品标志,是指对一些易燃品、爆炸品、有毒品、腐蚀性商品等危险品在运输包装上清楚明显地标明危险性质的标志。警告性标志也是用一些国际上通用的图案并配以英文说明。如图3-2所示。

图3-2　警告性标志

（四）其他标志

除上述包装标志外,商品的运输包装上一般还刷制一些诸如商品的毛重、净重、体积尺码和商品生产国别的标志。

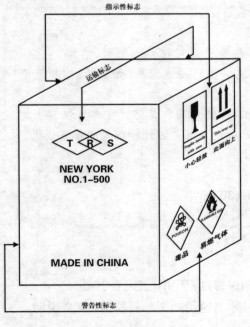

图3-3　各种标志示意图

例：Gross Weight（G. W）　　55kgs
Net Weight（N. W）　　　51kgs
Measurement　　160×40×32
Made in America

在实务操作中,上述各种包装标志一般刷在货物外包装的两侧,以清晰、醒目为主要要求。如图3-3。

三、中性包装

在国际贸易中,为适应市场需要,买方通常会要求卖方采用中性包装的做法。

中性包装（neutral packing）是指在商品上和内外包装上不注明生产国别的包装。中性包装又可分为定牌中性包装和无牌中性包装两种。

定牌是指商品上和包装上不采用卖方自己的商标、牌号,而采用买方指定的商标或牌号。定牌中性包装是包装上不注明生产国别,但注明买方指定的商标或牌号。定牌包装的另一种是接受买方的商标、牌号,但标明卖方的国家。在实务中,卖方同意采用定牌,是为了利用指定品牌的商业声誉,从而扩大销量和提高售价。对于本身已是国内品牌的出口商品,不宜采用定牌,以免长此以往逐渐销蚀国产品牌的声誉。

无牌是指买方要求在出口商品和(或)包装上免除任何商标或牌名的做法。无牌中性包装是指在商品和包装上均不使用任何商标或牌名,也不注明生产国别。它主要用于一些尚待进一步加工的半成品或低值易耗品,无牌包装的目的就是为了节约费用、降低成本。

采用中性包装虽然是打破进口国实行贸易壁垒的有效做法,有利于扩大出口贸易,但很容易招致非议。因此在使用时应谨慎从事,应在合同中明确责任范围。

四、进出口合同中的包装条款

(一)包装条款的基本内容

包装条款(packing clause)一般包括包装材料、包装方式、包装费用的归属和运输标志制作等内容。在订立包装条款时要注意如下常见问题:

① 包装要求应明确规定,不宜采用含义笼统的术语。合同中对商品使用什么样的包装材料和包装方式都应叙述清楚,不能出现含糊不清的词语,以免引起争议。如:"适合海运包装"(seaworthy packing)、"惯用包装"(usual packing)等。除非是长期友好合作的贸易伙伴之间,对此已经取得一致认识,否则慎用。

② 注意特殊包装费用的归属。包装费用一般包含在货价之内,不用另行规定。如果买方对包装有特殊要求,其超出正常包装费用之外的部分,应在合同中明确规定由买方承担。

③ 对买方指定唛头的规定。按国际贸易惯例,运输标志一般由卖方制作,无须在合同中说明。但如果买方需要特定唛头,并要在合同订立后才能确定内容(如买方要卖路货),则必须在合同中订明买方提供唛头的内容和最后日期。

> **小案例**
>
> 我某公司以 CIF 合同对欧洲某国出口一种颗粒状化工原料,合同中包装条款为"适合海运包装"。发到目的港后,对方凭公证行出具的检验报告,向我公司索赔。理由为:托盘木条强度不够,包装带捆扎不紧导致包装破损,部分货物散失,需要重新包装。对此索赔我公司应如何处理?有什么教训可以从中吸取吗?

(二)包装条款示例

例1:每箱32双装,混码包装。

32 pairs packed in a carton size assorted.

例2:单层新麻袋装,每袋50千克。

In new single gunny bags of 50 kg each.

国际贸易实务

例3：每8件装一盒子,10盒装一出口纸箱。

8 pieces to a box, 10 boxes to an export carton.

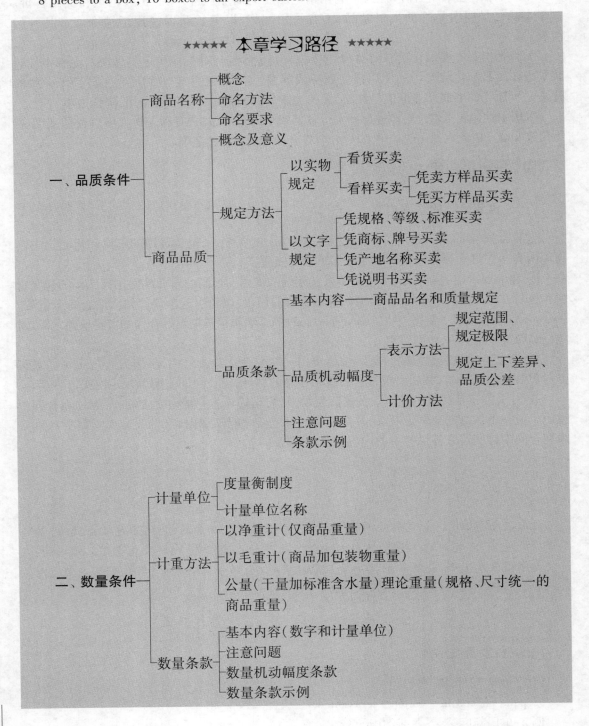

★★★★★ **本章学习路径** ★★★★★

- 一、**品质条件**
  - 商品名称
    - 概念
    - 命名方法
    - 命名要求
  - 商品品质
    - 概念及意义
    - 规定方法
      - 以实物规定
        - 看货买卖
        - 看样买卖
          - 凭卖方样品买卖
          - 凭买方样品买卖
      - 以文字规定
        - 凭规格、等级、标准买卖
        - 凭商标、牌号买卖
        - 凭产地名称买卖
        - 凭说明书买卖
    - 品质条款
      - 基本内容——商品品名和质量规定
      - 品质机动幅度
        - 表示方法
          - 规定范围、规定极限
          - 规定上下差异、品质公差
        - 计价方法
      - 注意问题
      - 条款示例
- 二、**数量条件**
  - 计量单位
    - 度量衡制度
    - 计量单位名称
  - 计重方法
    - 以净重计(仅商品重量)
    - 以毛重计(商品加包装物重量)
    - 公量(干量加标准含水量)理论重量(规格、尺寸统一的商品重量)
  - 数量条款
    - 基本内容(数字和计量单位)
    - 注意问题
    - 数量机动幅度条款
    - 数量条款示例

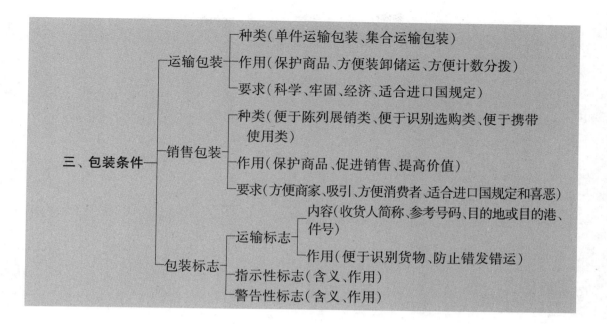

三、包装条件
├─ 运输包装
│ ├─ 种类(单件运输包装、集合运输包装)
│ ├─ 作用(保护商品、方便装卸储运、方便计数分拨)
│ └─ 要求(科学、牢固、经济、适合进口国规定)
├─ 销售包装
│ ├─ 种类(便于陈列展销类、便于识别选购类、便于携带使用类)
│ ├─ 作用(保护商品、促进销售、提高价值)
│ └─ 要求(方便商家、吸引、方便消费者、适合进口国规定和喜恶)
└─ 包装标志
   ├─ 运输标志
   │ ├─ 内容(收货人简称、参考号码、目的地或目的港、件号)
   │ └─ 作用(便于识别货物、防止错发错运)
   ├─ 指示性标志(含义、作用)
   └─ 警告性标志(含义、作用)

本章复习思考题

1. 进出口商品的命名有哪些要求?
2. 凭样品买卖应注意什么问题?
3. 如何正确订立进出口合同中的品质条款?
4. 进出口贸易中商品计重有哪些方法?
5. 如何正确订立进出口合同中的数量条款?
6. 进出口商品包装的作用和要求各是什么?
7. 什么是包装标志? 它们各有什么作用?
8. 订立包装条款应注意哪些问题?

知识扩充

《联合国国际货物销售合同公约》第 35 条关于卖方交货义务的规定

(1)卖方交付的货物必须与合同所规定的数量、质量和规格相符,并须按照合同所规定的方式装箱或包装。

(2)除双方当事人另有协议外,货物除非符合以下规定,否则即为与合同不符:①货物适用于同一规格货物通常使用的目的;②货物适用于订立合同时曾明示或默示地通知卖方的任何指定目的,除非情况表明买方并不依赖卖方的技能和判断力,或者这种依赖对他是不合理的;③货物的质量与卖方向买方提供的货物样品或样式相同;④货物按照同类货物通用的方式装箱或包装。如果没有此种通用方式,则按照足以保全和保护货物的方式装箱或包装。

(3)如果买方在订立合同时知道或者不可能不知道货物不符合同,卖方就无须按上一款①项负有此种不符合同的责任。

国际贸易实务

第四章 进出口贸易的交易条件(二)

在国际货物买卖中,价格是交易双方十分关心的一个重要问题。货物的价格是交易的主要条件,价格条款是买卖合同中必不可少的条款。而其中有关风险、责任和费用的划分问题直接关系到商品的价格,是交易双方在谈判和签约时需要明确的重要内容。在实际业务中,对于上述问题,往往通过使用贸易术语加以确定。恰当地运用贸易术语来明确当事人的基本义务和合理规定价格,具有十分重要的意义。

趣味小问题

　　在国际货物买卖中，最后签合同时，如果价格条款只写"每公吨100美元"对吗？为什么？最常用的贸易术语是哪几个？使用最广泛的有关贸易术语的国际惯例是什么？

（你可以在后面几节的学习中找到答案）

第一节 贸易术语

一、贸易术语及其国际惯例

（一）贸易术语

贸易术语是在长期的国际贸易实践中产生的。由于国际贸易环节多、风险大，买卖双方必须明确规定各自的责任、义务，分清各自应承担的风险。例如，在何地、以何种方式交货？进出口国的手续、投保手续分别由谁办理？保险费、税费由谁承担？运输途中的风险由谁负责？为了简化交易手续，缩短洽商时间，促成交易的达成，在长期的贸易实践中，逐渐形成了用贸易术语来代表具体交货条件和买卖双方的责任、风险、费用划分的做法。

贸易术语（trade terms）又称贸易条件、价格术语，是一个简短的概念或英文缩写，用来说明价格的构成及买卖双方有关费用、风险和责任的划分，以确定买卖双方在交货和接货过程中应尽义务的专门用语。

贸易术语在国际贸易中起着积极的作用，主要表现在下列几个方面：

1. 有利于买卖双方洽商交易和订立合同

由于每种贸易术语都有其特定的含义，而买卖双方只要商定按何种贸易术语成交，即可明确彼此在交接货物方面所应承担的责任、费用和风险。这就简化了交易手续，缩短了洽商交易的时间，有利于买卖双方交易的迅速达成。

2. 有利于买卖双方核算价格和成本

由于贸易术语表示了商品价格构成的因素，买卖双方确定成交价格时可以依据不同贸易术语中包含的不同从属费用决定选择何种贸易术语，这就有利于买卖双方进行比价和加强成本核算。

3. 有利于买卖双方解决履约当中的争议

买卖双方商订合同时，如果由于某些合同条款规定不够明确，致使履约进行中产生争议，此时可以援引有关贸易术语的一般解释来处理。因为，贸易术语的一般解释已成为国际惯例，并被国际贸易界从业人员和法律界人士所理解和接受，是大家遵循的一种类似行为规范的准则。

（二）有关贸易术语的国际惯例

贸易术语是国际惯例的一种，由当事人选择适用。国际贸易惯例是指在国际贸易业务中经过长期反复实践的、具有普遍意义的、经国际贸易组织加以编纂和解释而形成的习惯做法。惯例不同于法律，没有法律的强制约束力。它由当事人在意思自治的基础上采纳和运用，但对贸易实践具有重要的指导作用。早在18世纪末19世纪初，国际贸易中就出现了装运港交货的术语，即FOB。国际贸易术语在长期的贸易实践中，无论在数量、名称及其内涵方面，都经历了很大的变化。一些国际组织和权威机构为了统一各国对贸易术语的解释，在习惯做法的基础上加以编纂、整理，形成了有关贸易术语的国际贸易惯例。随着贸易发展的需要,新的术语应运而生,过时的术语则逐渐被淘汰。

国际上有较大影响的有关贸易术语的惯例主要有三种:

1.《2010 年国际贸易术语解释通则》(International Rules for the Interpretation of Trade Terms 2010,缩写 Incoterms 2010)

目前,使用最广泛、内容最多、影响最大的有关贸易术语的国际惯例是国际商会为统一各种贸易术语的解释而制订的《国际贸易术语解释通则》(以下简称《通则》)。最早的《通则》产生于 1936 年,后来于 1953 年、1967 年、1976 年、1980 年、1999 年和 2010 年一共进行过六次修改和补充。2010 年 9 月 27 日,国际商会正式推出《2010 国际贸易术语解释通则》(Incoterms 2010),以取代已经在国际货物贸易领域使用了近十年的 Incoterms 2000。新版本于 2011 年 1 月 1 日正式生效。

这就回答了本章开头的趣味小问题中的第四个问题。

2.《1932 年华沙—牛津规则》(Warsaw—Oxford Rules 1932)

这一规则是国际法协会专门为解释 CIF 的性质、买卖双方所承担的责任、风险和费用的划分以及货物所有权转移的方式等而制定的。19 世纪中叶,CIF 贸易术语已在国际贸易中得到了广泛应用,但对使用这一术语时买卖双方各自承担的具体义务并没有统一的解释。因此,国际法协会于 1928 年在波兰首都华沙开会,制定了关于 CIF 买卖合同的统一规则,即《1928 年华沙规则》,共 22 条。其后,在 1930 年的纽约会议、1931 年的巴黎会议和 1932 年的牛津会议上,将此规则修订为 21 条并更名为《1932 年华沙—牛津规则》,沿用至今。

3.《1941 年美国对外贸易定义修订本》(Revised American Foreign Trade Definitions 1941)

1919 年,美国九大商业团体制定了《美国出口报价及其缩写条例》。其后,在 1941 年美国第 27 届全国对外贸易会议上对该条例作了修订,经美国商会、美国进口商协会和美国对外贸易协会所组成的联合委员会通过,命名为《1941 年美国对外贸易定义修订本》,由美国对外贸易协会公布。

其中解释的贸易术语共有 6 种:Ex(Point of origin)原产地交货;FOB(Free On Board)在运输工具上交货;FAS (Free Along Side)在运输工具旁边交货;C&F(Cost and Freight)成本加运费;CIF(Cost, Insurance and Freight)成本加保险费、运费;Ex Dock(Port of importation)进口港码头交货。

《1941 年美国对外贸易定义修订本》主要被美洲国家采用。由于它对贸易术语的解释,特别是对 FOB、FAS 两种术语的解释与《国际贸易术语解释通则》有明显的差异,所以,在同美洲国家进行交易时应特别注意。

小知识

国际贸易实务

国际商会

当人们一提到《国际贸易术语解释通则》就不可避免地会联想到国际商会。因为,长期以来不同国家和地区对于国际贸易术语有多种不同的解释,而国际商会则把国际贸易术语解释予以统一规范,制订、普及和推广使用解释通则,作为自己的主要职能之一。

国际商会于 1919 年在美国发起,1920 年正式成立,其总部设在法国巴黎。它是为世界商业服务的非政府间组织,是联合国等政府间组织的咨询机构。目前,国际商会的会员已扩展到100多个国家之中,由数万个具有国际影响的商业组织和企业组成,已在59个国家中成立了国家委员会或理事会,组织和协调国家范围内的商业活动。其主要职能是:①在国际范围内代表商业界,特别是对联合国和政府专门机构充当商业发言人;②促进建立在自由和公正竞争基础上的世界贸易和投资;③协调统一贸易惯例,并为进出口商制定贸易术语和各种指南;④为商业提供实际服务,如设立解决国际商事纠纷的仲裁院、组织举办各种专业讨论会和出版发行种类广泛的出版物等。

国际商会的组织机构包括:理事会、执行局、财政委员会、会长、副会长及前任会长和秘书长、所属各专业委员会和会员、会员大会,此外还设有国家特派员。国际商会现下属24个专业委员会及工作机构。其中,国际商业惯例委员会的职能是:就目前现代化的运输技术的使用、自动信息处理的增长以及市场不稳定诸因素造成的商业惯例变化提供建议;对影响国际贸易的各种法律的差异提出解决意见;积极参加其他有关国际团体,特别是联合国国际贸易法委员会的工作。其主要工作之一就是支持和推动国际商会制订的国际贸易术语的普及和推广。

与《2000年通则》相比,《2010年通则》主要有两个实质性的改变:一是术语分类的调整:将贸易术语由原来的EFCD四组划分为适用于各种运输的CIP,CPT,DAP,DAT,DDP,EXW,FCA和只适用于海运和内河运输的CFR,CIF,FAS,FOB两类;二是贸易术语的数量由原来的13种变为11种。删去了Incoterms2000D组术语中的DDU,DAF,DES,DEQ,只保留了DDP,同时新增加了两种D组贸易术语,即DAT(Delivered at Terminal)与DAP(Delivered at Place)。见表4-1所示。

表4-1 《2010年通则》中的11种贸易术语		
适用于各种运输方式	CIP(Carriage and Insurance Paid to)	运费、保险费付至
	CPT(Carriage Paid to)	运费付至
	DAP(Delivered at place)	目的地交货
	DAT(Delivered at Terminal)	目的地或目的港的集散站交货
	DDP(Delivered Duty Paid)	完税后交货
	EXW(EX Works)	工厂交货
	FCA(Free Carrier)	货交承运人
适用海运及内河运输	CFR(Cost and Freight)	成本加运费
	CIF(Cost, Insurance and Freight)	成本、保险费和运费
	FAS(Free Alongside Ship)	船边交货
	FOB(Free on Board)	装运港船上交货

二、装运港交货的三种常用贸易术语

(一) FOB

FOB 的全文是 Free on Board(... named port of shipment),即装运港船上交货(……指定装运港),是指卖方在指定装运港、在买方指定的船上交货或者取得被如此交付后的货物。自货物装上船起,货物灭失或损坏的风险即发生转移,自此时起,由买方承担一切费用。FOB术语要求卖方办理货物出口清关手续。该术语仅适用于海运或内河运输。如果货物在装船前就被交付承运人,则应使用FCA术语。

卖方必须在船上交货或者取得被如此交付后的运输货物。这里的"取得"一词表明商品交易特别常见的、一条链上的多次买卖即"string sales"(连环贸易)(后面提到的"取得"含义同上)。

1. 买卖双方的义务

采用这一术语,买卖双方各自应承担的基本义务如下:

(1) 卖方义务

① 提供符合合同规定的货物。在合同规定的装运港和规定的期限内,按照该港习惯方式将货物装上买方指派的船只,并及时通知买方。

② 负责取得出口许可证或其他官方批准证件。在需要办理海关手续时,办理货物出口所需的一切海关手续。

③ 承担货物在装运港指定装货点交货或交至指定的船上或取得被如此交付后的货物为止的一切费用和风险。

④ 负责提供证明货物已交至船上的通常单据。如果买卖双方约定采用电子通信,则所有单据均可被具有同等效力的电子数据交换(EDI)信息所代替。

⑤ 应买方要求并由其承担风险和费用,卖方必须及时协助买方取得办理货物进口和(或)安排货物运至最终目的地所需的一切单证和信息,包括安全信息。

(2) 买方义务

① 负责取得进口许可证或其他官方批准的证件。在需要办理海关手续时,办理货物进口以及经由他国过境的一切海关手续,并支付有关费用及过境费。

② 负责租船或订舱,支付运费,并将船名、装船地点和要求交货时间及时通知卖方。

③ 承担货物在装运港被交付后的一切费用和风险。

④ 接受卖方提供的有关单据,受领货物,并按合同规定支付货款。

⑤ 应卖方要求并由其承担风险和费用,买方必须及时协助卖方取得办理货物运输、出口以及经由他国过境运输所需的一切单证和信息,包括安全信息。

2. 注意点

(1) 船货衔接问题

FOB 术语下,卖方负责发运货物,而买方负责安排船只。这里就有个船货衔接问题。如果买方指定了船只,而未能及时将船名、装货泊位及装船日期通知卖方;或者买方指派的船只未能按时到达,或未能承载货物;或者在规定期限终了前截止装货,买方要承担由此产生的一切风险和损失。反之,如果船只按时到达装运港,卖方因货未备妥而未能及时装运,则

国际贸易实务

卖方同样要承担责任。一般卖方不负责办理租船或定舱,但在有些情况下,卖方可根据买卖双方间的协议,代买方办理各项装运手续,包括以自己的名义定舱和取得提单。买方应负责偿付卖方由于代办上述手续而产生的任何费用。其订不到舱位的风险也由买方负担。

(2)装船费用的负担问题

在按 FOB 条件成交时,卖方要负责支付货物装上船之前的一切费用。但各国对于"装船"的概念没有统一的解释,有关装船的各项具体费用,如将货物运至船边的费用、吊装上船的费用、理舱平舱费等由谁负担,各国的惯例或习惯做法也不完全一致。为了避免买卖双方在装船等费用的负担问题上发生争议,我们往往在 FOB 之后加列各种附加条件,这就产生了 FOB 的变形。主要包括以下几种:

① FOB Liner Terms(班轮条件):这一变形是指装船费用按照班轮的做法处理,即由船方或买方承担有关费用,而卖方不负担装船的有关费用。

② FOB Under Tackle(吊钩下交货):其定义是卖方仅负责把货物交到买方指派船只的吊钩所及之处,以后的装船费用一概由买方负担。

③ FOB Stowed(理舱费在内):指卖方负责将货物装入船舱并承担包括理舱费在内的装船费用。理舱费是指货物入舱后进行安置和整理的费用。

④ FOB Trimmed(平舱费在内):指卖方负责将货物装入船舱并承担包括平舱费在内的装船费用。平舱费是指为保持船身的平稳,对装入船舱的散装货物进行填平补齐所需的费用。

FOB 的上述变形,主要用于划分装船过程中的费用问题,但不改变风险的转移地点。

(3)《1941 年美国对外贸易定义修订本》对 FOB 的解释

《1941 年美国对外贸易定义修订本》对 FOB 的解释分为六种,只有其中的第五种"指定装运港船上交货"即 FOB Vessel,(. . . named port of shipment)与《通则》对 FOB 术语的解释相近。按美国惯例,如果只订为"FOB San Francisco"而漏写"Vessel"字样,则卖方只负责把货物运到旧金山城内的任何处所,不负责把货物运到旧金山港口并交到船上。因此,在同美国、加拿大等北美国家的商人按 FOB 订立合同时,除必须标明装运港名称外,还必须在 FOB 后加上"船舶"(Vessel)字样。另外,《1941 年美国对外贸易定义修订本》中的 FOB Vessel 与《通则》中的 FOB 还存在着两个区别:第一,FOB Vessel 中卖方负担货物装到船舱为止所发生的一切灭失与损坏的风险。第二,FOB Vessel 规定买方要支付卖方协助提供出口单证的费用以及出口税和因出口而产生的其他费用。

(二)CIF

CIF 也是国际贸易中常用的价格术语。其全文是 Cost, Insurance and Freight (. . . named port of destination),即成本、保险费加运费(……指定目的港),是指卖方负责将货物装船或者取得被如此交付后的货物,并承担保险费和运费,当货物装上船后,货物灭失或损坏的风险即发生转移。这里所指的成本相当于 FOB 价。CIF 术语只适用于海运和内河运输。如果货物在装船前就被交付承运人,则使用 CIP 术语更为适宜。

1. 买卖双方的义务

采用这一贸易术语时,买卖双方各自应承担的基本义务如下:

（1）卖方义务

① 负责取得出口许可证或其他官方批准的证件,在需要办理海关手续时,办理货物出口所需的一切海关手续。

② 签订从指定装运港承运货物运往指定目的港的运输合同,并支付至目的港的运费,包括按运输合同由卖方负担的装船费和约定目的港的卸货费以及货物经由他国过境运输的费用。

③ 在买卖合同规定的时间和港口,将货物装上船,装船后及时通知买方。

④ 负责办理货物运输保险,并支付保险费。

⑤ 承担货物在装运港完成交货(将货物置于船上或取得被如此交付后的货物)为止的一切风险和费用。

⑥ 向买方提供通常的运输单据,如买卖双方约定采用电子通信,则所有单据均可被同等效力的电子数据交换(EDI)信息所代替。

⑦ 应买方要求并由其承担风险和费用,卖方必须及时协助买方取得办理货物进口和(或)安排货物运至最终目的地所需的一切单证和信息,包括安全信息。

（2）买方义务

① 负责取得进口许可证或其他官方批准的证件,在需要办理海关手续时,办理货物进口以及必要时经由另一国过境的一切海关手续,并支付有关费用及过境费,除非此类费用按运输合同由卖方负担。

② 承担货物在装运港被交付以后的一切费用和风险。

③ 接受卖方提供的有关单据,受领货物,并按合同规定支付货款。

④ 应卖方要求并由其承担风险和费用,买方必须及时协助卖方取得办理货物运输、出口以及经由他国过境运输所需的一切单证和信息,包括安全信息。

2. 注意点

（1）办理保险的问题

在 CIF 合同中,卖方是为了买方的利益办理货运保险的,因为货物在装运港越过船舷后的风险是由买方承担的,而此项保险主要是为了保障货物装船后在运输途中的安全。CIF 术语只要求卖方投保最低限度的保险险别。如买方需要更高的保险险别,则需要与卖方明确地达成协议,或者自行做出额外的保险安排。最低保险金额应为合同规定的价款加10%,并以合同货币投保。在实际业务中,为了明确责任,我外贸企业在与国外客户洽谈交易采用 CIF 术语时,一般都应在合同中具体规定保险金额、保险险别和适用的保险条款。

（2）卸货费用的问题

按照 CIF 条件成交,卖方负责将合同规定的货物运往合同规定的目的港,并支付正常的运费。至于货到目的港后的卸货费用由谁负担也是一个需要考虑的问题。为了明确责任,买卖双方在合同中对卸货费由谁负担的问题作出明确具体的规定,这就产生了 CIF 的几种变形,主要有:

① CIF Liner Terms(班轮条件):这是指卸货费用按照班轮的做法来办,即买方不负担卸货费而由卖方或船方负担。

② CIF Landed(卸到岸上):这是指由卖方负担将货物卸到目的港岸上的各项有关费用,

包括驳船费和码头费。

③ CIF Ex Tackle(吊钩下交货):这是指由卖方负担将货物从舱底吊至船边,卸离吊钩为止的费用。

④ CIF Ex Ship's Hold(舱底交货):这是指货物运达目的港后,从舱底起吊直至卸到码头的卸货费用均由卖方负担。

CIF 变形只是为了明确卸货费由谁负担,并不影响交货地点和风险转移的界线。

(3) 象征性交货问题

CIF 是一个典型的象征性交货术语。所谓"象征性交货",是指卖方按合同规定在装运港口将货物装船并提交全套合格单据就算完成了交货义务,即使货物在运输途中损坏或灭失,买方也必须履行付款义务。反之,如果卖方提交的单据不合要求,即使合格的货物安全运达,买方仍有权拒收单据、拒付货款。但必须指出,按 CIF 术语成交,卖方履行其交单义务,只是得到买方付款的前提条件,除此之外,他还必须履行交货义务。如果卖方提交的货物不符合要求,买方即使已经付款,仍然可以根据合同的规定向卖方提出索赔。

小案例

中国某公司以 CIF 价向德国某公司出口一批农副产品,向中国人民保险公司投保了一切险,并规定以信用证方式支付。中国公司在装船并取得提单后,办理了议付。第二天,中国公司接到德国公司来电,称装货的海轮在海上失火,该批农副产品全部烧毁,要求中国公司向中国人民保险公司提出索赔,否则要求中国公司退还全部货款。这个要求合理吗? 为什么?

(三) CFR

CFR 的全文是 Cost and Freight (... named port of destination),即成本加运费(……指定目的港),是指卖方在船上交货或者取得被如此交付后的货物,当货物装上船后,货物灭失或损坏的风险即发生转移。卖方必须签订运输合同,支付货物运至指定目的港所需的费用和运费。CFR 术语只适用于海运和内河运输。CFR 术语要求卖方办理出口清关手续。如果货物在装船前就被交付承运人,则应使用 CPT 术语。

1. **买卖双方的义务**

采用这一贸易术语时,买卖双方各自应承担的基本义务如下:

(1) 卖方义务

① 负责取得出口许可证或其他官方批准的证件,在需要办理海关手续时,办理货物出口所需的一切海关手续。

② 签订从指定装运港承运货物运往指定目的港的运输合同,并支付至目的港的运费。

③ 在买卖合同规定的时间和港口,将货物装上船,装船后及时通知买方。

④ 承担货物在装运港完成交货(将货物置于船上或取得被如此交付后的货物)为止的一

国际贸易实务

切风险和费用。

⑤ 向买方提供通常的运输单据,如买卖双方约定采用电子通信,则所有单据均可被同等效力的电子数据交换(EDI)信息所代替。

⑥ 应买方要求并由其承担风险和费用,卖方必须及时协助买方取得办理货物进口和(或)安排货物运至最终目的地所需的一切单证和信息,包括安全信息。

(2) 买方义务

① 负责取得进口许可证或其他官方批准的证件,在需要办理海关手续时,办理货物进口以及必要时经由另一国过境的一切海关手续,并支付有关费用及过境费。

② 承担货物在装运港被交付以后的一切费用和风险。

③ 接受卖方提供的有关单据,受领货物,并按合同规定支付货款。

④ 应卖方要求并由其承担风险和费用,买方必须及时协助卖方取得办理货物运输、出口以及经由他国过境运输所需的一切单证和信息,包括安全信息。

2. 注意点

(1) 装船通知的问题

按照 CFR 术语成交,需要特别注意的问题是卖方在货物装船之后必须及时向买方发出装船通知,以便买方办理投保手续。因为在 CFR 条件下,由卖方安排运输、买方办理货运保险,如果卖方不及时发出装船通知,则买方就无法及时办理货运保险,甚至有可能出现漏保货运险的情况。因此,卖方装船后务必及时向买方发出装船通知,否则,卖方应承担货物在运输途中的风险和损失。

(2) 卸货费用问题

在 CFR 条件下,卸货费用的负担同 CIF,前述关于 CIF 合同中为了解决卸货费用负担问题而产生的变形也完全适用于 CFR 合同。主要有:CFR Liner Terms(班轮条件)、CFR Landed(卸到岸上)、CFR Ex Tackle(吊钩下交货)、CFR Ex Ship's Hold(舱底交货)。这可以由买卖双方通过合同条款加以规定。

三、向承运人交货的三种贸易术语

(一) FCA

FCA 的全文是 Free Carrier(... named place),即货交承运人(……指定地点)。此术语是指卖方只要将货物在指定的地点交给买方指定的承运人,并办理了出口清关手续,即完成交货。"承运人"指任何在运输合同中,承诺通过铁路、公路、空运、海运、内河运输或上述运输的联合方式履行运输或由他人履行运输的人。这里所指的承运人,即包括实际履行运输合同的承运人,也包括签订运输合同的运输代理人。FCA 术语适用于各种运输方式,包括多式联运。

1. 买卖双方的义务

采用这一术语,买卖双方各自应承担的基本义务如下:

(1) 卖方义务

① 负责取得出口许可证或其他官方批准证件。在需要办理海关手续时,办理货物出口所需的一切海关手续。

② 在合同规定的时间、地点，将符合合同规定的货物置于买方指定的承运人控制下，并及时通知买方。

③ 承担将货物交给承运人之前的一切费用和风险。

④ 负责提供证明货物已交至船上的通常单据。如果买卖双方约定采用电子通信，则所有单据均可被具有同等效力的电子数据交换（EDI）信息所代替。

⑤ 应买方要求并由其承担风险和费用，卖方必须及时协助买方取得办理货物进口和（或）安排货物运至最终目的地所需的一切单证和信息，包括安全信息。

（2）买方义务

① 负责取得进口许可证或其他官方批准的证件。在需要办理海关手续时，办理货物进口以及经由他国过境的一切海关手续，并支付有关费用及过境费。

② 签订从指定地点承运货物的合同，支付有关的运费，并将承运人名称及有关情况及时通知卖方。

③ 承担货物交给承运人之后所发生的一切费用和风险。

④ 接受卖方提供的有关单据，受领货物，并按合同规定支付货款。

⑤ 应卖方要求并由其承担风险和费用，买方必须及时协助卖方取得办理货物运输、出口以及经由他国过境运输所需的一切单证和信息，包括安全信息。

2. 注意点

（1）交货问题

在 FCA 术语下，如果双方约定在卖方所在地交货，则当货物被装上买方指定的承运人的运输工具时，即完成交货；如指定的地点是在任何其他地点，当货物在卖方运输工具上，尚未卸货而交给买方指定的承运人处置时，交货即算完成。即若卖方在其货物所在地交货，卖方应负责装货；若卖方在任何其他地点交货，卖方不负责卸货。

（2）安排运输问题

FCA 术语适用于任何运输方式，包括多式联运，应由买方自付费用订立从指定地点承运货物的运输合同并指定承运人。卖方对买方没有签订运输合同的义务。当卖方被要求协助与承运人订立合同时，只要买方承担费用和风险，卖方也可以办理。当然，卖方也可以拒绝订立运输合同，如若拒绝，则应立即通知买方，以便买方另作安排。

（二）CPT

CPT 的全文是 Carriage Paid to(... named place of destination)，即运费付至（……指定目的地），是指卖方向其指定的承运人交货，并支付将货物运至目的地的运费。买方承担交货之后一切风险和其他费用。CPT 术语要求卖方办理出口清关手续。本术语适用于各种运输方式，包括多式联运。

1. 买卖双方的义务

采用这一贸易术语时，买卖双方各自应承担的基本义务如下：

（1）卖方义务

① 负责取得出口许可证或其他官方批准的证件，在需要办理海关手续时，办理货物出口所需的一切海关手续。

② 订立将货物运往指定目的地的运输合同，并支付有关运费。

③ 在合同规定的时间、地点,将合同规定的货物交给承运人,并及时通知买方。

④ 承担将货物交给承运人之前的一切风险。

⑤ 向买方提供通常的运输单据,如买卖双方约定采用电子通信,则所有单据均可被同等效力的电子数据交换(EDI)信息所代替。

⑥ 应买方要求并由其承担风险和费用,卖方必须及时协助买方取得办理货物进口和(或)安排货物运至最终目的地所需的一切单证和信息,包括安全信息。

(2) 买方义务

① 负责取得进口许可证或其他官方批准的证件,在需要办理海关手续时,办理货物进口以及必要时经由另一国过境的一切海关手续,并支付有关费用及过境费。

② 承担自货物在约定交货地点交给承运人之后的一切费用和风险。

③ 接受卖方提供的有关单据,受领货物,并按合同规定支付货款。

④ 应卖方要求并由其承担风险和费用,买方必须及时协助卖方取得办理货物运输、出口以及经由他国过境运输所需的一切单证和信息,包括安全信息。

2. 注意点

(1) 风险划分问题

CPT 术语虽然要求卖方负责订立从启运地到指定目的地的运输契约并支付运费,但是卖方承担的风险并没有延伸至目的地。按照《通则》的解释,货物自交货地点至目的地的运输途中的风险由买方承担,卖方只承担货物交给承运人控制之前的风险。在多式联运情况下,卖方承担的风险自货物交给第一承运人控制时即转移给买方。就《2010 通则》而言,承运人是指签署运输合同的一方。如果使用多个承运人将货物运至约定目的地,同时买卖双方未能确定特定交货点,则默认为风险在由卖方单方面选择、买方无法掌控的特定点,风险自货物交给第一承运人时转移。

(2) 装运通知问题

采用 CPT 术语时,卖方将货物交给承运人之后,应及时向买方发出货物已交付的通知,以便于买方及时办理货运保险和在目的地受领货物。如果双方未能确定买方受领货物的具体地点,卖方可以在目的地选择最适合其要求的地点。

(三) CIP

CIP 的全文是 Carriage and Insurance Paid to(... named place of destination),即运费、保险费付至(……指定目的地),是指卖方除负有与 CPT 术语相同的义务外,还需办理货物在运输途中应由买方承担的货物灭失损坏风险的海运保险;也即卖方除应订立运输合同和支付通常运费外,还应负责订立保险合同并支付保险费;即买方承担卖方交货之后的一切风险和额外费用。按《通则》规定,CIP 术语要求卖方办理出口清关手续;该术语适用于各种运输方式,包括多式联运。

1. 买卖双方的义务

采用这一贸易术语时,买卖双方各自应承担的基本义务如下:

(1) 卖方义务

① 负责取得出口许可证或其他官方批准的证件,在需要办理海关手续时,办理货物出口所需的一切海关手续。

② 订立将货物运往指定目的地的运输合同,并支付有关运费。

③ 在合同规定的时间、地点,将合同规定的货物交给承运人,并及时通知买方。

④ 负责办理货物运输保险,并支付保险费。

⑤ 承担将货物交给承运人之前的一切风险。

⑥ 向买方提供通常的运输单据,如买卖双方约定采用电子通信,则所有单据均可被同等效力的电子数据交换(EDI)信息所代替。

⑦ 应买方要求并由其承担风险和费用,卖方必须及时协助买方取得办理货物进口和(或)安排货物运至最终目的地所需的一切单证和信息,包括安全信息。

（2）买方义务

① 负责取得进口许可证或其他官方批准的证件,在需要办理海关手续时,办理货物进口以及必要时经由另一国过境的一切海关手续,并支付有关费用及过境费。

② 承担自货物在约定交货地点交给承运人之后的一切费用和风险。

③ 接受卖方提供的有关单据,受领货物,并按合同规定支付货款。

④ 应卖方要求并由其承担风险和费用,买方必须及时协助卖方取得办理货物运输、出口以及经由他国过境运输所需的一切单证和信息,包括安全信息。

2. 注意点

（1）保险问题

按 CIP 术语成交的合同,卖方要负责办理货运保险并支付保险费,但货物从交货地点运往目的地的运输途中的风险由买方承担。所以,卖方的投保仍属于代办性质。根据《通则》规定,一般情况下,卖方要按双方协商确定的险别投保,如果双方未在合同中规定具体投保险别,则由卖方按惯例投保最低的险别,保险金额一般是在合同价格的基础上加成 10%。即 CIP 合同价款的 110%。

（2）确定价格的问题

按价格构成看,CIP 价 = CPT 价 + 保险费 = FCA 价 + 运费 + 保险费。与 FCA 相比,CIP 条件下卖方要承担较多的责任和费用。这些都反映在货价之中。所以,卖方对外报价时,要认真核算成本和价格。在核算时,应考虑运输距离、保险险别、各种运输方式和各类保险的收费情况,并要预计运价和保险费的变动趋势等问题。

四、装运港交货(FOB、CFR、CIF)与向承运人交货(FCA、CPT、CIP)两类贸易术语的比较

（一）相同点

FCA、CPT、CIP 三种术语是分别从 FOB、CFR、CIF 三种术语发展而来的,它们的相同点是:

① 都属于装运合同,即卖方须保证按时交货,并不保证按时到货。

② 买卖双方义务划分的原则是相同的,风险都是在交货地点随着交货义务的完成而转移。

（二）不同点

其不同点主要表现在以下几方面：

1. 适用的运输方式不同

FOB、CFR、CIF 三种术语仅适用于海运和内河运输，而 FCA、CPT、CIP 三种术语适用各种运输方式，包括多式联运。其承运人可以是船公司、铁路局、航空公司，也可以是安排多式联运的联合运输经营人。

2. 交货和风险转移的地点不同

FOB、CFR、CIF 的交货地点均为装运港，风险均以在装运港船上交货或者取得被如此交付后的货物时从卖方转移至买方。而 FCA、CPT、CIP 的交货地点，需视不同的运输方式和不同的约定而定，它可以是在卖方处所由承运人提供的运输工具上，也可以是在铁路、公路、航空、内河、海洋运输承运人或多式联运承运人的运输站或其他收货点。至于货物灭失或损坏的风险，则于卖方将货物交由承运人保管时，即自卖方转移至买方。

3. 装卸费用负担不同

按 FOB、CFR、CIF 术语，卖方承担货物在装运港船上交货或者取得被如此交付后的货物为止的一切费用。在使用程租船运输的 FOB 合同中，应明确装船费由哪方负担；在 CFR 和 CIF 合同中，则应明确卸货费由哪方负担。而在 FCA、CPT、CIP 术语下，如涉及海洋运输，并使用程租船装运，卖方将货物交给承运人时所支付的运费（CPT、CIP 术语），或由买方支付的运费（FCA 术语），已包含了承运人接管货物后在装运港的装船费和目的港的卸货费。这样，在 FCA 合同中的装货费的负担和在 CPT、CIP 合同中卸货费的负担问题均已明确。

4. 运输单据不同

在 FOB、CFR、CIF 术语下，卖方一般应向买方提交已装船清洁提单。而在 FCA、CFR、CIP 术语下，卖方提交的运输单则视不同的运输方式而定。如果是在海运和内河运输方式下，卖方应提供可转让的提单，有时也可提供不可转让的海运单和内河运单；如果是在铁路、公路、航空运输或多式联运方式下，则应分别提供铁路运单、公路运单、航空运单或多式联运单据。

五、其他贸易术语

（一）EXW

EXW 是 Ex Works(... named place)即工厂交货(……指定地点)的缩写。它是指当卖方在其所在地或其他指定的地点(如：工场、工厂或仓库)将货物交给买方处置时，即完成交货，卖方不办理出口清关手续或将货物装上任何运输工具。该术语是卖方承担责任最小的术语。买方必须负担在卖方所在地受领货物的全部费用和风险，即运费、保险费、进出口报关的责任费用等全部由买方负担。但是，若双方希望在起运时卖方负责装载货物并承担装载货物的全部费用和风险时，则须在销售合同中明确写明。在买方不能直接或间接的办理出口手续时，不应使用该术语，而应使用 FCA，如果卖方同意装载货物并承担费用和风险的话。

（二）FAS

FAS 是 Free Alongside Ship(... named port of shipment)船边交货(……指定装运港)的缩写。它是指卖方在指定的装运港将货物交到船边即完成交货。买方必须承担自那时起货物灭失或损坏的一切风险。运费、保险费、进口报关的责任费用等由买方负担。FAS 术语要求卖方办理出口清关手续。该术语仅适用于海运或内河运输。

（三）DAP

DAP 是 Delivered at Place(... named place of destination)目的地交货(……指定目的地)的缩写。它是指卖方在指定的目的地,在到达的、准备卸货的运输工具上将货物交给买方处置即完成交货,也就是说卖方只需做好卸货准备无需卸货就完成了交货。卖方应承担将货物运至指定的目的地的一切风险和费用(除进口费用外)。卖方负责货物出口清关,但不负责进口清关、支付进口税或办理进口报关手续。另外,卖方对买方没有签订保险合同的义务。

此术语适用于任何运输方式。如果双方愿由卖方负责进口清关,支付进口税和办理进口报关手续,则应使用 DDP 术语。

（四）DAT

DAT 是 Delivered at Terminal (... named terminal at port or place of destination)目的地或目的港的集散站交货(……指定的港口集散站或指定目的地)的缩写。它是指卖方在指定的目的地或目的港的集散站卸货后将货物交给买方处置即完成交货。集散站包括码头、仓库、集装箱堆场或者公路、铁路、航空货运站等所有地点,不论是否有遮盖设施。卖方应承担将货物运至指定的目的地或目的港的集散站的一切风险和费用(除进口费用外)。卖方负责货物出口清关,但对买方没有签订保险合同的义务。如果当事各方希望卖方承担自货站运转至其他地点的风险和费用,则应使用 DAP 或 DDP 术语。本术语适用于任何运输方式。

（五）DDP

DDP 是 Delivered Duty Paid(... named place)完税后交货(……指定地点)的缩写。它是指卖方在指定的目的地,办理完进口清关手续,将在交货运输工具上尚未卸下的货物交给买方即完成交货。卖方必须承担将货物运至指定的目的地的一切风险和费用,包括关税、捐税和其他费用;货物在运输途中发生灭失损坏的风险以及办理货物出口和进口手续的费用风险一概由卖方承担。但是,如当事方希望将任何进口时所要支付的一切费用(如增值税)从卖方的义务中排除,则应在销售合同中明确写明。若卖方不能直接或间接地取得进口许可证,则不应使用此术语。该术语适用于各种运输方式。

EXW 术语下卖方承担最小责任,而 DDP 术语下卖方承担最大责任。

国际贸易实务

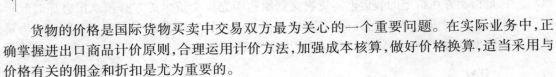

第二节　进出口商品的价格核算

货物的价格是国际货物买卖中交易双方最为关心的一个重要问题。在实际业务中,正确掌握进出口商品计价原则,合理运用计价方法,加强成本核算,做好价格换算,适当采用与价格有关的佣金和折扣是尤为重要的。

一、进出口商品计价原则和方法

(一)计价原则

在确定进出口商品价格时,必须遵守下列计价原则:

1. 按国际市场价格水平计价

国际市场价格是指在国际竞争中形成的,在国际上具有代表性的成交价格。如:集散地市场价格、主要出口国家(地区)的出口价格、主要进口国家(地区)的进口价格。例如,中国是茶叶的主要出口国家,中国茶叶的出口价格可以代表国际市场价格,在进出口计价时就可以此为依据。

2. 按购销意图计价

在国际市场价格水平的基础上,可以根据购销意图,如:品质好坏、数量多少等,来确定略高或略低于国际市场价格的进出口商品价格。

3. 结合国别、地区政策计价

在确定进出口商品价格时,除了考虑以上两个方面的因素,还应该适当考虑国别、地区政策,以达到外贸配合外交的目的。

(二)计价方法

1. 固定价格

这是国际贸易采用较多的计价方法。即在国际货物买卖中交易双方在磋商时将具体的货物单价或总价确定下来,事后无论发生什么情况均按确定的价格进行货款结算。这就意味着买卖双方要承担从订约到交货付款时价格变动的风险。因此,在市场价格变动过于剧烈时,为了减少风险、提高合同的履约率,也可以采用其他计价方法。

2. 非固定价格

非固定价格是指买卖双方订约时不明确规定价格,这样可以避免市场价格变动所带来的风险。它主要有以下几种:

① 暂不固定价格:即交易双方暂时不确定具体的价格,仅在合同中约定将来确定价格的方法。例如,"按照×年×月×日纽约商品交易所该商品的收盘价为准"。如果国际市场价格变动频繁或交货期较远,买卖双方对市场趋势难以预测但又有订约的意图,就可采用这种计价方法。

② 暂定价格:即先在合同规定一个暂定价格,作为开立信用证和初步付款的依据。在交货前的一定时间,再由双方按照当时市价商定最后价格并进行最后清算。

③ 滑动价格:即先在合同中规定一个基础价格,在交货时或交货前一定时间按工资、原材料价格变动的指数作相应调整,以确定最后价格。成套设备、大型机械的国际贸易从合同订立到履行完毕的时间较长,可能因原材料、工资等变动而影响生产成本和价格的升降,且幅度较大,为减少价格风险,保证合同的顺利履行,一般采用滑动价格。

二、出口商品的价格构成

在价格的掌握上,各企业尤其是出口企业应该加强商品的成本核算,以降低成本、提高经济效益。

在出口商品的价格构成中,通常包括三方面内容:采购成本、费用和预期利润。

(一) 采购成本

采购成本即出口商品购进价,是出口企业或外贸单位为出口其产品进行生产、加工或采购所产生的生产成本,含增值税,我们通常称之为含税成本。它是整个价格的核心。很多国家为了降低出口商品的成本,增强其产品在国际市场的竞争能力,往往对出口商品采取增值税全部或部分退回的做法。在实施出口退税制度的情况下,在核算出口商品价格时,就应该将含税的采购成本中的税收部分根据出口退税比率予以扣除,从而得出实际采购成本。

即:

$$实际采购成本 = 含税成本 - 退税收入$$

$$退税收入 = 含税成本 \times \frac{出口退税率}{1 + 增值税率}$$

由此得出实际采购成本的公式:

$$实际采购成本 = 含税成本 \times \left(1 - \frac{出口退税率}{1 + 增值税率}\right)$$

(二) 费用

费用的核算最为复杂,包括国内费用和国外费用。

国内费用主要有加工整理费用,包装费用,保管费用(包括仓租、火险等),国内运输费用(仓至码头),证件费用(包括商检费、公证费、领事签证费、产地证费、许可证费、报关单费等),装船费(装船、起吊费和驳船费等),银行费用(贴现利息、手续费等),预计损耗(耗损、短损、漏损、破损、变质等),邮电费(电报、电传、邮件等费用)。

国外费用主要有国外运费(自装运港至目的港的海上运输费用)、国外保险费(海上货物运输保险),如果有中间商,还包括支付给中间商的佣金。

(三) 预期利润

利润是出口价格的三个组成部分之一。出口价格包含利润的大小由出口企业自行决定。利润的确定可以用某一个数额表示,也可以用利润率即百分比表示。用利润率表示时应当注意计算的基数,可以用某一成本作为计算利润的基数,也可以用销售价格作为计算利润的基数。

例:出口某商品,生产成本为每单位 100 元,出口的各项费用为 20 元,如果公司的利润为 10%,分别按生产成本、出口成本为基数计算利润额。

国际贸易实务

解:按生产成本为基数计算的利润为:$100 \times 10\% = 10$(元)

按出口成本为基数计算的利润额为:$(100 + 20) \times 10\% = 12$(元)

三、价格换算

在国际贸易中,不同的贸易术语表示的几个构成因素不同。比如 FOB 价不包括从装运港至目的港的运费和保险费;CIF 价则包括从装运港至目的港的运费和保险费等。因此,当一方按某种贸易术语报价,而另一方要求按别的贸易术语报价时,就涉及到价格的换算问题。

这里就介绍最常用的 FOB、CFR 和 CIF 三种术语价格的换算方法和公式。

(一) FOB 价换算为其他价

$$CFR 价 = FOB 价 + 国外运费$$

$$CIF 价 = \frac{FOB 价 + 国外运费}{1 - 投保加成 \times 保险费率}$$

国外运费即指自装运港至目的港的海上运输费用。

(二) CFR 价换算为其他价

$$FOB 价 = CFR 价 - 国外运费$$

$$CIF 价 = \frac{CFR 价}{1 - 投保加成 \times 保险费率}$$

(三) CIF 价换算为其他价

$$FOB 价 = CIF 价 \times (1 - 投保加成 \times 保险费率) - 国外运费$$

$$CFR 价 = CIF 价 \times (1 - 投保加成 \times 保险费率)$$

上述公式中,涉及到一个投保加成的概念。所谓"投保加成"是指被保险人一般把货值、运费、保险费以及专售该笔货物的预期利润和费用的总和,即 CIF 总值,作为保险金额,按该金额的 110% 投保,超出的 10% 即"一成",被称为"保险加成率";110% 即为"投保加成"。

小知识

净价与含佣价之间的换算

以上是主要贸易术语之间的净价换算,如若含佣价与净价之间需进行换算,则需多折算一个变量,即佣金率。

FOB 净价 = FOB 含佣价 $\times$ (1 - 佣金率)

CIF 净价 = CIF 含佣价 $\times$ (1 - 佣金率)

CFR 净价 = CFR 含佣价 $\times$ (1 - 佣金率)

例:某出口商品对外报价 USD500 FOB 上海,外商要求改报 CIF 纽约,问我方应报的价格是多少?(运费 USD50,保险费率 0.5%,投保加成为 110%)

解：CIF 价 $= \dfrac{500+50}{1-0.5\% \times 110\%} = 553.04$（美元）

四、佣金与折扣

在实际业务中,磋商和确定价格时,适当地运用佣金和折扣,可调动中间商和买方推销、经营我方出口货物的积极性,增强出口货物在国外市场的竞争力,从而扩大销售。

（一）佣金

佣金是指卖方或买方付给中间商为其对货物的销售或购买提供中介服务的酬金。如果合同中明确佣金比例,就称为"明佣";合同中不标明佣金比例,而由买卖双方另外约定,就是"暗佣"。

1. 佣金的表示方法

（1）用佣金率表示

通常用文字表示,在商品的价格中包括佣金。

例：US $500 per metric ton CIF San Francisco including 3% commission

每公吨 500 美元 CIF 旧金山包括 3% 的佣金

也可以在贸易术语后加注佣金的英文缩写字母"C"并注明百分比。

例：US $200 per metric ton CIFC2% Hong Kong

每公吨 200 美元 CIFC2% 香港

（2）用绝对数表示

即佣金不与价格挂钩,而与商品数量挂钩,用每单位商品佣金的绝对数来表示。

例：US $20 per metric ton for commission

每公吨佣金 20 美元

在国际贸易中,第一种表示方法较为常见。

2. 佣金的计算

如果我们把凡是成交价格中含有需支付给中间商的佣金的价格,称为含佣价;不含佣金的价格称为净价。那么,用公式表示即为：

$$净价 = 含佣价 - 佣金额 \qquad ①$$

另外,在实践中佣金通常用成交金额约定的百分比,即用佣金率来表示。

$$佣金额 = 含佣价 \times 佣金率 \qquad ②$$

根据公式①、②,就可以得出含佣价的计算公式：

$$含佣价 = \dfrac{净价}{1 - 佣金率}$$

例：某商品报价 1000 美元,对方要求 2% 的佣金,问：新报价应该是多少?

解：含佣价 $= \dfrac{净价}{1-佣金率} = \dfrac{1000}{1-2\%} = 1020.41$（美元）

要注意的是,在按交易金额乘佣金率计算佣金时,有的把发票金额作为计算佣金的基数,有的则以 FOB 或 FCA 价值为基数来计算佣金。如按 CIF 成交,而以 FOB 值为基数计算佣金时,则应从 CIF 价中减去运费和保险费,求出 FOB 值,然后将 FOB 值乘以佣金率,即得出佣金额。

3. 佣金的支付

佣金的支付一般有两种做法：一种是由出口方在收到全部货款后，再按事先约定的期限和佣金比例支付给中间商；另一种是由中间代理商直接从货价中扣除佣金。我国出口业务中常用的是第一种方法，即收到全部货款后另行支付佣金。佣金支付可在合同履行后逐笔支付，也可按一定的时期(如月、季、半年或一年等)汇总计付。

(二) 折扣

折扣是指卖方在原价格的基础上给予买方一定比例的价格减让，即在价格上给予适当的优惠。凡在价格条款中明确规定折扣率的，叫作"明扣"；凡交易双方就折扣问题已达成协议，而在价格条款中不明示折扣率的，叫作"暗扣"。

1. 折扣的表示方法

(1) 用百分比表示折扣比例

通常用文字表示，在商品的价格中给予折扣。

例：US $500 per metric ton CIF New York including 2% discount

每公吨 500 美元 CIF 纽约折扣 2%

或写成：US $500 per metric ton CIF New York less 2% discount

每公吨 500 美元 CIF 纽约减 2% 折扣

也可以在贸易术语后加注折扣的英文缩写字母"D"并注明百分比。

例：US $500 per metric ton CIFD2% New York

每公吨 500 美元 CIFD2% 纽约

(2) 用绝对数表示

折扣不与价格挂钩，而与商品数量挂钩，用每单位商品折扣绝对数来表示。

例：US $10 per metric ton for discount

每公吨折扣 10 美元

2. 折扣的计算

折扣的计算较为简单，通常是以成交额或发票金额为基础计算出来的，不存在是按 CIF 价还是按 FOB 价计算的问题。用公式表示即：

$$折扣额 = 原价(或含折扣价) × 折扣率$$

3. 佣金和折扣的区别

① 佣金是中间商的报酬，折扣是卖方给买方的优惠。

② 佣金应纳税，折扣不需纳税。

③ 佣金通常由我出口企业收到全部货款后再支付给中间商或代理商，折扣一般由买方在支付货款时扣除。

第三节　合同中的价格条款

由于国际货物交易双方最关心的问题之一是货物的价格，价格条款便成为买卖合同中的核心条款。它不仅直接关系到买卖双方的利益,而且还对其他条款产生影响。因此,订立好合同中的价格条款对提高外贸经济效益具有十分重要的意义。

一、价格条款的内容

合同中的价格条款,一般包括商品的单价和总值两项基本内容。其中总值是指单价同成交商品数量的乘积,即一笔交易的货款总金额。另外,确定商品价格的计价方法和佣金与折扣的运用,也属于价格条款的内容。商品单价通常由计价货币、单位价格金额、计量单位、贸易术语四部分组成。

例: $\underset{\text{计价货币}}{\underline{\text{US \$}}}$ $\underset{\text{单位价格金额}}{\underline{\text{100}}}$ $\underset{\text{计量单位}}{\underline{\text{per metric ton}}}$ $\underset{\text{贸易术语}}{\underline{\text{CIF New York}}}$

这就回答了本章开头的趣味小问题中的第一、二个问题。

(一)计价货币

计价货币是指合同中规定用来计算价格的货币。支付货币是指合同中规定用来支付货款的货币。如果合同中只规定计价货币而没规定支付货币,则计价货币就是支付货币。这两种货币既可以是出口国货币和进口国货币,也可以是第三国货币。在选择计价或支付货币时,要考虑:

① 计价货币和支付货币应该是可自由兑换的货币,这样有利于调拨和运用。

② 出口业务中,应尽可能争取使用硬币,即从成交到收汇这段时期内汇价比较稳定且趋势上浮的货币。

③ 进口业务中,应尽可能争取使用软币,即从成交到付汇这段时期内汇价比较疲软且趋势下浮的货币。

小知识

外汇保值条款

一切国际贸易合同都需要确定一种或一种以上的货币,作为记账单位和支付手段。但因为汇率在不断地变化,如果合同选择的货币升值,对买方不利;合同货币贬值,对卖方不利,因此不论贬值或升值都对合同的执行产生消极影响。这就是国际贸易合同中的汇率风险。合同当事方往往制定外汇保值条款来对付这种风险。

外汇保值条款常常规定一种或一组保值货币与合同货币之间的汇价,如实际支付时合同汇价的变动超过一定幅度,则按支付当时的汇价调整,以达到保值的目的。

通常订立的外汇保值条款有以下几种情况:

1. 计价货币和支付货币均为同一"软币",确定订约时这一货币与另一"硬币"的汇率,折算成"硬币",支付时再按当日汇率折算成原货币支付。

2. 按"软币"计价,"硬币"支付。即将商品的价格按照计价货币与支付货币当时的汇率折合成另一种"硬币",按这种"硬币"支付。

3. 按"软币"计价,"软币"支付。确定这一货币与另外几种货币的算术平均汇率或用其他方式计算的汇率,按支付当日汇率的变化作相应的调整,折算成原货币支付。这种保值可称为"一揽子汇率保值"。

（二）单位价格金额

合理确定商品的单价,防止偏高或偏低。例如,商品包装的费用一般含在合同价格中,如买方要求特殊包装而卖方也同意时,可酌情提高货价。另外,要注意书面合同中价格的正确性,如果把合同中的金额写错,将会造成不必要的麻烦。

（三）计量单位

一般来说,计价数量单位应与数量条款中所用的计量单位相一致,以利于合同的履行。例如,数量条款中的计量单位是"公升",价格条款中的计量单位也应该用"公升",而不应该另外再使用"加仑"来计量。

（四）贸易术语

在外贸实务中,由于 FOB、CFR、CIF 这三种贸易术语产生时间最早,最为人们所熟悉和习惯使用,且买卖双方不必到对方国家办理货物的交接,对买卖双方比较有利,因而它们最为常用。

但在具体选用贸易术语时还应考虑以下的因素:
① 是否有利于发展本国的运输业和保险业;
② 是否适合所采用的运输方式;
③ 是否有利于安全收汇(出口)或安全收货(进口)。
这就回答了本章开头的趣味小问题中的第三个问题。

二、注意事项

在实际业务中,正确订立价格条款还应注意:
① 价格条款与品质、数量、包装等其他条款的对应项目要一致。
② 选择恰当的计价方法,以避免价格变动的风险。
③ 如果包装材料和包装费用另行计价,则对其计价方法也应作相应的规定。
④ 如果交货品质和数量约定有一定的机动幅度,则对机动部分的作价也应一并规定。
⑤ 参照国际贸易习惯做法,合理运用佣金和折扣。在实践中除非事先另有约定,如有关价格条款中对佣金或折扣未作表示,通常理解为不含佣金或不给折扣的价格(即净价)。

★★★★★ **本章学习路径** ★★★★★

一、国际贸易惯例是指在国际贸易业务中经过长期反复实践的、具有普遍意义的、经国际贸易组织加以编纂和解释而形成的习惯做法。

《2010 年国际贸易术语解释通则》

有关贸易术语的国际惯例——《1941 年美国对外贸易定义修订本》

《1932 年华沙—牛津规则》

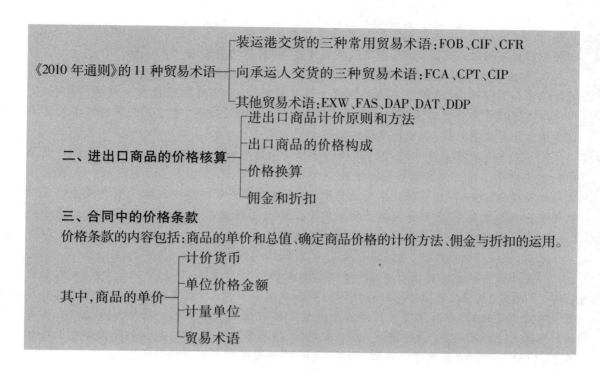

《2010 年通则》的 11 种贸易术语 —— 装运港交货的三种常用贸易术语：FOB、CIF、CFR
向承运人交货的三种贸易术语：FCA、CPT、CIP
其他贸易术语：EXW、FAS、DAP、DAT、DDP

二、进出口商品的价格核算 —— 进出口商品计价原则和方法
出口商品的价格构成
价格换算
佣金和折扣

三、合同中的价格条款
价格条款的内容包括：商品的单价和总值、确定商品价格的计价方法、佣金与折扣的运用。

其中，商品的单价 —— 计价货币
单位价格金额
计量单位
贸易术语

本章复习思考题

1. 什么是国际贸易惯例？国际上有较大影响的有关贸易术语的惯例有哪几种？其主要内容是什么？

2. 采用 FOB 术语时要注意哪几点？

3. 进出口商品计价要掌握哪些原则？主要的计价方法是哪几种？

4. 佣金通常有几种表示方法？请举例说明。

5. 合同中的价格条款一般包括哪些内容？订立价格条款时要注意哪些方面？

知识扩充

《2010 年国际贸易术语解释通则》使用时应注意的问题

首先要注意，《2010 年国际贸易术语解释通则》除了两个主要改变（术语分类的调整，贸易术语的数量由原来的 13 种变为 11 种）外，还有一些变动：

1. "船舷"的变化。修订后的《2010 年通则》取消了"船舷"的概念，卖方承担货物装上船为止的一切风险，买方承担货物自装运港装上船后的一切风险。此次修订最终删除了"船舷"的规定，强调在 FOB，CFR 和 CIF 下买卖双方的风险以货物在装运港口被装上船时为界，而不再规定一个明确的风险临界点。这个改变更准确地反映了现代商业现实，避免了以往风险围绕船舷这条虚拟垂线来回摇摆而发生货物的损失或纠纷。

2. 在 FAS，FOB，CFR 和 CIF 等术语中加入了货物在运输期间被多次买卖即"string sales"（连环贸易）的责任义务的划分。由于连环贸易中货物由第一个卖方运输，作为中间环节的卖方就无须装运货物，因此，连串销售的中间销售商对其买方应承担的义务不是将货物

国际贸易实务

装船,而是"设法获取"已装船货物。着眼于贸易术语在这种销售中的应用,《2010年通则》的相关术语中同时规定了"设法获取已装船货物"和将货物装船的义务。

3. 术语的内外贸适用的兼容性。贸易术语在传统上被运用于表明货物跨越国界传递的国际销售合同。然而,世界上一些地区的大型贸易集团,像东盟和欧洲单一市场的存在,使得原本实际存在的边界通关手续变得不再有意义。《2010年通则》首次正式明确这些术语不仅适用于国际销售合同,也适用于国内销售合同。

除了以上几点重要变化之外,《2010年通则》同时也增加了"Guidance Note"(指导性说明),赋予电子通信方式和纸质通信方式完全等同的功效,只要各方当事人达成一致或者在使用地是惯例;充分考虑了保险同款的变动,在各种术语条款内容中包含了取得或提供帮助取得安全核准的义务;对码头装卸费费用的分配作出了详细规定。此外,国际商会此次还将Incoterms注册成商标,并提出了使用该商标的要求。

其次,在使用新版本时,要注意以下几个方面:

一是不存在新版本替代旧版本。虽然《2010年通则》于2011年1月1日正式生效,但是《2010年通则》实施之后并非《2000年国际贸易术语解释通则》就自动作废。因为国际贸易惯例本身不是法律,对国际贸易当事人不产生必然的强制性约束力。国际贸易惯例在适用的时间效力上并不存在"新法取代旧法"的说法,即当事人在订立贸易合同时仍然可以选择适用《2000年国际贸易术语解释通则》甚至《1990年国际贸易术语解释通则》。签订合同时,《2010年通则》并不是自动适用的,具有任意性。因此,合同各方当事人应当在合同中清楚具体地订明,通过诸如"所用术语选择《2010年通则》"等语句。

二是风险临界点仍需确定。此次修订删除了FOB,CFR和CIF项下的船舷界限。尽管取消了"船舷"的概念,但在装运港作业时的意外风险仍可能存在,那么风险如何划分的所谓临界点的问题仍不可避免,双方在订立合同时要考虑到该问题;新版本意图将具体问题留待当事人自行解决,这就需要双方在订立合同时要考虑到该问题,必要时可在商定的基础上另行规定双方认可的风险临界点。只有各方当事人指定地点或港口,所选术语才有效,而且指定的地点或港口越精确越奏效。

三是电子文件取代纸文件。《国际贸易术语解释通则》的早期版本对所需单据进行了规定,这些单据可被电子数据交换信息替代。应国际贸易市场的电子货运趋势,在《2010年通则》赋予了电子通信方式完全等同的功效,只要各方当事人达成一致,电子文件可取代纸张文件。

虽然《2010年通则》对商业界来说并非一次根本性变革,但它的实施可以让贸易双方更好地适应国际贸易实践领域的新变化。因此,企业对新通则应采取积极的态度,逐步进行交易文件的更新换代。

第五章　进出口贸易的交易条件(三)

在进出口贸易中,商品从卖方转移到买方需要经过长途运输。不同的地理条件决定了不同的运输方式。其中,海洋运输方式最为常用。运输方式、运费、运输单据和装运合同的内容是进出口贸易实务中不可缺少的知识。由于进出口贸易运输中存在风险,尤其是海洋运输风险较大,因此,需要通过保险来解决风险带来的损失问题。如何办理保险和保险索赔,也是进出口贸易实务中所要用到的知识。

英国 A 进口商开来一张信用证，以 B 公司为受益人。信用证要求提交凭 A 进口商指示的 2/3 正本已装船清洁海运提单，以开证申请人为被通知人。在特殊条款中又规定受益人需在装运后立即将 1/3 正本提单寄给开证申请人。根据信用证规定，B 公司在装运后从船方取得了三份正本提单，并将其中一份邮寄给 A 进口商，其余两份连同其他单据一起提交银行议付。开证行收到单据后，即向 B 公司提出拒付，理由是提单中被通知人一栏漏打开证申请人的电话号码，单证不符，不能接受。B 公司立即与 A 进口商代理取得联系，更改提单，但被告知，货物已被收货人凭一份正本提单提走。为什么收货人凭正本海运提单可以提走货物？（你可以在后面的学习中找到答案）

第一节 进出口贸易货物运输

进出口货物运输是进出口贸易的一个重要组成部分。进出口货物运输具有线长面广、环节多、时间性强、情况复杂、风险较大等特点。为了按时、按质、按量完成进出口货物的运输任务，买卖双方在订立进出口货物买卖合同时，都需要合理选定运输方式，订好各项装运条款，从而保证商品的交接任务至进出口贸易的顺利完成。

一、运输方式

每种运输方式都具有各自的经济、技术优势和劣势，为了合理选择国际运输方式，应充分了解各种运输方式的特点。现将不同运输方式的特点列表归纳（见表5-1）如下。

表5-1 不同运输方式的比较

运输方式	运费	运载量	运行速度	通过能力	对货物限制	运输风险	货物损耗
海洋运输	最低	最大	最慢	较强	限制少	大	较大
铁路运输	较高	较大	较快	较弱	限制少	小	较大
公路运输	较高	较小	较快	较弱	限制较多	大	最大
航空运输	最高	较小	最快	较强	限制多	小	较小
国际多式联运	适中	较大	适中	适中	适中	适中	较小
管道运输	较低	较大	一般	很弱	只限于液体、气体	最小	最小

根据各种运输方式的比较，海洋运输具有运载量大、运费低、通过能力强的明显优势，成为选择最多的运输方式，其货运量在进出口货物运输总量中占80%左右，铁路运输位居第二。但海洋运输受气候和自然条件的影响较大，航期不精确，而且航行中的风险较大，此外，海洋运输的速度也相对较慢。所以，在具体交易中对运输方式的选择应根据各种运输方式的特点和对货物运输的要求来综合考虑。

（一）海洋运输

1. 海洋运输的经营方式

海洋运输（ocean transportation）简称海运，是利用货船在国内外港口之间通过一定的航线和航区进行货物运输的一种方式。在进出口货物运输中，海洋运输是最主要的运输方式。

当前国际上普遍采用的海洋运输经营方式主要有两大类：租船运输和班轮运输。

（1）租船运输

租船运输（charter shipment）是指租船人向船方租赁船舶用以进行货物运输的方式。在租船运输业务中，没有预定的船期表，船舶经由航线和停靠的港口也不固定，须按船租双方签订的租船合同来安排，有关船舶的航线和停靠的港口、运输货物的种类以及航线时间等，都按承租人的要求，由船舶所有人确认而定，运费或租金也由双方根据租船市场行情在租船

国际贸易实务

合同中加以约定。租船通常适用于大宗货物的贸易与运输。按租赁方式不同,租船运输分为定程租船、定期租船和光船租船三种。

① 定程租船(voyage charter)又称程租船或航次租船,是指由船舶所有人负责提供船舶,在指定港口之间进行一个航次或数个航次,承运指定货物的租船运输。程租船依航次多少有单程租船(又称单航次租船)、来回航次租船、连续航次租船、包租等。

程租船的特点是:

A. 船东负责配备船员,负担船员工资、伙食费等;

B. 船东负责营运工作,并负担船舶的燃料费、物料费、修理费、港口使用费等营运费用;

C. 按装载货物的数量或按船舶吨位的总和计收运费;

D. 在租船合同中定明货物装卸费用由谁负担;

E. 在租船合同中还定明货物装卸时间及滞期费(在规定的装卸期限内,如果租船人未能完成装卸作业,为了弥补船方的损失,对超过的时间租船人应向船方支付一定的罚款)和速遣费(如果租船人在规定的装卸期内,提前完成装卸作业,对于所节省的时间船方要向租船人支付一定的奖金)的计算标准。

② 定期租船(time charter)又称期租船,是指由船舶所有人将船舶出租给承租人,供其使用一定时间的租船运输。在租期内,租船人有权调度船舶,在合同规定的航区运载不违反合同规定的货物,按期(如每周、每月)支付租金。租金一经议定,在租期内不变。但若租船人没有按时支付租金,船东有权撤船。

期租船可长可短,可以是几个月,也可以是几年甚至到船舶报废。在租船期内,船舶由租赁方使用,租船人可将租赁的船作为班轮,也可作为程租船经营,甚至将船转租给第三方使用。

期租船的特点是:

A. 船东负责配备船员,负担船员工资、伙食费等;

B. 承租人负责船舶的营运工作,除船舶修理费、物料费、折旧费、船舶保险费由船舶所有人负担外,其他有关营运费,如燃油费、港口使用费等均由承租人负担;

C. 租金按船舶装载能力和租期长短计算。

③ 光船租船(bare boat charter)是指船东将船舶出租给承租人使用,由承租人自己配备船员,提供工资、给养,负担船舶的经营管理和一切营运费用的租船运输形式。在租期内,租船人实际上对船舶有着支配权和占有权。

光船租船的特点是:

A. 船舶所有人只提供一艘空船;

B. 承租人负责配备船员,任命船长,并负担船员工资和伙食等;

C. 承租人负责船舶调度和安排营运,并负担一切营运费用;

D. 租金按船舶装载能力和租期长短计算;

E. 合同中订明由船东或承租人负担船舶保险。

近年来,国际上发展起一种介于航次租船和定期租船之间的租船方式,即航次期租(time charter on trip basis,TCT),这是船舶依航次整船租赁,但租金按实际使用的天数计算,又称为"日租租船"(daily charter)。

在租船运输方式中,租船人和船东之间的权利和义务是以双方签订的租船合同(charter

party）为依据的。租船合同依据不同的租船方式而分为程租合同、期租合同和光船合同。

（2）班轮运输

班轮运输（liner shipment）是指按固定的航行时间表，在固定的航线上，以固定的港口顺序，并按事先公布的固定运价收取运费的运输方式。班轮运输在进出口货物运输中具有以下特点：

① 四个固定：固定航线、固定船期、固定停靠港口、固定运费率。

② 货不论多少，只要舱位可以利用均可承载，尤其适合托运量少的货物运输。凡是有班轮停靠的港口，一般都可承运。

③ 运价内已包括装卸费用，承托双方不计算滞期费和速遣费。

④ 对货物的托运数量没有限制。

⑤ 承运人与托运人之间权利与义务以签发的班轮提单背面条款为准。

2. 海洋运输的费用

海运的运费大致上可分为班轮运费和租船运费两种。其中，租船运费是在租船人和船东之间协商确定的，因而对于每一笔业务来说可能不一样；而班轮运费是由班轮公司事先公布，一般不与托运人讨价还价，托运人必须接受，因而是固定的。

（1）班轮运输费用

班轮运费有如下几个特点：

① 班轮运费中包括了装卸费。

② 托运人对装卸的延滞和速遣不负责任。因此，在班轮运输下不存在滞期费和速遣费问题。

③ 根据运费表确定运费。班轮运费表根据其制订者，可划分为以下四种：

A. 航运公会运费表，参加航运公会的班轮公司必须按此运费表收取运费；

B. 班轮公司运费表，是指未参加航运公会的班轮公司自己制订的运费表；

C. 双边运费表，是指由托运人和班轮公司共同制订的运费表；

D. 货方运费表，是指由托运人制订、班轮公司接受使用的运费表。

④ 班轮运费包括基本运费和附加运费两部分。基本运费是运费的主要部分，采用以下标准来计算：

A. 重量法，以 W 表示，即按货物的毛重（又称重量吨）计算运费；

B. 体积法，以 M 表示，即按货物的体积（又称尺码吨）计算运费；

C. 从价法，以 A. V. 表示，即按货物的 FOB 价值计算运费；

D. 选择法，以 W/M，W/A. V，M/A. V，W/M/A. V 表示，班轮公司从中择高计收运费；

E. 按件法，即按每件货物作为一个计费单位收取运费；

F. 议定法，由船、货双方协商议定。通常适用于大宗货物运输，因运量大、货值低、装卸容易，所以承托双方愿意协商确定运费。

在实际业务中，基本运费的计算标准以按货物的毛重（"W"），按货物的体积（"M"）或按重量、体积从高选择（"W/M"）三种方式居多。贵重物品较多是按货物的价格，即按 FOB 总值（"A. V"）计收。

上述计算运费的重量吨和尺码吨统称为运费吨，又称计费吨。现在国际上一般都采用公制（米制）：其重量单位为公吨（Metric Ton，缩写为 M/T），尺码单位为立方米（Cubic Meter，

国际贸易实务

缩写为 M³）。计算运费时 1 立方米作为 1 尺码吨。

附加费是班轮公司用于弥补在运输中因特殊原因而增加的额外开支，或蒙受的损失。附加费主要有：燃油附加费、超长附加费、超重附加费、直航附加费、港口附加费、港口拥挤附加费、转船附加费、选港附加费等。

班轮运费的计算步骤是：

第一，找出适用的运费表。例如，航运公会运费表、班轮公司的运费表等。

第二，在运费表上按商品名称查该商品的货物等级表中属于哪一等级、采用什么计费标准。

第三，根据商品登记和计费标准，再按其所走航线，在航线费率表中查出该商品的基本运费。

第四，再查该航线和停靠港的附加费率。

第五，计算运费。以该商品的基本费和附加费相加再乘以货物计费单位（与计费标准单位相同）得出总运费金额。

例：某商品每箱毛重 30 千克，体积 0.05 立方米，共出口 40 箱。原报价每箱 35 美元 FOB 上海。现客户要求改报 CFR ×× 港。经查该商品计费标准为 W/M，每运费吨费率为 220 美元，港口附加费 10%。我方现应如何报价？

解：$W = 30 \div 1000 \times 40 = 1.2（M/T）$

$M = 0.05 \times 40 = 2（立方米）$

因为 $M > W$，所以按 M 进行计算。

$F = [220 \times (1 + 10\%)] \times 2 \div 40 = 12.1$（美元）

$CFR = FOB + F = 35 + 12.1 = 47.1$（美元）

答：报价为 ×× 商品每箱 47.1 美元 CFR × 港。

（2）程租船运输费用

程租船运输费用主要包括程租船运费（从装运港到目的港的海上运费）和装卸费。此外，还有速遣费、滞期费等。

① 程租船运费。程租船运费的计算方式与支付时间，需由租船人与船东在所签订的程租船合同中明确规定。其计算方法主要有两种：一种是按运费率，即规定每单位重量或单位体积的运费额，同时规定按装船时的货物重量或按卸船时的货物重量来计算总运费；另一种是整船包价，即规定一笔整船运费，船东保证船舶能提供的载货重量和容积，不管租方实际装货多少，一律按整船包价支付。

> **小思考**
>
> **运费的计算**
>
> 由天津运往埃及塞得 150 箱小五金，每箱毛重为 25 公斤，体积 20 厘米 × 30 厘米 × 40 厘米。经查轮船公司的"货物分级表"，该货运费计算标准为 W/M，等级为 10 级。又查天津至塞得费率表 10 级货运费率为 388 港元，另加收港口附加费 10%，燃油附加费 30%，问轮船公司对该批货物共收取多少运费？

程租船运费率的高低取决于诸多因素：租船市场运费水平、承运的货物价值、装卸货物所需设备和劳动力、运费的支付时间、装卸费的负担方法、港口费用高低及船舶经纪人的佣金高低等。

② 装卸费。在程租船运输情况下，有关货物的装卸费由租船人和船东协商确定后在程

租船合同中作出具体规定。具体做法主要有五种：一是船方负担装货费和卸货费，二是船方管装不管卸，三是船方管卸不管装，四是船方不管装和卸，五是船方不管装卸、理舱和平舱。

③ 滞期费和速遣费。船方为了约束和鼓励租船人在规定的时间完成装卸和提前完成装卸，会在合同里规定滞期费和速遣费。通常速遣费是滞期费的一半。因此，程租船合同中的滞期费和速遣费应与买卖合同中的有关条款保持一致。

（3）期租船运输租金

在定期租船情况下，租船人为使用船舶而付给船舶所有人的代价称为租金。租金率取决于船舶的装载能力和租期的长短，通常规定为按每月每载重吨多少金额或整船每天多少金额计算。

3. 海上货物运输单据

海上货物运输单据主要为海运提单。此外，还有近年开始使用并逐渐推广的海上货运单。

（1）海运提单

海运提单（Bill of Lading），简称提单（B/L），是指用以证明海上货物运输合同和货物已经由承运人接受或装船，以及承运人保证据以交付货物的单证。

① 海运提单的性质与作用，可以概括为以下三个方面：

A. 货物的收据。海运提单是承运人或其代理人在收到货物后签发给托运人的货物收据，证明已按提单所列内容收到货物；

B. 货物所有权的凭证。收货人或提单的合法持有人有权凭提单在目的港向承运人或其代理人提取货物。因此，提单具有物权凭证性质。提单可以通过背书转让，从而转让货物的所有权。提单的合法持有人亦可凭提单向银行办理抵押贷款；

C. 运输签约的证明。提单是承运人与托运人之间订立的运输契约，是双方在处理运输过程中权利与义务关系的主要依据。

② 海运提单从各种不同的角度，可以分为以下几类，如表5-2所示。

表5-2　海运提单的种类

划分角度＼类种	第一种	第二种	第三种
货物是否已装船	已装船提单	备运提单	
提单有无不良批注	清洁提单	不清洁提单	
提单能否流通转让	记名提单	不记名提单	指示提单
运输方式	直达提单	转船提单	联运提单
船舶营运方式	班轮提单	租船提单	
内容繁简	全式提单	略式提单	
有效性	正本提单	副本提单	
其他种类	倒签提单	预借提单	舱面提单

③ 海运提单的内容。提单的格式很多，每个船公司都有自己的提单格式，但基本内容大致相同，都依据于1924年《统一提单的若干法律规则的国际公约》（简称《海牙规则》）（The

Hague Rules)的规定制订。提单的内容一般包括正面的记载事项和背面印制的运输条款。

A. 提单正面的内容。提单正面的记载事项,分别由托运人和承运人或其代理人填写。通常包括:托运人、收货人、被通知人、收货地或装货港、目的地或卸货港、船名及航次、唛头及件号、货名及件数、重量和体积、运费预付或到付、正本提单份数、船公司或其代理人的签章、签发提单的地点和日期;

B. 提单背面的条款。在班轮提单背面,通常都印有运输条款。这些条款是作为确定承运人与托运人之间、承运人与收货人之间的权利与义务的主要依据。国际公认统一提单背面条款内容的公约有三个,它们是:1924 年签署的《统一提单的若干法律规则的国际公约》(简称《海牙规则》)(The Hague Rules);1968 年签署的《布鲁塞尔议定书》,简称《纳斯比规则》(The Nusby Rules);1978 年签署的《联合国海上货物运输公约》,简称《汉堡规则》(The Hamburg Rules)。

小知识

《海牙规则》

《海牙规则》是 1924 年 8 月 25 日在布鲁塞尔由 26 个海运国家所签订的。这个规则在海上运输方面具有重要国际影响。在大多数国家或地区的船公司,都采用该规则,并在提单中声明采用该规则。据以确定承运人在货物装船、收受、配载、承运、保管、照料和卸载过程中所承担的责任与义务,以及应享有的权利与豁免。

(2) 海上货运单

海上货运单简称海运单(Sea Waybill, Ocean Waybill),是证明海上货物运输合同和货物由承运人接管或装船,以及承运人保证据以将货物交付给单证所载明收货人的一种不可流通的单证。因此又称作"不可转让海运单"。

海运单不是物权凭证,故而不可转让。收货人不凭海运单提货,而是凭货到通知提货。目前,欧洲、北美和某些远东地区的贸易界越来越倾向于使用不可转让的海运单,主要是因为海运单能方便进口方及时提货,简化手续,节省费用,还可以在一定程度上减少以假单据进行诈骗的现象。另外,由于电子单据交换(EDI)技术在国际贸易中的广泛使用,不可转让海运单更适合使用这种新技术。在我国的对外贸易中,不可转让海运单也已开始使用。

(二) 铁路运输

1. 铁路运输的方式

铁路运输(railway transportation)是指利用铁路进行进出口货物运输的一种方式。铁路运输是国际贸易中陆地运输的一种主要方式,也是我国对外贸易中比较重要的运输方式。

我国对外贸易中,铁路运输主要有下列两种方式:

(1) 国际铁路联运

国际铁路联运是指把两个或两个以上国家的铁路连接起来,完成一批货物从出口国向进口国的转移所进行的运输。它使用一份统一的国际货运单据,由铁路部门负责办理铁路运输的出入境,再由一国铁路向另一国铁路移交货物时无需发货人、收货人参与。采用国际铁路联运,有关国家必须事先有书面约定。目前,有关的国际条约有两个:一个是《国际铁路货物运送公约》(简称《国际货约》),该条约是根据 1890 年欧洲各国在瑞士伯尔尼举行的各国铁路代表会议上制定的《国际铁路货物运送规则》的内容进行修改和改名,并于 1938 年 10 月 1 日生效实施的。

另一个是《国际铁路货物联运协定》(简称《国际货协》),该协定是苏联和东欧等国在1951年签订的。之后,其他国家相继加入了该条约,中国在1954年1月1日参加了该协定。

在国际铁路联运中,按托运货物数量、体积等,可分为整车运输(full car load)和零担运输(less than car load)。整车运输是指按一张运单办理的一批货物,需要单独车辆运送的,作为整车货物运送。这种方式用于数量大的货物运输。零担运输是指一张运单办理的一批货物,重量不超过5000公斤,并按其体积又不需要单独车辆运送的,作为零担货物运送。

(2)对香港地区的铁路运输

对香港地区的铁路运输是由境内段运输和港段铁路运输两部分构成。具体做法是:首先由发货人把货物从始发站托运到深圳北站,交由设在深圳北站的外贸运输机构接货(不卸车),然后由该机构会同香港的有关中资机构负责之后的运输工作。发货人发货后凭外贸运输机构签发的货物承运收据办理结算货款。

小知识

《国际铁路货物运送公约》

"国际货约"即1890年欧洲各国在瑞士伯尔尼举行的各国铁路代表会议上制定的《国际铁路货物运送规则》,1938年修改时改称《国际铁路货物运送公约》,同年10月1日开始实行。在第一次和第二次世界大战期间曾经中断,战后又重新恢复,以后为适应国际形势的不断发展变化又屡经修改。参加国共有24个:德国、奥地利、比利时、丹麦、西班牙、芬兰、法国、希腊、意大利、列支敦士登、卢森堡、挪威、荷兰、葡萄牙、英国、瑞典、瑞士、土耳其、南斯拉夫、保加利亚、匈牙利、罗马尼亚、波兰、前捷克斯洛伐克。

2. 铁路运单

铁路运单(railway B/L)是铁路承运人收到货物后所签发的铁路运输单据。我国对外贸易铁路运输按营运方式分为国际铁路联运和国内铁路运输两种方式。前者使用国际铁路联运运单,后者使用承运货物收据。

(1)国际铁路联运运单(international through railway bill)

这是国际铁路联运所使用的运输单据。它是铁路运输部门与托运人之间缔结的运输契约。它不仅是铁路运输部门承运货物时出具的凭证,也是铁路运输部门与托运人交接货物、核收运杂费用和处理索赔与理赔的依据。运单正本随同货物全程附送,最后交给收货人。运单副本在铁路加盖印章说明货物的承运和承运日期,交给发货人,凭此向银行办理结算。

(2)承运货物收据(cargo receipt)

这是对港澳铁路运输中使用的一种结汇单据。该收据包括大陆段和港澳段两段运输,是代办运输的外运公司向出口商签发的货物收据,也是承运人与托运人之间的运输契约,同时还是出口商办理结汇手续的凭证。

(三)航空运输

1. 航空运输的方式

航空运输(air transportation)是利用飞机运送进出口货物的一种现代化运输方式。它在国际贸易运输中地位日益提高,航空运货量也越来越大。

航空运输有班机运输、包机运输、集中托运和航空急件传送等方式。

（1）班机运输（scheduled airline）

班机运输是指客、货班机定时、定点、定线运输,适用于载运量较小的货物。

（2）包机运输（chartered carrier）

包机运输是指包租整架飞机进行的运输,适用于大宗货物、有特殊要求或急需的货物。

（3）集中托运（consolidation）

集中托运是指航空货运代理公司把若干批单独发运的货物组成一批向航空公司办理托运,填写一份总运单将货物发运到同一目的站,由航空货运代理公司在目的站的代理人负责收货、保管并将货物分别拨交给各收货人的一种运输方式。

（4）航空急件传送（air express service）

航空急件传送是指由一个专门经营此项业务的机构与航空公司密切合作,用很快的速度在货主、机场、收件人之间传送急件。这种方式被称作"桌到桌"运输。用于急需的药品、医疗器械、图纸资料、货样及单证的传送。

2. 航空运输的承运人

（1）航空运输公司

航空运输公司是航空货物运输业务中的实际承运人,负责办理从起运机场至到达机场的运输,并对全程运输负责。

（2）航空货运代理公司

航空货运代理公司可以是货主的代理,负责办理航空货物运输的订舱,在始发机场和到达机场的交、接货与进出口报关等事宜;也可以是航空公司的代理,办理接货并以航空承运人的身份签发航空运单,对运输全程负责;亦可两者兼而有之。

3. 航空运单

航空运单（air waybill）,是航空公司收到货物后出具的货物收据和运输凭证,是航空承运人与托运人之间签订的运输契约。航空运单与海运提单不同,它不是货物所有权的凭证,也不能流通转让。收货人提货不是凭航空运单,而是凭航空公司的提货通知单。

航空运单根据签发人的不同分为主运单和分运单。前者是由航空公司签发的,后者是由航空代理公司签发的,两者在内容上基本相同,法律效力也相同。

4. 航空运输的运价

航空运输货物的运价是指从启运机场至目的机场的运价,不包括其他额外费用（如提货、仓储费等）。运价一般按货物的实际重量（公斤）或体积重量（6000立方厘米折合1公斤）计算的,以两者中较高者为准。针对航空运输货物的不同性质与种类,航空公司规定有特种货物运价、一般货物运价和集装设备运价等不同的计收方法。

（四）公路运输、内河运输和邮政运输

1. 公路运输

公路运输（road transportation）是国际贸易中的基本运输方式。它具有机动灵活、简捷方便的特点,适用于路途短、数量不多的货物运输。它是货物进出码头、车站、机场的重要手段,是连接铁路、水路、航空等运输方式的不可缺少的条件。其缺点是载运量有限、运输成本比较高、运输风险也比较大。

2. 内河运输

内河运输(inland waterway transportation)是水上运输的一个组成部分。它具有投资少、成本低、风险比较小的优点。它既是连接内陆腹地和沿海地区的纽带,也是边疆地区与邻国边境河流的连接线,在进出口货物的运输中同样起着比较重要的作用。

3. 邮政运输

邮政运输(postal transportation)是一种比较简便的运输方式。它具有手续简便、费用低的特点。托运人只需按邮局章程办理一次托运、一次付清足额邮资、取得邮政包裹收据,交货手续即告完成。邮件在国际间的传递由各国的邮政部门负责办理,邮件到达目的地后,收件人可凭到件通知到邮局提取。

这种邮政运输需要各国邮政部门之间订有协定和公约。通过这种协定与公约,各国的邮件或包裹可以互相传递,从而形成国际邮政运输网。我国与很多国家签订了邮政协定,并加入了万国邮政同盟(universal postal union),简称"邮联"。

(五)集装箱运输

1. 集装箱运输的概念

集装箱运输(container transportation)是指将货物装入标准规格的集装箱内,利用陆、海、空运输将货物送到目的地的一种现代化运输方式。集装箱运输的特点是:集装箱可以被反复使用、便于货物快速装卸、运转中箱内货物不用挪动,可直接换装、便于货物在运输工具上装满和卸空。

国际标准化组织为统一集装箱的规格,推荐了三个系列13种规格的集装箱。而在国际运输中广泛使用的主要有三种规格:即 IA 型(8 英尺 × 8 英尺 × 40 英尺)、IAA 型(8 英尺 × 8.6 英尺 × 40 英尺)和 IC 型(8 英尺 × 8 英尺 × 20 英尺)。

集装箱运输自产生以来,经历了四十多年来的快速发展期。这主要取决于它所具备的一系列传统运输不具备的优点:提高了货运速度,加快了运输工具、货物及资金的周转;减少了运输过程中的货差、货损,提高货运质量;节省货物包装费用,减少货物运杂费支出;简化货运手续,便于货物运输。

集装箱运输有整箱货(full container load,FCL)和拼箱货(less than container load,LCL)之分。凡一批货物的数量达到一个或一个以上集装箱内容积的75%或集装箱负荷重量的95%,即可作为整箱货。整箱货的货由货方在工厂或仓库装箱,装箱后直接运到集装箱堆场(container yard,CY),然后由承运人运至港口装上船。货到目的港后,集装箱卸下船后运至集装箱堆场,收货人可直接从集装箱堆场把货提走。不足整箱货的容积或重量的货载,需要把不同发货人的少量货物拼装在一个集装箱内,这种装箱方式称作拼箱货。拼箱货一般送至集装箱货运站(container freight station,CFS),由承运人根据货物的去向和性质把不同货主的货物拼成整箱装运的货物。

2. 集装箱运输的费用

集装箱运输的费用构成和计算方法与传统的运输方式不同。以海运为例,它包括内陆或装运港市内运输费、拼箱服务费、堆场服务费、海运运费、集装箱及其设备使用费等。集装

国际贸易实务

箱包箱运费的计算方法有三种：

FAK(freight for all kinds)，即不分货物种类，也不计货量，只规定统一的每个集装箱收取的费率。

FCS(freight for class)，即按不同货物等级制定的包箱费率。

FCB(freight for class & basis)，即按不同货物等级或货物类别以及计算标准制定的费率。

小知识

集装箱的种类

① 按结构分类：固定集装箱、折叠集装箱。

② 按制造材料分类：钢制集装箱、铝制集装箱、玻璃纤维制集装箱。

③ 按运输方式分类：海陆集装箱、空陆集装箱。

④ 按用途分类：干货集装箱、散货集装箱、冷藏集装箱、特种集装箱、敞顶集装箱、框架集装箱、牧畜集装箱、罐式集装箱、汽车集装箱。

（六）联合运输

联合运输(combined transportation)是指使用两种或两种以上运输方式完成某一运输任务的连贯运输方式。它包括海陆联运、海空联运、陆空陆联运、陆空联运、陆海联运、集装箱运输、国际多式联运和大陆桥运输等。随着航空业的发展，联合运输越来越显示出快速、方便的优势，在国际贸易中日益被广泛采用。其中，国际多式联运和大陆桥运输有着良好的发展趋势。以下主要介绍这两种运输方式。

1. 国际多式联运

国际多式联运(international multi-modal transportation)，是在集装箱基础上，把海陆空等各种传统运输方式更有效地结合起来的一种国际间综合性的连贯运输方式。它是按照多式联运合同，以至少两种不同的运输方式，由多式联运经营人将货物从一国境内接管货物的地点运到另一国境内指定交付货物的地点。

构成国际多式联运的基本条件是：

① 必须有一个多式联运合同；

② 必须是国际间两种或两种以上不同运输方式的连贯运输；

③ 必须由一个多式联运经营人对全程运输总负责；

④ 必须使用一份包括全程的多式联运单据；

⑤ 必须是全程单一的运费费率。

2. 大陆桥运输

大陆桥运输(land bridge transportation)是指以铁路和公路运输系统为中间桥梁把大陆两端的海洋运输连接起来的运输方式。从形式上看，是海、陆、空的连贯运输。大陆桥运输一般采用集装箱方式，适应性较强，能保证货物安全，在国际贸易中正日益受到重视。

新亚欧大陆桥简介

新亚欧大陆桥东起太平洋西岸中国东部城市连云港,在中国境内有陇海、兰新两大铁路子线构成,横贯江苏、安徽、河南、陕西、甘肃、新疆六省区,穿越中国、哈萨克斯坦、俄罗斯、白俄罗斯、波兰、德国和荷兰等七个国家,西达大西洋东岸荷兰的鹿特丹和比利时的安特卫普等港口,横贯亚欧两大洲中部地带,总长约 10900 千米,连接着 40 余个国家,占世界国家总数的 22%。这些国家面积总和达 3970 万平方千米,占世界陆域面积的 26.6%;居住人口共有 22 亿,占世界人口的 36%。

归纳上述各种运输方式,可见不同的地理条件决定了不同的运输方式。根据需要,在国际贸易中可采用海洋运输、铁路运输、航空运输、联合运输等方式,其中海洋运输方式最为常用。

二、合同中的装运条款

在买卖合同中,涉及装运条款的内容主要有装运时间、装运港和目的港、分批装运和转船、装运通知等。

(一)装运时间

一般以提单的出单日期作为卖方履行交货的时间。关于装运时间的规定,通常有以下几种方法:

1. 规定具体的装运期限

① 规定最迟期限装运。如:六月三十日前装运(shipment before June 30)。

② 规定一段期限装运。如:三月份装运(shipment during March)、七/八月装运(shipment during July/August)。

2. 根据信用证规定装运时间

规定在收到 L/C 或收到预付货款后若干天装运。如:"收到信用证后三十天内装运"(shipment within 30 days after receipt of L/C),并同时规定买方最迟的开证日期,如:"买方必须在某月某日前将有关信用证开到卖方"(the relevant L/C must reach the seller not later than ××)。

3. 装运术语

立即装运或称为即装(shipment immediately)、尽快装运(shipment as soon as possible)、迅速装运(prompt shipment),这类术语往往是在卖方备有现货、买方要货较急的情况下使用。由于这些术语在国际上并无统一的解释。因此,除买卖双方已有共识外,应避免使用。

在规定装运时间时,一般应注意考虑货源情况、运输情况、市场情况与商品情况等。

(二)装运港和目的港

装运港(port of shipment)是指货物起始装运的港口;目的港(port of destination)是指货物最终的卸货港口。装运港与目的港同商品的价格和买卖双方所承担的运输责任有关。因此,在买卖合同中必须明确规定装运港和目的港。装运港和目的港的规定方法有以下三种:

1. 规定一个装运港和一个目的港

例如,装运港:上海(port of shipment:Shanghai);目的港:伦敦(port of destination:London)。

2. 规定两个或两个以上的港口为装运港和目的港

例如，装运港：上海/天津(port of shipment：Shanghai/Tianjin)；目的港：伦敦/汉堡/鹿特丹(port of destination：London/Hamburg/Rotterdam)。

3. 规定某一航区为装运港和目的港

例如，装运港：中国港口(port of shipment：China ports)；目的港：欧洲主要港口(port of destination：European main ports)。

一般情况下，装运港由卖方提出，目的港由买方提出。如果交货量大，或交货地点为多处，应选择两个或两个以上的装运港或目的港，或规定某一装卸区域。

在规定装运港和目的港时，应注意以下问题：

第一，不应规定我国政策不允许往来的港口为装运港或目的港；

第二，不应接受内陆城市为目的港；

第三，必须注意装运港或目的港的运输和装卸条件，如：有无直达航线、港口装卸条件等；

第四，不能接受指定码头或指定泊位装卸货物条款；

第五，注意重名的装运港或目的港，凡有重名的港口，应加注国名，在同一国家有同名港的，还应加注港口所在地位置。

（三）分批装运与转船

1. 分批装运

小思考

我某公司与英商按 CIF 术语在伦敦签约，出口瓷器 1 万件，合同与信用证均规定"装运期 3—4 月份，每月装运 5000 件，允许转船"。我方于 3 月 30 日将 5000 件装上"万泉河"轮，取得 3 月 30 日的提单，又在 4 月 2 日将余下的 5000 件装上"风庆"轮，取得 4 月 2 日的提单，两轮均在中国香港转船，两批货均由"曲兰西克"一轮运至目的港。

请问：1. 本例做法是否属分批装运？为什么？

2. 卖方能否安全收汇？为什么？

分批装运(partial shipment)是指一笔成交的货物分若干批次装运。但同一船只、同一目的地、同一航次中多次装运的货物，即使提单表示不同的装运日期或不同的装运港口，也不作为分批装运。分批装运关系到买卖双方的利益和风险，卖方希望"允许分批装运"，买方则希望"不允许分批装运"。可否分批装运，有三种做法，在合同中应予以说明：

① 合同中明确规定不允许分批装运。

② 合同中明确规定允许分批装运。只规定允许分批装运，不加任何限制；规定装运时间，数量不加限制；装运时间和数量都有规定。

③ 合同中未明确规定是否允许分批装运。

2. 转船

转船(transhipment)是指海运货物装运后允许在中途港口转换其他船只，然后再驶往目的港。在目的港无直达船或无合适的船舶等情况下，需通过某中途港转运，买卖双方应在合同中订明"允许转船"条款。同时对转船办法及转船费的负担问题，也应一并具体订明。凡 L/C 未明确规定禁止转船者，即视为可转船。

（四）装运通知

装运通知(shipping advice)是卖方向买方发出的货物已装运的书面通知。卖方是否向买方发出装运通知,根据贸易术语的不同,对此有不同的要求。在卖方承担保险和运输的情况下,对卖方发装运通知的要求不是很严格。但如果是在由买方承担保险和运输的情况下,则对卖方发装运通知的要求就显得很重要。

在 CFR 贸易术语下,卖方负责安排运输并在装运港将货物装上船,而买方则要自己办理保险。由于买方承担货物在装运港装上船以后的一切风险。因此,对货物装上船后可能遇到的风险必须及时办理保险。若有延迟,万一货物装船后遇险发生损失,就得不到保险公司的赔偿。但是,买方办理保险必须等卖方发出装运通知。在《国际贸易术语解释通则》中对此规定,卖方必须给予买方关于货物装船的充分的通知。这里"充分的"是指装船通知在时间上是毫不延迟的,在内容上是详尽的,以满足买方办理保险的需要。

小知识

海上运输的发展历史

早在公元前 8000 多年,人类利用水源改造自然的欲望促使他们集芦苇成船,凿树木作舟,开始行舟楫于江河湖海之上。从那时起,水路运输就诞生了。在漫长的历史中,水路运输曾经极大地促进了各个地区的社会经济发展,许多世界著名城市如伦敦、纽约、大阪的兴起都和其天然良港的条件分不开。

作为世界主要运输方式中的一种,水路运输有着自己鲜明的技术特点,主要是运输能力大、投资少、污染小、成本低,但水路运输也有其不足之处,最主要的是它的运送速度和其他运输方式相比要慢得多。

目前水路运输是世界上国际货物运输的最主要方式,据统计世界海上运输的货物总量在国际货物运输业中占 82%,是第一大运输方式。

作为水路运输的主要工具,船舶的发展也经历了漫长的岁月,从最初的简陋木筏到遮天蔽日的超级油轮,水路运输的历史实际上就是船舶的发展史。

过去,世界的大型船舶主要集中在英国、美国、日本等传统航运大国手中,第二次大战以后,世界船籍的分布有了很大改变,第三世界国家的运输船队有了很大发展,在国际航运中的地位不断提高。

港口是水路运输的枢纽,随着全球一体化的发展,国际航运业务量不断增加,世界各国的港口也在飞速发展,港口装卸效率不断提高,这又反过来促进了国际航运的发展。

水路运输将七大洲之间自然形成的海洋隔离带打破,把四分五裂的世界陆地联为一体,实现了资源共享,增进了各国交往,促进了人类文明的发展。

放眼未来,水路运输的发展趋势将体现在船舶、港口、海上导航等诸多方面,新型船舶不断涌现,港口自动化程度不断提高,这将使水路运输这一古老的运输方式焕发出新的活力。

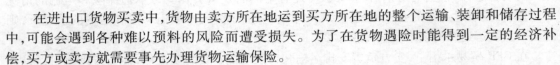

第二节　进出口贸易货物运输保险

在进出口货物买卖中,货物由卖方所在地运到买方所在地的整个运输、装卸和储存过程中,可能会遇到各种难以预料的风险而遭受损失。为了在货物遇险时能得到一定的经济补偿,买方或卖方就需要事先办理货物运输保险。

货物运输保险是在货物装运前,投保人与保险人之间签订保险契约。在投保人缴纳保险费后,保险人对货物在运输过程中发生保险范围内的损失给予投保人或被保险人经济上补偿的行为。

货物运输保险的主要种类与进出口贸易的运输方式相对应。主要有海洋运输货物保险、陆上运输货物保险、航空运输货物保险和邮包运输货物保险。

一、海洋运输货物保险

(一)海洋运输货物保险保障的范围

海运货物保险保障的范围,包括海上风险、海上损失与费用以及外来原因所引起的风险损失。国际保险市场对上述各种风险与损失都有特定的解释。

1. 风险

海洋运输货物保险保障的风险种类如图 5-1 所示。

图 5-1　海运风险种类表

(1) 海上风险

海上风险(perils of the sea)又称海难,一般是指船舶或货物在海上运输过程中发生的或附随海上运输所发生的风险,包括自然灾害和意外事故。在保险业务中,海上风险有特定的内容。

自然灾害(natural calamity)是指不以人的意志为转移的自然界力量所引起的灾害,如:恶劣气候、雷电、海啸、地震、洪水、火山爆发、浪击落海等。

意外事故(fortuitous accidents)是指由于偶然的、难以预料的原因造成的事故,如:船舶搁浅、触礁、沉没、互撞或与流冰或其他固体物碰撞,以及失火、爆炸等原因造成的事故。

(2) 外来风险

外来风险(extraneous risks)是指由于海上风险以外的其他原因引起的风险。如:雨淋、短量、偷窃、玷污、渗漏、破碎、受潮、受热、串味、锈损和钩损等为一般外来风险;战争、罢工和交货不到、拒收等则为特殊外来风险。

2. 损失

按照海上保险的惯例,海上损失按损失的程度不同分为全部损失与部分损失。全部损失又进一步划分为实际全损和部分全损,部分损失进一步划分为共同海损和单独海损如图

5-2 所示。

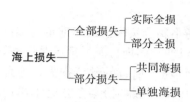

图 5-2　海上损失（按损失的程度不同划分）种类表

英国《1906 年海上保险法》、1963 年的协会货物条款以及我国 1981 年 1 月 1 日修订的海洋货运保险条款对海上损失的分类,使用的就是这种方法。然而这种划分海上损失的方法随着 1963 年协会货物条款在国际保险市场上停止使用已经失去了其实际意义。

从 1983 年 4 月 1 日起,国际保险市场开始完全使用新条款,即由英国伦敦保险协会所制定的《协会货物条款》(institue cargo clauses,简称 ICC)(1982)。新条款已不再采用损失程度来划分海上损失的做法。

海上损失按照损失原因的不同可分为两大类:一类是由保单承保风险造成的损失,另一类是由于采取共同海损措施造成的共同海损损失。保单承保风险造成的损失又可按损失程度的不同分为实际全损、推定全损和部分损失;共同海损又进一步分为共同海损牺牲、共同海损费用和共同海损分摊。

海上货运保险保障的海上损失如图 5-3 所示。

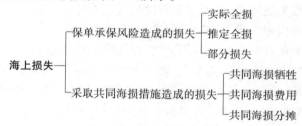

图 5-3　海上损失（按照损失原因的不同划分）种类表

（1）实际全损

实际全损(actual total loss)是指被保险货物在运输途中完全灭失;或者受到严重损坏完全失去了原有的形体、效用;或者不能再归被保险人所拥有,如:船舶失踪、船舶被海盗劫持、食品经海水浸泡变质等。

被保险货物在遭到实际全损时,被保险人可按其投保金额获得保险公司全部损失的赔偿。

（2）推定全损

推定全损(constructive total loss)是指被保险货物在运输途中受损后,实际全损已经不可避免;或虽未到达全部灭失的程度,但用于修复、修理、运抵目的地等费用之和将超过原货物的保险价值。

被保险货物发生推定全损时,被保险人可以要求保险人按部分损失赔偿,也可以要求按全部损失赔偿。如果要求按全部损失赔偿,被保险人必须向保险人发出委付通知。所谓委付(abandonment),就是被保险人表示愿意将保险标的的一切权利和义务转移给保险人,并要求保险人按全部损失赔偿的一种行为。委付必须经保险人同意后方能生效,但是保险人应当在合理的时间内将接受委付还是不接受委付的决定通知被保险人。委付一经保险人接受,就不得撤回。

（3）部分损失

部分损失(partial loss)是指不属于实际全损和推定全损的损失,即没有到达全部损失程度的损失。部分损失 ICC(1963)即我国现行海洋货运保险条款中所指的单独海损(particular average),单独海损是相对于共同海损而言的部分损失。这种损失不是由大家来分摊,而是由遭受损失的一方独自承担。1982 年新的协会条款已不再使用单独海损这一术语,而以部分损失代之。

由保单承保风险造成的保险标的的部分损失,保险公司怎样赔偿要视保单上的具体规定。根据海上保险的惯例,保险人对由遭受损失的一方自己承担的部分损失即使损失一方购买了货运保险,保险的赔偿也有免赔的规定。

（4）共同海损

共同海损(general average)是指在运输途中,载货船舶遇到危及船、货的共同危险,船方为了维护船舶和所有货物的共同安全或为使航程得以继续完成,有意识地采取合理措施所作出的某些牺牲或支出某些特殊的额外费用。

海上保险保障的共同海损损失包括共同海损牺牲、共同海损费用及共同海损分摊三种。

共同海损牺牲是指共同海损措施所造成的船舶或货物本身的灭失或损坏。常见的共同海损牺牲项目有:抛弃、救火、自动搁浅、起浮脱浅、割断锚链等。按照英国《1906 年海上运输保险法》第六十六条第四款的规定:被保险人对其在海上运输中发生的共同海损牺牲,可以从保险人处获得全部损失的赔偿,而无须先行使从其他分摊责任方进行分摊的权利。

共同海损费用是指由船方采取共同海损措施而支出的额外费用。常见的共同海损费用有:①避难港费用:指船舶在航行中发生了严重的危险不能继续航行,必须立即驶入避难港修理。由此导致的驶往及驶离避难港费用,驶往和停留避难港期间合理的船员工资、给养和燃料物料费用等。②杂项费用:与处理共同海损有关的费用。包括共同海损检验费、船舶在避难港的代理费、电报费、船东或承运人垫付的共同海损费用的利息和手续费等。

船方支出的共同海损费用在经过共同海损理算之后,应由货方承担的部分就变成了货方的共同海损分摊。

共同海损分摊是指由船方采取共同海损措施而造成的共同海损牺牲和共同海损的费用,应当由当时在船上的所有获益方按获救财产的价值比例分摊。

按照英国《1906 年海上运输保险法》第六十六条第五款的规定:如果被保险人已经支付或应该支付与保险标的相关的共同海损分摊,他可以从保险人处获得赔偿。在共同海损理算之后,保险人根据保单的规定对被保险人根据保险标的价值应该分摊的共同海损分摊金额承担赔偿责任。

3. 费用

海上货运保险的费用是指为营救被保险货物所支出的费用。主要有:

（1）施救费用(sue and labour charge)

这是指被保险人或其代理人等为避免或减少货物损失而组织的抢救所支付的费用。保险人对这种施救费用负责赔偿。

（2）救助费用(salvage charge)

这是指保险人和被保险人以外的第三者为减少或避免货物遭受灾害事故的破坏,采取抢救措施所支付的费用。保险人对这种费用也负责赔偿。

（3）特别费用（special charge）

这是指运输工具在海上遭遇海难后,在中途港或是避难港把保险货物卸船、存仓以及运送货物所产生的费用。按照国际惯例,特别费用也属于保险责任范围。

（4）额外费用（additional charge）

这是指为了证明损失的成立而支付的费用。保险人在索赔案确实成立的情况下,负责赔偿这笔费用。

（二）我国海洋运输货物保险的险别

中国人民保险公司1981年1月1日修订并正式生效的《海洋运输货物保险条款》规定了海运货物保险的责任范围、责任起讫等。

1. 海洋运输货物保险的责任范围

（1）基本险

基本险也称主险,是可以单独向保险公司投保的一种险。它的保险责任范围主要限于自然灾害、意外事故以及一般外来风险给保险货物造成的损失。

① 平安险（free from particular average,简称 F. P. A.）,是保险范围最小的险别。其责任范围如下：

A. 被保险货物在运输途中,由于遭受自然灾害造成的全部损失；

B. 由于运输工具遭受意外事故造成货物的全部或部分损失；

C. 被保险货物在运输工具发生意外事故的前后,又遭受自然灾害所造成的部分损失；

D. 被保险货物在装卸或转运时,由于一件或数件落海造成的全部或部分损失；

E. 被保险人对遭受承包责任范围内危险的货物采取抢救措施而支付的、不超过该批被救货物保险金额的合理费用；

F. 运输工具遭遇海难后,在避难港由于卸货所引起的损失以及在中途港、避难港由于卸货、存仓以及运输所产生的特别费用；

G. 共同海损的牺牲、分摊和救助费用；

H. 运输签约订有"船舶互撞责任"条款,根据该条款规定应由货方偿还的损失。

平安险的责任范围可归纳如下：

F. P. A. = 自然灾害造成的全部损失 + 意外事故造成的全部或部分损失 + 意外事故和自然灾害先后发生造成的部分损失 + 装卸时货物落海一件或数件的损失 + 共同海损 + 特别费用

② 水渍险（with particular average,简称 W. A. 或 W. P. A.）,其责任范围包括平安险的所有责任,并负责被保险货物由于自然灾害造成的部分损失。即：

$$W. P. A. = F. P. A. + 自然灾害造成的部分损失$$

③ 一切险（all risks,简称 A. R.）,其责任范围包括水渍险的各项责任外,还负责货物在运输途中由于一般外来风险造成的全部或部分损失。即：

$$A. R. = W. P. A. + 一般附加险$$

（2）附加险

附加险是对基本险的补充和扩大。投保人只能在投保一种基本险的基础上才可加保一种或数种附加险。中国人民保险公司承保的附加险种类繁多，几乎包括了所有外来原因引起的损失，归纳起来有一般附加险和特殊附加险两类。

① 一般附加险（general additional risk），所承保的是由于一般外来风险所造成的全部或部分损失，其险别主要有：偷窃、提货不着险（risk of theft pilferage and non-delivery），淡水雨淋险（risk of fresh water or rain damage），短量险（risk of shortage），混杂、玷污险（risk of intermixture and contarmination），渗漏险（risk of leakage），碰损、破碎险（risk of clash breakage），串味险（risk of odour），受潮受热险（risk of sweating and heating），钩损险（risk of hook damage），包装破裂险（risk of loss or damage caused by breakage of packing），锈损险（risk of rust）。

② 特殊附加险（special additional risk），承保由于特殊外来风险所造成的全部或部分损失。其险别主要有：战争险（war risk）、罢工险（strike risk）、黄曲霉素险（aflatoxin risk）、交货不到险（failure to delivery risk）、进口关税险（import duty risk）、舱面险（on deck risk）、拒收险（rejection risk）、出口到港后存仓火险（fire risk extension clause of cargo at destination）。

战争险是海洋运输货物保险使用最多的一种特殊附加险。其责任范围为：

A. 直接由于战争、类似战争行为和敌对行为、武装冲突或海盗行为所致的损失。

B. 由于上述第一款所引起捕获、拘留、扣留、禁止、扣押所造成的损失。

C. 各种常规武器，包括水雷、炸弹所致的损失。

D. 本条款责任范围引起的共同海损的牺牲、分摊和救助费用。

应注意的是，由于一般附加险均已包括在一切险的责任范围内，故投保了一切险后就无需加保任何一种一般附加险，只需加保特殊附加险。

2. 海洋运输货物保险的责任起讫

（1）基本险的责任起讫

根据我国《海洋运输货物保险条款》规定，保险责任起讫按照国际惯例采用"仓至仓条款"（warehouse to warehouse clause，简称 W/W Clause）处理。

仓至仓条款是海运货物基本险保险起讫的基本条款。它规定了保险人承担保险责任的空间范围：即自被保险货物运离保险单所载明的起运港（地）发货人仓库或储存处所开始运输时生效，经过正常运输过程，直到保险单所载明的目的地收货人仓库或储存处，保险责任即告终止。如未抵达上述仓库或储存处所，则最长不超过被保险货物卸离海轮 60 天。其过程见图5-4。

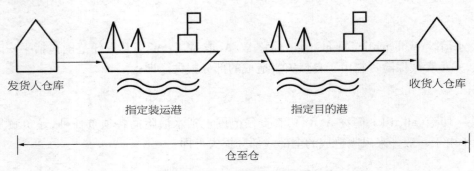

发货人仓库　　　　　指定装运港　　　　　指定目的港　　　　　收货人仓库

仓至仓

图 5-4　仓至仓责任示意图

但在具体实践中保险责任的起讫还要视被保险人对货物有无权益来确定。

例如，一笔货物若按 CIF 指定目的港价格条件成交，由出口方办理投保，则其保险责任适用于仓至仓条款，即货物装上装运港海轮前，保险公司承保了卖方利益，货物装上海轮后，保险公司承保了买方利益。

但如果一笔贸易按 FOB（指定装运港）或 CFR（指定目的港）价格条件成交，由进口方办理投保。则保险公司不承担在装运港装船前的保险责任，只负责货物在装上海轮后，直到抵达目的港收货人的最后仓库为止的风险，见图5-5。

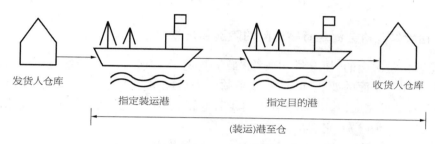

图5-5 港至仓责任示意图

（2）战争险的责任起讫

海运货物战争险的责任起讫是自被保险货物装上起运港的海轮或驳船时开始，直到该货物运抵保险单所载明的目的港卸离海轮或驳船时为止。即保险公司只负责水上运输一段，而不负责陆上运输，见图5-6。

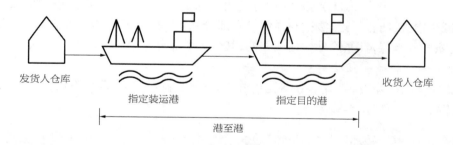

图5-6 港至港责任示意图

如果货物到达目的港不卸离海轮或驳船，则保险责任最长延至货轮到达目的港当日午夜12时起满15天即告终止。

3. **海运货物基本险的除外责任**

除外责任是保险公司明确规定不予赔偿的损失和费用范围。其内容有：

① 被保险人的故意行为或过失所造成的损失；

② 属于发货人的责任所引起的损失；

③ 在保险责任开始前，被保险货物已存在的品质不良或数量短缺所引起的损失；

④ 被保险货物的自然损耗、本质缺陷、特性以及市价跌落、运输延迟所引起的损失和费用；

⑤ 战争险和罢工险条款承保的责任范围及其除外责任。

国际贸易实务

有一批货物已按发票总值的 110% 投保了平安险(FPA),载运该批货物的海轮于 5 月 3 日在海上遭到暴风雨的袭击,使该批部分货物受潮,损失 1000 美元;该海轮在继续航行中,又于 5 月 8 日发生触礁事故,致使该批货物再次发生部分损失,损失价也为 1000 美元。试问保险公司按平安险条款应赔付多少?为什么?

(三)伦敦保险协会海运货物保险的险别和条款

英国伦敦保险协会的《协会货物条款》最早制定于 1912 年。为了适应不同时期进出口贸易、航运、法律等方面的变化和发展,该条款已先后经过多次补充和修改。最近一次修订于 1982 年 1 月 1 日完成,并于 1983 年 4 月 1 日起正式实行。现行的伦敦保险协会的海运货物保险条款共有六种险别,它们是:

协会货物(A)险条款[institute cargo clauses A,简称 ICC(A)]

协会货物(B)险条款[institute cargo clauses B,简称 ICC(B)]

协会货物(C)险条款[institute cargo clauses C,简称 ICC(C)]

协会战争险条款(货物)(institute war clauses"cargo")

协会罢工险条款(货物)(institute strikes clauses"cargo")

恶意损害险条款(malicious damage clauses)

ICC(A)、ICC(B)、ICC(C)三种主险分别由承保责任范围、除外责任、保险期限、索赔、保险受益、减少损失、防止延迟、法律和惯例等 8 部分共 19 条组成,还有一个附注,每套自成体系。三套条款除承保范围、除外责任不相同,其余 6 个部分完全一致。

1. ICC(A)险的承保范围和除外责任

① 承保范围。除表 5-3 中各条规定的除外责任以外的一切风险所造成保险标的损失。

② 除外责任。见表 5-3。

表 5-3 ICC(A)险的除外责任

类 别	原条款号列	除 外 责 任
一般除外责任	4.1	归因于被保险人故意行为造成的损失或费用
	4.2	自然渗漏、重量或容量的自然损耗或自然磨损
	4.3	包装或准备的不足或不当所造成的损失或费用
	4.4	保险标的内在缺陷或特性所造成的损失或费用
	4.5	直接由于延迟引起的损失或费用
	4.6	由于船舶所有人、经理人、租船人或经营人破产或不履行债务的损失或费用
	4.7	由于使用任何原子或热核武器等造成的损失或费用

类　别	原条款 号列	除　外　责　任
不适航、 不适货 除外责任	5.1	保险标的在装船时，如被保险人或其受雇人已经知道不适航，以及船舶装 运工具、集装箱等不适货
	5.2	如违反适航、适货的默示保证为被保险人或其受雇人所知悉
战争除外责任	6.1	由于战争、内战、敌对行为等造成的损失或费用
	6.2	由于捕获、拘留、扣留等(海盗除外)所造成的损失或费用
	6.3	由于漂流水雷、鱼雷等造成的损失或费用
罢工除外责任	7.1	由于罢工者、被迫停工工人等造成的损失或费用
	7.2	罢工、被迫停工造成的损失或费用
	7.3	任何恐怖主义者或出于政府动机而采取行动所致的任何损失或费用

2. ICC(B)险的承保范围和除外责任

① 承保范围。见表5-4。

② 除外责任。除与ICC(A)险的除外责任相同外，还增加了第4.8条除外责任，即"由于任何个人或数人非法故意行为损害行为或故意破坏保险标的或其他任何部分"，保险公司也不负责。

表5-4　ICC(B)险的承保范围

原条款号列	承　保　风　险
	灭失或损害合理归因于——
1.1.1	火灾、爆炸
1.1.2	船舶或驳船触礁、搁浅、沉没或倾覆
1.1.3	陆上运输工具倾覆
1.1.4	船舶、驳船或运输工具同水以外的外界物体碰撞
1.1.5	在避难港卸货
1.1.6	地震、火山爆发、雷电
	由于下列原因造成的灭失或损害——
1.2.1	共同海损牺牲
1.2.2	抛货
	由于下列原因造成的灭失或损害——
1.3.1	浪击落水
1.3.2	海水、湖水或河水进入船舶、驳船、运输工具、集装箱、大型海运箱或贮存处所
1.3.3	货物在装卸时落海或摔落造成的整体的全损

3. ICC(C)险的承保范围和除外责任

① 承保范围。见表5-5。

② 除外责任。与ICC(B)险的除外责任一致。

ICC(B)、ICC(C)险第4.8条除外责任是恶意损坏条款,是ICC(B)、ICC(C)险的附加险。

表5-5 ICC(C)险的承保范围

原条款号列	承 保 风 险
	灭失或损害合理归因于——
1.1.1	火灾、炸弹
1.1.2	船舶或驳船触礁、搁浅、沉没或倾覆
1.1.3	陆上运输工具倾覆或出轨
1.1.4	船舶、驳船或运输工具同水以外的外界物体碰撞
1.1.5	在避难港卸货
	由于下列原因造成的灭失或损害——
1.2.1	共同海损牺牲
1.2.2	抛货

小知识

英国伦敦保险协会

在国际海上保险业务中,英国制订的保险法规和保险条款对世界各国影响很大,目前世界上大多数国家都采用英国伦敦保险协会所制订的协会货物条款(institute cargo clauses, ICC)。伦敦保险协会1884年成立于伦敦,由英国各海上保险公司和部分其他国家在伦敦开设的海上保险公司共同组成。原由20家公司发起,现已有100多家公司取得会员资格。协会的主要宗旨是研究制订通用的海上保险条款,探索海上保险的承保技术,以增进保险人的利益,从而促使海上保险业务朝着健康的方向发展。该协会由会员选出的委员会统一管理,下设技术和条款委员会、船舶共同委员会、货物共同委员会。技术和条款委员会是一个专门研究海上保险条款和承保技术的机构,该机构常与劳合社保险人协会及其他有关机构合作,就有关协会提出的建议加以裁决。船舶共同委员会是一个专为船舶保险市场提供费率和条款方面建议的机构,该机构常就船舶保险的一些主要研究课题集会讨论。货物共同委员会是专门为海上货物运输提供研究和咨询服务的机构。

此外,协会还设有几个部,从事具体工作:船舶退费审核部,在船舶共同委员会管辖下,办理船舶停泊退费事宜;保单签发部,代表会员签发接受业务的联合保单;国外理赔代理部,代表会员办理或代洽国外理赔代理事宜。伦敦保险协会在国际保险界享有很高的声誉,它所制订颁布的有关船舶保险和货物运输保险条款,通称协会条款或伦敦条款,被认为是最具权威性的条款。目前,该条款已成为国际海上保险市场通用的条款,有的国家虽然制订了本国的海上保险条款,但大都仍以协会条款为蓝本。协会还有许多附加险条款,借以对保单原有的条款进行修改、补充或限制原有的责任。比较常见的协会货运险条款有:A 险条款、B 险条款、C 险条款。协会船舶险条款有:船舶险定时条款、船舶险航程条款、船舶战争与罢工险条款。

二、陆、空、邮运货物保险

在进出口贸易中,不仅海洋运输的货物需要办理保险,陆上运输、航空运输、邮包运输的货物也都需要办理保险。保险公司对不同运输方式运输的货物都相应订有专门的条款。现将中国人民保险公司对其他各种运输方式的货运保险介绍如下。

(一)陆上运输货物保险

1. 陆运货物保险险别

根据中国人民保险公司 1981 年 1 月 1 日修订的《陆上运输货物保险条款》的规定,陆上运输货物保险的基本险别分为陆运险和陆运一切险两种,另外还有附加险(如:陆上运输货物战争险等)。

(1)陆运险(overland transportation risks)

陆运险的承保责任范围与海洋运输货物保险条款中的"水渍险"相似。保险公司负责对被保险货物在运输途中遭受自然灾害与意外事故所造成的全部或部分损失以及被保险人对遭受承保责任内危险的货物采取抢救措施支付的整理费用进行赔偿。

(2)陆运一切险(overland transportation all risks)

陆运一切险的承保责任范围与海上运输货物保险条款中的"一切险"相似。保险公司除承保陆运险的损失与费用外,还承保被保险货物在运输途中遭受一般外来风险造成的全部或部分损失。

(3)陆上运输冷藏货物险(overland transportation insurance "frozen products")

它是陆上运输货物保险中的一种专门保险。其主要责任范围是,保险公司除负责陆运险所列举的各项损失外,还负责赔偿在运输途中由于冷藏机器或隔温设备的损坏或者车厢内贮存冰块的融化所造成的被保险货物解冻融化导致腐败的损失。

2. 陆运货物保险的责任起讫

陆运货物保险的责任起讫也采用"仓至仓"责任条款。保险人负责从被保货物运离保险单所载明的起运地仓库或储存处所开始运输时生效,包括正常运输过程中的陆运和与其有关的水上驳运在内,直至该项货物运达保险单所载目的地收货人的最后仓库或储存处所或被保险人用作分配、分派的其他储存处所为止。如未运抵达上述仓库或储存处所,则以被保险货物运抵最后卸载的车站满 60 天为止。

陆上运输冷藏货物险的责任起讫是自被保险冷藏货物运离保险单所载起运地的冷藏仓库,装入运送工具开始运输时生效,包括正常陆运和其他有关的水上驳运在内,直至该货物

国际贸易实务

到达保险单所载明的目的地收货人仓库时继续有效,但最长保险责任以货物到达目的地车站后 10 天为限。

陆上运输货物战争险的责任起讫是以被保险货物置于火车上时为限。如果货物到达目的地后不卸离火车,则以火车到达目的地当日午夜 12 时起计算,满 48 小时为止。

3. 陆运货物保险的除外责任

陆运险和陆运一切险的除外责任与海洋运输货物保险的除外责任相同。

陆上运输冷藏货物险对由于战争、罢工货运输延迟而造成的被保险冷藏货物的腐败或损失,以及被保险冷藏货物在保险责任开始时未能保持良好状态,包括整理加工和包扎不妥,或冷冻上的不合规定及物品变质所造成的腐败和损失不负责任。

陆上运输货物战争险由于敌对行为使用原子弹或热核武器所导致的损失和费用,以及根据执政者、当权者或其他武器集团的扣押、拘留引起的承保运程的丧失和挫折而造成的损失不负责任。

(二)航空运输货物保险

1. 航空运输货物保险险别

根据中国人民保险公司 1981 年 1 月 1 日修订的《航空运输货物保险条款》的规定,航空运输货物保险的基本险别分为航空运输险和航空运输一切险两种。此外,还有航空运输货物战争险等附加险。

(1)航空运输险(air transportation risks)

航空运输险的承保责任范围与海洋运输货物保险条款中的"水渍险"相似。保险公司负责赔偿被保险货物在运输途中遭受自然灾害与意外事故所造成的全部或部分损失,以及被保险人对遭受承保责任内危险的货物采取抢救措施支付的整理费用。

(2)航空运输一切险(air transportation all risks)

航空运输一切险的承保责任范围除包括上述航空运输险的责任外,保险公司还负责赔偿被保险货物由于一般外来原因造成的全部或部分损失。

(3)航空运输货物战争险(air transportation cargo war risks)

航空运输货物战争险是航空运输货物保险的一种附加险,它必须在投保航空运输货物基本险的基础上加保。其责任范围与海运、陆运战争险类似。

2. 航空运输货物保险的责任起讫

航空运输货物险的两种基本险的责任期限也采用"仓至仓"责任条款。但与海洋运输险的"仓至仓"责任条款不同的是,如货物运达保险单所载明目地而未运抵保险单所载明的收货人仓库或储存处,则以被保险货物在最后卸载地卸离飞机满 30 天保险责任即告终止。如在上述 30 天内被保险货物需转送到非保险单所载明的目的地时,则以该项货物开始转运时终止。

航空运输货物战争险的保险责任起讫也是以被保险货物被置于飞机上为限。如果货物在目的地不卸离飞机,则以载货飞机到达目的地机场当日午夜 12 时起算满 15 天为止。如被保险货物在中途转运时,保险责任以飞机到达转运地的当日午夜 12 时起算,满 15 天为止;等装上续运的飞机,保险责任再恢复有效。

3. 航空运输货物保险的除外责任

航空运输险和航空运输一切险的除外责任与海洋运输货物保险的除外责任基本相同。

航空运输货物战争险不包括因使用原子弹或热核武器所造成的损失。

（三）邮包运输货物保险

1. 邮包运输货物保险的险别

根据中国人民保险公司1981年1月1日修订的《邮包保险条款》的规定,邮包保险的基本险别分为邮包险和邮包一切险两种。此外还有邮包战争险。

（1）邮包险(parcel post risks)

邮包险的责任范围是保险公司负责赔偿被保险邮包在运输途中遭受自然灾害与意外事故所造成的全部或部分损失,以及被保险人对遭受承保责任内危险的邮包所采取抢救措施支付的整理费用。

（2）邮包一切险(parcel post all risks)

邮包一切险的承保责任范围除包括上述邮包险的责任外,保险公司还负责赔偿被保险邮包在运输途中由于一般外来原因造成的全部或部分损失。

（3）邮包战争险(parcel post war risks)

邮包战争险也是附加险,其保险责任与海运、陆运、空运战争险类似。

2. 邮包运输货物保险的责任起讫

邮包险和邮包一切险的保险责任起讫,是自被保险邮包离开保险单所载起运地点寄件人的处所运往邮局时开始生效,直至运达保险单所载明的目的地邮局送交收件人为止。但保险邮包到达目的地后在邮局保管的最长保险责任期限,以邮局发出通知书给收件人的当日午夜12时起算满15天终止。

邮包战争险的保险责任是自被保险邮包经邮政机构收讫后自储存处所开始运送时生效,直至该邮包运达保险单所载明的目的地邮政机构送交收件人为止。

3. 邮包运输货物保险的除外责任

对邮包险和邮包一切险这两种险别,保险公司对因战争、敌对行为、武装冲突或罢工所造成的损失,直接由于运输延迟或被保险物品本质上的缺陷或自然损耗所造成的损失,以及属于寄件人责任和被保险邮包在保险责任开始前已存在的品质不良或数量短差所造成的损失,以及被保险人的故意行为或过失所造成的损失,不负赔偿责任。

对于邮包战争险,保险公司不承担因使用原子弹或热核武器所造成的损失和费用的赔偿。

小知识

我国的保险结构

目前我国的保险集团控股公司有**12**家:中国人民保险集团股份有限公司、中国人寿保险(集团)有限公司、中国再保险(集团)股份有限公司、中国太平洋保险集团公司、中国平安保险(集团)股份有限公司、泰康保险集团股份有限公司、华泰保险集团股份有限公司、中国太平保险集团有限责任公司、安邦保险集团股份有限公司、阳光保险集团股份有限公司、中华联合保险控股股份有限公司和富德保险控股股份有限公司。

国际贸易实务

中国保险监督管理委员会(简称中国保监会)成立于 1998 年 11 月 18 日,是国务院直属事业单位。根据国务院授权履行行政管理职能,依照法律、法规统一监督管理全国保险市场,维护保险业的合法、稳健运行。2003 年,国务院决定,将中国保监会由国务院直属副部级事业单位改为国务院直属正部级事业单位,并相应增加职能部门、派出机构和人员编制。中国保险监督管理委员会内设 16 个职能机构和 2 个事业单位,并在全国各省、自治区、直辖市、计划单列市设有 36 个保监局,在苏州、烟台、汕头、温州、唐山市设有 5 个保监分局。

三、货物运输保险实务

在进出口货物运输保险业务中,被保险人在选择确定投保的险别后通常涉及的工作有:办理投保、确定保险金额、交付保险费、领取保险单据以及在货损时办理保险索赔等。

(一) 货物运输保险的投保

1. 保险利益原则

根据保险的基本原则,被保险人必须对保险标的物拥有可保利益,才能向保险人投保。反映在货运保险上,被保险人应拥有运输货物的所有权。但是由于进出口贸易的特点,一般进出口贸易货运保险仅要求被保险人在货物损失时拥有货物所有权即可投保,即对预期的可保利益投保。

例如,在 FOB、CFR、FCA、CPT 等价格条件下,买方在货物装上运输工具前并不拥有该货物的所有权,但他必须在此时投保,以便将风险转移给保险公司。这种投保保险公司是可以接受的。

2. 投保手续

(1) 出口货物投保的方式

按 CIF 和 CIP 价格成交的出口货物,货运保险由卖方办理投保。具体做法见图5-7。

确定装运日期及装运工具

↓

填写投保单

↓

投保

↓

缴纳保险费

↓

取得保险单据

图 5-7 出口货物投保手续流程图

按我国保险公司的有关规定,出口货物的投保,一般采取逐笔投保的方式。即每发生一笔出口货运业务,出口方即向保险公司办理一次投保手续。在投保时,出口方向保险公司提出书面申请,在空白投保单上据实填写其中的有关项目,如:货物名称、数量、保险金额、装货船只名称、航程起讫地点、启运日期、保险险别等,并附有关单据(如信用证、提单等)一并交给保险公司。投保单经保险公司接受后,由保险公司签发保险单。

如果时间急促,也可采用口头或电话向保险公司申请投保。如获批准,保险也可生效,但随后一定要补填投保单。

(2)进口货物投保的方式

按 FOB、CFR 价格成交进口货物,货物的运输保险由国内买方办理投保,投保的方式有两种。

① 订立预约保险合同。在我国的实际保险业务中,为了简化保险手续,并防止进口货物在国外装运后因信息传送不及时而发生漏保或来不及办理投保等情况。专营进口业务的公司,可同保险公司签订海运进口货物运输预约保险合同,并由保险公司签发预约保险单证。明确规定:凡属该公司海运进口的货物,保险人负有自动承保的责任。同保险公司签有预约保险协议的各进口公司,对每批进口货物无需填制投保单,只需在获悉所投保的货物在国外某港口装运时,将装运情况通知保险人。通知的内容包括:装运货物的船名、货物名称和数量、货物价值和保险金额等。

目前国内保险业务的通常做法是:《国际运输预约保险启运通知书》是由投保人所填写的,保险公司依据此通知书签发保险单。由于是预约保险,国内保险公司往往也不再出具保险单,仅以上述货运通知书作为投保人投保的依据,代替保险单。如被保险人要求依据预约保险合同分批装运的货物签发保险单证,保险人应当照办。如分批装运分别签发的保险单证内容与预约保险单证的内容不一致时,应以分别签发的保险单证为准。

② 逐笔办理投保。这种投保的方式,适用于不经常有货物进口的单位。采用这种投保方式时,货主必须在接到国外的发货通知后,立即向保险公司申请办理海运货物保险手续。即填写投保单,并交纳保险费。保险人根据投保单签发保险单。

(二)选择适当的保险险别

买卖双方根据价格术语确定了办理投保的责任之后,接下来的一个问题就是选择保险险别。货物运输保险有不同的保险险种,如:基本险和附加险,以及各种不同的险别,如:平安险、水渍险、一切险等。投保人在选择时应将货物在运输中可能面临的各种损失及所需获得的保障,作为考虑的主要因素。

1. 货物运输的工具和路线

货物运输的工具不同,不仅保险公司对应的险别不同,各种运输方式的风险特点与风险大小也不同,因此投保险别也不同。例如,经过热带地点的运输,途中气温高,货物容易受热受潮;而有的地方偷窃现象发生得较多等等。这些因素在投保时要给予考虑,以便选择相应的险别。

2. 货物的性质和特点

货物的性质和特点主要关系到货物的价值和必须防范的风险等。例如,价值较低的商品只需投保平安险,价值较高的商品则要投保一切险和战争险。另外,如茶叶、烟草等商品,不能受潮、淋湿等,在投保时要特别考虑。

3. 货物的致损规律

各类货物在运输途中可能发生的损坏和灭失,也是选择投保险别的重要依据。例如,玻璃制品、陶器、瓷器等易碎,就要加保碰损、破碎险;金属制品等易锈,就要加保锈损险等。

4. 国际上政局的变化

第二次世界大战后,世界范围的局部战争始终未有停息,有些国家的政治局面也经常动荡,这些都会影响货物的安全,所以远距离运输一般要加保战争险。

(三) 确定保险金额

保险金额(insured amount)又称投保金额,是指保险人承担赔偿或者给付保险金责任的最高限额,也是保险人计算保险费的基础。投保人在投保货物运输保险时应向保险人申报保险金额。保险金额是根据保险价值确定的。保险价值一般包括货价、运费、保险费以及预期利润等。如保险人与被保险人未约定保险价值的,根据我国《海商法》第219条(2)规定:"货物的保险价值是保险责任开始时货物在启运地的发票价格或者非贸易商品在启运地的实际价格以及运费和保险费的总和",即相当于 CIF 价格,不包括预期利润。我国《海商法》第220条又规定:"保险金额由保险人与被保险人约定,保险金额不得超过保险价值;超过保险价值的,超过部分无效。"

在进出口货物买卖中,凡按 CIF 或 CIP 条件达成的合同一般均规定保险金额。而且,保险金额通常还须在发票金额的基础上增加一定的百分率,即所谓"保险加成",这是由进出口贸易的特定需要决定的。如合同对此未作规定,按《2010 年通则》和《跟单信用证统一惯例》(国际商会第 600 号出版物)的规定,卖方有义务按 CIF 或 CIP 价格的总值另加 10% 作为保险金额。这部分增加的保险金额就是买方进行这笔交易所支付的费用和预期利润。如买方要求按较高的金额保险,而保险公司也同意承保,卖方亦可接受。但由此而增加的保险费在原则上应由买方承担。

保险金额的计算公式是:

$$保险金额 = CIF(或 CIP)价 \times (1 + 投保加成率)$$

例:CIF 货价为 105 美元,加成率为 10%,求保险金额。

解:保险金额 = CIF 价 × (1 + 投保加成率) = 105 × (1 + 10%) = 115.5(美元)

答:保险金额为 115.5 美元。

由于保险金额一般是以 CIF 或 CIP 价格为基础加成确定的。因此,在仅有货价与运费(即以确定 CFR 或 CPT 价)的情况下,CIF 或 CIP 价可按下列公式计算:

$$CIF(或 CIP)价 = \frac{CFR(或 CPT)价}{1 - [保险费率 \times (1 + 投保加成率)]}$$

这个公式是由下列演算得出的:

$$CIF = CFR + 保险费$$
$$= CFR + (保险金额 \times 保险费率)$$
$$= CFR + [CIF \times (1 + 投保加成率)] \times 保险费率$$
$$CIF - [CIF \times (1 + 投保加成率) \times 保险费率] = CFR$$

$$CIF \times [1 - (1 + 投保加成率) \times 保险费率] = CFR$$

$$CIF = \frac{CFR}{1 - (1 + 投保加成率) \times 保险费率}$$

例：某公司出口一批商品到欧洲某港口，原报 CFR 欧洲某港口，总金额为 10000 美元。投保一切险（保险费率为 0.6%）及战争险（保险费率为 0.04%），投保加成率为 10%，则改报 CIF 的价格是多少？

解：
$$CIF 价 = \frac{CFR 价}{1 - 保险费率 \times (1 + 投保加成率)}$$
$$= \frac{10000}{1 - (0.6\% + 0.04\%) \times (1 + 10\%)} = 10070.90（美元）$$

答：改报 CIF 价格为 10070.90 美元欧洲某港口。

我国进口货物的保险金额，在原则上虽也按进口货物的 CIF 或 CIP 货值计算。但在目前，我国进口合同较多采用 FOB（或 FCA）条件。为简化手续，方便计算，一些企业与保险公司签订预约保险合同，共同商定平均运费率（也可按实际运费计算）和平均保险费率。其计算保险金额的公式如下：

$$保险金额 = FOB（或 FCA）价格 \times (1 + 平均运费率 + 平均保险费率)$$

这里的保险金额即估算的 CIF（或 CIP）价而不另加成。如投保人要求在 CIF（或 CIP）价基础上加成投保，保险公司也可接受。

小知识

保险的损失赔偿原则

损失赔偿原则的基本内容为：保险人只对被保险人在保险金额以内的实际损失给予赔偿，被保险人不得通过赔偿而额外获利。

（四）交付保险费

保险费（insured premium）是投保人向保险公司缴纳的转移风险的代价，也是保险公司经营保险业务的基本收入和用作经济补偿的后备资金的主要来源。因此，投保人在向保险公司办理了投保手续，并被保险公司接受后，必须交付保险费。保险费的计算公式如下：

$$保险费 = 保险金额 \times 保险费率$$

如系按 CIF 加成投保，以上公式可改为：

$$保险费 = CIF 价格 \times (1 + 投保加成率) \times 保险费率$$

在已知 CFR 价格的条件下保险费还可以按下列方法计算：

小思考

保险费的计算

中国一企业出口某商品 60000 打，每打 CIF 汉堡价为 1.8 美元，海运费总计 5000 美元，投保金额为发票金额的 110%，保险险别为水渍险和战争险。水渍险费率为 0.3%，战争险费率为 0.4%，问该企业出口净收入（FOB 价）为多少美元？

$$保险费 = CIF 价格 - CFR 价格$$

例:某出口商品 CFR×港价格为 1200 美元,投保一切险,保险费率为 0.63%,客户要求加一成投保,求保险金额和保险费。

解:CIF 价 $= \dfrac{1200}{1 - [\,0.63\% \times (1 + 10\%)\,]}$

$\qquad\qquad = 1208.37(美元)$

保险金额 $= 1208.37 \times (1 + 10\%) = 1329.21(美元)$

保险费 $= 1329.21 \times 0.63\% = 8.37(美元)$

保险费 $= CIF - CFR = 1208.37 - 1200 = 8.37(美元)$

答:该笔保险业务的保险金额为 1208.37 美元,保险费为 8.37 美元。

(五)保险索赔

保险索赔(claim)是指进出口货物在保险责任有效期内发生属于保险责任范围的损失,投保人按保险单的有关规定向保险人提出损失赔偿的要求。保险人受理投保人的索赔要求称为保险理赔。

在索赔工作中,被保险人应做好下列工作:

1. 损失通知

当被保险人获悉或发现被保险货物已遭损失,应立即通知保险公司或保险单上所载明的保险公司在当地的检验、理赔代理人,并申请检验。保险公司或指定的检验、理赔代理人在接到损失通知后应立即采取相应的措施,如:检验损失、提出施救措施、何时损失原因、确定保险责任和签发检验报告等。检验报告是被保险人向保险公司申请索赔时的重要证据。

小知识

损失的近因

当导致被保险货物损失的原因不止一个时,如果这些原因都属于保险的责任范围,索赔与理赔都无问题。但如果既有保险原因又有非保险原因时,按照国际惯例,只有当导致被保险货物损失的直接原因都属于保险范围时,保险人才给予赔偿。导致这一损失的直接原因就称为损失的近因(proximate cause)。

---

2. 向承运人等有关方面提出索赔

被保险人或其代理人在提货时发现被保险货物整件短少或有明显残损痕迹,除向保险公司报损外,还应立即向承运人或有关当局(如:海关、港务当局等)索取货损货差证明。如货损货差涉及承运人、码头、装卸公司等方面责任的,还应及时以书面形式向有关责任方提出索赔,并保留追偿权利,有时还要申请延长索赔时效。

3. 采取合理的施救、整理措施

被保险货物受损后,被保险人应迅速对受损货物采取必要合理的施救、整理措施,防止损失的扩大。被保险人收到保险公司发出的有关采取防止或者减少损失的

国际贸易实务

合理措施的特别通知的,应当按照保险公司通知的要求处理。因抢救、阻止或减少货损的措施而支付的合理费用,可由保险公司负责,但以不超过该批货物的保险金额为限。

4. 备妥索赔凭证

投保人向保险人提出索赔,除了要做上述几项工作外,还应向保险人提交有关单证。这些单证通常包括:保险单或保险凭证正本、运输单据、发票、装箱单、检验报告、向第三责任方追偿的有关文件、货损和货差证明、海事报告摘录或海事声明、索赔清单等。

根据国际保险业的惯例,保险索赔或诉讼的时效为自货物在最后卸离运输工具时起算,最多不超过两年。被保险人应在索赔时效内提出索赔或诉讼。

中国人民保险公司为方便我国出口货物运抵国外目的地后及时检验损失,就地给予赔偿,已在100多个国家建立了检验或理赔代理机构。至于我国进口货物的检验索赔,则由有关的专业进出口公司或其委托的收货代理人在港口或其他收货地点,向当地人民保险公司要求赔偿。

5. 代位追偿

在保险业务中,为了防止被保险人双重获益。保险人在履行全损赔偿或部分损失赔偿后,在其赔付金额内,要求被保险人转让其对造成损失的第三者责任方要求全损赔偿或相应部分赔偿的权利。这种权利称为代位追偿权(right of subrogation),或称代位权。在实际业务中,保险人需首先向被保险人进行赔付,才能取得代位追偿权。其具体做法是:被保险人在获得赔偿的同时签署一份权益转让书,作为保险人取得代位权的证明,保险人便可凭此向第三者责任方进行追偿。

(六) 保险条款示例

保险条款是进出口货物买卖合同的重要组成部分之一,必须订得明确、合理。保险条款的内容依选用不同的贸易术语而有所区别。

例如,在 FOB、CFR 或 FCA、CPT 条件成交的合同中,保险条款可订为:

"Insurance to be effected by the buyers."

译文:"保险由买方负责办理。"

在 CIF 或 CIP 条件成交的合同中,条款内容须明确规定由谁办理保险、投保险别、保险金额的确定方法以及按什么保险条款保险,并注明该条款的生效日期。具体订法如下:

例如,在 CIF 或 CIP 条件成交的合同中:

"Insurance to be covered by the sellers for 110% of total invoice value against A. R. and War Risk as per Ocean Marine Cargo Clause of the People's Insurance Company of China Dated 01/01/1981."

译文:"由卖方按发票金额的 110% 投保一切险加战争险,以中国人民保险公司 1981 年 1 月 1 日的《海洋运输保险条款》为准。"

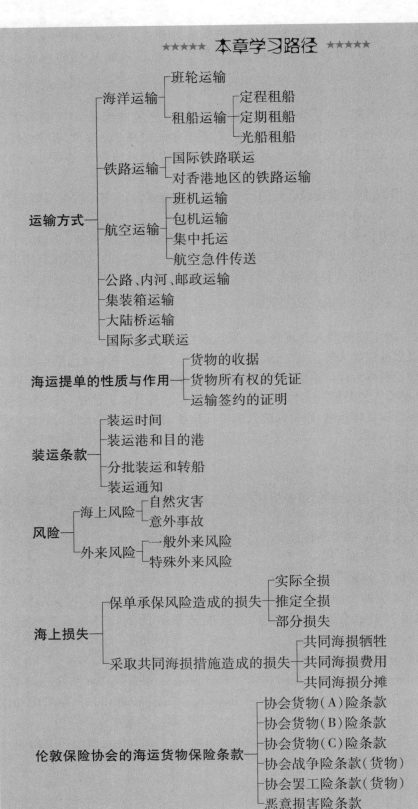

运输方式
　海洋运输
　　班轮运输
　　租船运输
　　　定程租船
　　　定期租船
　　　光船租船
　铁路运输
　　国际铁路联运
　　对香港地区的铁路运输
　航空运输
　　班机运输
　　包机运输
　　集中托运
　　航空急件传送
　公路、内河、邮政运输
　集装箱运输
　大陆桥运输
　国际多式联运

海运提单的性质与作用
　货物的收据
　货物所有权的凭证
　运输签约的证明

装运条款
　装运时间
　装运港和目的港
　分批装运和转船
　装运通知

风险
　海上风险
　　自然灾害
　　意外事故
　外来风险
　　一般外来风险
　　特殊外来风险

海上损失
　保单承保风险造成的损失
　　实际全损
　　推定全损
　　部分损失
　采取共同海损措施造成的损失
　　共同海损牺牲
　　共同海损费用
　　共同海损分摊

伦敦保险协会的海运货物保险条款
　协会货物（A）险条款
　协会货物（B）险条款
　协会货物（C）险条款
　协会战争险条款（货物）
　协会罢工险条款（货物）
　恶意损害险条款

本章复习思考题

1. 海运提单的性质与作用是什么？
2. 规定进出口货物的国外装运港与目的港应注意什么？
3. 简述货物运输保险的概念和主要种类。
4. 什么是仓至仓条款？
5. 如何选择保险险别和确定保险金额？

知识扩充

一 带 一 路

"一带一路"是"丝绸之路经济带"和"21世纪海上丝绸之路"的简称。"一带一路"贯穿亚欧非大陆，一头是活跃的东亚经济圈，一头是发达的欧洲经济圈，中间广大腹地国家经济发展潜力巨大。丝绸之路经济带重点畅通中国经中亚、俄罗斯至欧洲（波罗的海）；中国经中亚、西亚至波斯湾、地中海；中国至东南亚、南亚、印度洋。21世纪海上丝绸之路重点方向是从中国沿海港口过南海到印度洋，延伸至欧洲；从中国沿海港口过南海到南太平洋。

历史上，陆上丝绸之路和海上丝绸之路就是我国同中亚、东南亚、南亚、西亚、东非、欧洲经贸和文化交流的大通道，"一带一路"是对古丝绸之路的传承和提升，获得了广泛认同。

"一带一路"是促进共同发展、实现共同繁荣的合作共赢之路，是增进理解信任、加强全方位交流的和平友谊之路。中国政府倡议，秉持和平合作、开放包容、互学互鉴、互利共赢的理念，全方位推进务实合作，打造政治互信、经济融合、文化包容的利益共同体、命运共同体和责任共同体。

根据"一带一路"走向，陆上依托国际大通道，以沿线中心城市为支撑，以重点经贸产业园区为合作平台，共同打造新亚欧大陆桥、中蒙俄、中国-中亚-西亚、中国-中南半岛等国际经济合作走廊；海上以重点港口为节点，共同建设通畅安全高效的运输大通道。中巴、孟中印缅两个经济走廊与推进"一带一路"建设关联紧密，要进一步推动合作，取得更大进展。

"一带一路"建设是沿线各国开放合作的宏大经济愿景，需各国携手努力，朝着互利互惠、共同安全的目标相向而行。努力实现区域基础设施更加完善，安全高效的陆海空通道网络基本形成，互联互通达到新水平；投资贸易便利化水平进一步提升，高标准自由贸易区网络基本形成，经济联系更加紧密，政治互信更加深入；人文交流更加广泛深入，不同文明互鉴共荣，各国人民相知相交、和平友好。

共建"一带一路"是中国的倡议，也是中国与沿线国家的共同愿望。站在新的起点上，中国愿与沿线国家一道，以共建"一带一路"为契机，平等协商，兼顾各方利益，反映各方诉求，携手推动更大范围、更高水平、更深层次的大开放、大交流、大融合。"一带一路"建设是开放的、包容的，欢迎世界各国和国际、地区组织积极参与。

共建"一带一路"的途径是以目标协调、政策沟通为主，不刻意追求一致性，可高度灵活，富有弹性，是多元开放的合作进程。中国愿与沿线国家一道，不断充实完善"一带一路"的合

国际贸易实务

作内容和方式,共同制订时间表、路线图,积极对接沿线国家发展和区域合作规划。

中国愿与沿线国家一道,在既有双、多边和区域、次区域合作机制框架下,通过合作研究、论坛展会、人员培训、交流访问等多种形式,促进沿线国家对共建"一带一路"内涵、目标、任务等方面的进一步理解和认同。

中国愿与沿线国家一道,稳步推进示范项目建设,共同确定一批能够照顾双、多边利益的项目,对各方认可、条件成熟的项目抓紧启动实施,争取早日开花结果。

"一带一路"是一条互尊互信之路,一条合作共赢之路,一条文明互鉴之路。只要沿线各国和衷共济、相向而行,就一定能够谱写建设"丝绸之路经济带"和"21世纪海上丝绸之路"的新篇章,让沿线各国人民共享"一带一路"共建成果。

第六章　进出口贸易货款的收付

在国际贸易中,一方面由于买卖双方交易量与金额往往比较大,另一方面又不可能同时实现货物与货款的交接。因此,如何保证卖方交货后安全收款或买方付款后安全收货,这始终是贸易双方考虑的重要问题。为避免或降低出现上述收款、收货风险,安全的支付工具和收付方式应运而生。

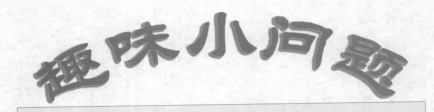

趣味小问题

上海申达贸易公司新联系上了一家非洲进口商 A，A 商表示愿意购买申达公司产品。因初次交易，申达公司领导有些担心对方资信，要求业务员小王稳妥成交。最后，申达公司与 A 商达成一笔以付款交单为结算方式、价值 50 万美元的出口贸易。小王觉得此种结算方式下，申达公司只要在未收款前不交出单据，就不会有风险。请问最后，该交易可能会发生问题吗？为什么？学习完本章内容，我们便会有正确的判断。

第一节　进出口贸易货款的收付工具

传统贸易所采用的收付工具主要是货物(易货贸易)和贵金属(黄金、白银)。随着贸易的发展,产生了信用货币(currency)。但当国际贸易在全球大规模展开后,相应的巨额现金在各国间的收付也产生了问题。于是人们就设法创造并开始采用新的货款结算工具,以避免货币的直接传送。

一、货币

(一)货币的种类

世界各国或地区都有独立的货币,种类繁多。但经过归纳可以划分为三类:

1. 自由兑换货币

自由兑换货币就是可按单一汇率自由兑换成其他可自由兑换货币,自由流出或流入本国国境的货币。这种货币的发行国对国际间经常往来的付款和资金转移不加限制,不实行歧视性货币措施或多重汇率。在国际货币基金组织其他成员国要求下,随时有义务换回对方所持有的本国货币。如:美元、日元、加元、欧元等发达工业化国家货币和国际收支持续顺差的国家货币,如科威特第纳尔、沙特阿拉伯里亚尔等,总计20多个国家的货币。

2. 有限自由兑换货币

对国际间经常往来的付款和资金转移实施各种限制的国家的货币就是有限自由兑换货币。这些国家的外汇管制措施主要有:限制外汇交易、限制本币的流出入、采用一种以上的汇率等。如中国的人民币、南非兰特等20多个国家的货币。

3. 完全不自由兑换货币

这是完全禁止外汇买卖、货币流出入的国家的货币。这种货币有兑换汇率,但不能兑换外币。一般外汇极其短缺的国家实行这种制度。如:缅甸缅元、哥伦比亚比索、苏丹镑等实行计划经济的国家和落后的发展中国家的货币。

(二)货币的兑换

货币兑换是国际贸易的必然产物。出口商出口所得外汇要换回本币,以核算成本、重新备货;进口商却要将本币换成外汇,以支付进口货款。两种货币的兑换总有一定的比例,即一国货币用另一国货币表示的价格,称为汇率(exchange rate)。这种货币的折算有两种方法:

1. 直接标价法

直接标价法是指以一定单位的外国货币作为标准,折算成若干数量本国货币的汇率表示方法。即以本国货币来表示外国货币的价格。

例:东京外汇市场上日元的汇率:1美元=76.7日元

在直接标价法下,一定单位外币表示的本国货币数量增加,即固定单位的外币能换得较多数量的本币,说明外币升值、本币贬值;反之,则说明外币贬值、本币升值。

受糟糕的欧洲经济数据影响,欧元兑美元的汇率下降:

2011 年 10 月 7 日,1 欧元 = 1.3524 美元

2011 年 10 月 8 日,1 欧元 = 1.3360 美元

表明 10 月 8 日与 10 月 7 日相比,欧元贬值,美元升值。

目前,除英美等少数国家外,大多数国家(包括中国)采用直接标价法。

2. 间接标价法

间接标价法是指以一定单位的本国货币作为标准,折算成若干数量外国货币的汇率表示方法。即以外国货币来表示本国货币的价格。

例:纽约外汇市场上日元汇率:76.25 日元 = 1 美元

在间接标价法下,一定单位本币表示的外国货币数量增加,即固定单位的本币能换得较多数量的外币,说明本币升值、外币贬值;反之,则说明本币贬值、外币升值。

例:某日纽约一外汇银行美元兑日元的报价为 J. ￥75.95/ $,第二日的报价为 J. ￥76.25/ $,那么第二日与第一日相比,美元升值、日元贬值。

由于在国际金融市场上,各外汇银行都从事多种货币的买卖业务。所以对银行而言,已不存在本国货币与外国货币的概念。例如,某银行欧元兑美元的报价为 EURO.7845/ $,该报价对美元而言是间接标价,对欧元则是直接标价。而某银行英镑对美元的报价为 $ 1.4220/ £ ,该报价对美元而言是直接标价,对英镑而言则是间接标价。

3. 买入汇率

买入汇率又称买入价。它是指银行向客户买入某种外汇时所使用的汇率。例如,中国银行某日的美元买入价为 ￥6.8345/ $,其含义就是银行向客户买入 1 美元时,愿意支付 6.8345 元人民币。银行的美元买入价相对于客户来说就是他们的卖出价。

4. 卖出汇率

卖出汇率又称卖出价。它是指银行向客户卖出某种外汇时所使用的汇率。

例如,中国银行的美元卖出价为 ￥6.8368/ $,其含义是银行向客户卖出 1 美元时,客户要支付 6.8368 元人民币。客户总是按银行的买入价卖出外币、按银行的卖出价买入外币。

5. 即期汇率

即期汇率是指外汇买卖成交后,交易双方在两个营业日内进行交割(货币交付的授受行为)时所使用的汇率。

例如,20 × × 年 3 月 1 日(星期日)花旗银行以 ￥6.8328/ $ 的当时汇率向中国银行卖出 100 万美元,以获取等值人民币,双方通过电话确定交易。3 月 2 日,花旗银行和中国银行分别按对方要求将卖出货币划入对方指定账户内,交易成功。尽管 3 月 2 日那天美元与人民币的当时汇率为 ￥6.8389/ $,该项交易仍按 3 月 1 日的交易日确定的汇率交易。

6. 远期汇率

远期汇率是指外汇买卖双方事先订立外汇交易合同,约定在未来一定时期内按事先商定的汇

小思考

我某土特产进出口公司向日本某公司出口嘉定蒜头 100 公吨,合同价每公吨 850 美元 CIF 大阪。该公司收购价为每公吨 4500 元人民币,保险、运杂费等共计每公吨 300 元。假设交货时外汇市场人民币兑美元中间价为 6.5:1,问我出口公司在这笔交易中有赚吗?

国际贸易实务

率进行交割(远期外汇买卖)时所使用的汇率。远期外汇交易的期限一般按月计算。常见公布的远期汇率有 1 个月期、3 个月期和 6 个月期。远期外汇买卖有规避汇率风险的作用。

例如,某中国进口商从英国进口一套设备,价值 10 万英镑,6 个月后付款。当时外汇市场上的即期汇率为¥9.725/£。进口商为了避免汇率风险,与中国银行签定了 6 个月远期外汇买卖合同,约定以¥9.750/£(6 个月的远期汇率)的汇率向中国银行买入 10 万英镑用以支付货款。6 个月后,双方以¥9.750/£的汇率进行交割,交易完成。此时,不管外汇市场上的当时汇率(即期汇率)如何,这笔交易的汇率不受影响。

进出口贸易中贸易商经常要兑换货币,即进行外汇买卖。贸易商要能正确核算成本、避免风险,就必须十分清楚货币兑换的原理。

二、票据

事实上,在结算与支付中,货币的表现形式主要有现金和票据两种。而现代国际贸易中以现金结算已是极个别的现象。以通讯工具实现货币交付的票据则是贸易货款收付的主要手段,其中以汇票最为常用。

(一)汇票

1. 汇票的含义

汇票(draft,bill of exchange)是由出票人签发的,委托付款人在见票时或者在指定日期无条件支付确定的金额给收款人或者持票人的票据。

汇票的出票人通常是出口商,付款人是进口商或其指定的银行,收款人通常是出口商或其指定的银行。在金融市场上,汇票除少数注明不得转让以外,一般都可流通转让。

2. 汇票的必备内容

汇票必须包含以下内容:"汇票"字样、无条件支付的委托、确定的金额、付款人名称、收款人名称、出票日期、出票人签章等。只有具备了上述全部内容,才是有效汇票。对汇票中未记载付款日期和付款地点、出票地点等内容的情况,按我国《票据法》的规定:付款日期即为见票即付;付款人地点即为其营业场所、住所或经常居住地;出票地即为出票人的营业场所、住所或经常居住地。

有的汇票还根据需要记载利息和利率、付一不付二、禁止转让、汇票编号和出票条款等。

3. 汇票的种类

(1)光票和跟单汇票(clean bill and documentary bill)

在流转时不随附任何货运单据的汇票,称为光票;反之,如随附货运单据一起流转的汇票,则称为跟单汇票。因此,两者是以有否随附货运单据来划分的。在国际贸易中,多数使用跟单汇票。

(2)即期汇票和远期汇票(sight bill and time bill)

汇票上规定付款人见票后立即付款的称为即期汇票;汇票上规定付款人于将来的某一日期付款的称为远期汇票。因此,两者是以汇票上付款时间的不同划分。远期付款的时间规定有以下几种方法:

① 付款人见票后若干天付款,如:"见票后 30 天付款"(pay at 30 days after sight);

② 出票后若干天付款,如:"出票后 60 天付款"(pay at 60 days after date of draft);

③ 提单签发日后若干天付款,如:"提单签发日后 45 天付款"(pay at 45 days after date of bill of lading)。

国际贸易货款收付中用得较多的是第一种和第三种。远期汇票在付款之前,须经付款人承兑(承担到期付款责任的承诺行为)。以商业企业为承兑人的汇票称为商业承兑汇票;以银行为承兑人的汇票称为银行承兑汇票。

(3) 商业汇票和银行汇票(commercial bill and banker's bill)

出票人为商业企业的汇票称为商业汇票;出票人为银行的汇票称为银行汇票。两者是以汇票出票人的不同来划分。

4. 汇票的流转

汇票的流转要经过出票、提示、承兑和付款等环节。如汇票要转让,还须办理背书手续。汇票遭到拒付时,还涉及拒付证书的出具和行使追索权等法律问题。

(1) 出票(draw)

出票是指在汇票上填写汇票必备内容并签字后交给受(收)款人的行为。在出票时,填写"受款人"一栏。有三种方法:

① 限制性抬头,即对受款人加以限制。例如,"仅付××公司"(pay ×× Co. only)或"付给××公司,不准流通"(pay ×× Co. not negotiable)。这种抬头的汇票不能流通转让,只有指定的公司才能收款。

② 指示性抬头。例如,"付××公司或其指定人"(pay ×× Co. or order/pay to the order of ×× Co.)。这种抬头的汇票,除××公司可以收取票款外,也可以由××公司背书转让给第三者。

③ 持票人或来人抬头,即不限制受款人的抬头。例如,"付给来人"(pay bearer)。这种抬头的汇票无须持票人背书,任何人仅凭手中持有的汇票既可转让也可收取票款。

(2) 提示(presentation)

提示是指持票人(holder)将汇票提交付款人,要求承兑或付款的行为。付款人见到汇票称为"见票"(sight)。见到即期汇票,付款人就应立即付款;见到远期汇票,付款人就应办理承兑手续,到汇票付款日付款。

(3) 承兑(acceptance)

承兑是指付款人对远期汇票表示承担到期付款责任的承诺行为。其手续是由付款人在汇票的正面写上"承兑"(accepted)字样,注明承兑日期,并由承兑人(acceptor)签名,交还持票人。

(4) 付款(payment)

付款就是按照汇票金额交付票款的行为。对即期汇票,当持有人提示汇票时,付款人即应按汇票要求把票款交付给收款人;对远期汇票,付款人经过承兑后,在汇票到期日付款。付款后,汇票上的一切债务责任,即告结束。

在金融市场上,汇票一般是可以转让的,汇票在转让时必须履行背书手续。背书(endorsement)是指汇票的持有人(背书人)在汇票的背面写上受让人的名字,签上背书人自己的名字,将汇票的收款权利转让给受让人的行为。汇票在到期之前,可以不断转让。

对受让人而言,所有在他以前的背书人及出票人都是他的"前手";对出让人来说,所有在他出让以后的受让人都是他的"后手"。前手对后手负有担保汇票必然会被承兑或付款的责任。

远期汇票在到期之前,其持有人如想提前取得票款,可以将承兑后的汇票贴现(银行扣除一定利息和手续费将汇票款付给汇票持有人)给银行。

付款人如果对提示的汇票拒绝承兑或拒绝付款即拒付(dishonour),则最后的持有人有权向其前手追索。追索时,持票人应要求有关机构做出拒付证书(protest),即由付款地的法定公证人或其他有权做出这种证书的机构(法院、银行、商会等),作出付款人拒付的证明文件。汇票的出票人或背书人为了避免承担被追索的责任,可以在背书时加注"不受追索"(without recourse)字样。但是,有这样批注的汇票很难在市场上流通。

(二) 本票

1. 本票的含义

本票(promissory note)是由出票人签发的,承诺自己在见票时无条件支付确定的金额给收款人或者持票人的票据。

在进出口贸易货款收付中,本票的出票人是进口商或其指定的银行;收款人则一般是出口商或其指定的银行。

2. 本票的必备内容

本票必须包含以下内容:"本票"字样、无条件支付的承诺、确定的金额、收款人名称、出票日期和出票人签章等。有了上述全部内容,才是有效的本票。按我国《票据法》规定:本票上若未记载付款地的,出票人的营业场所即为付款地;未记载出票地的,出票人的营业场所即为出票地。

3. 本票的种类

按出票人的不同,本票可分为一般本票和银行本票。一般本票由工商企业或个人签发;银行本票由银行签发。一般本票又分为即期本票和远期本票两种。即期本票是见票即付的本票,而远期本票是承诺于将来某一可以确定的时间付款的本票。银行本票原则上都是即期本票,远期本票的付款期限至多不超过出票日后两个月。

(三) 支票

1. 支票的含义

支票(check,cheque)是由出票人签发,委托办理支票存款业务的银行或者其他金融机构在见票时无条件支付确定的金额给收款人或者持票人的票据。

支票的出票人即受托银行的存款人,在进出口贸易中一般是进口方;支票的收款人在进出口业务中一般是出口方;支票的受托银行就是出票人的存款银行。

2. 支票的必备内容

支票必须包含以下内容:"支票"字样、无条件支付的委托、确定的金额、付款人名称、出票日期、出票人签章。只有具备了上述全部内容,支票才有效。

3. 支票的种类

支票可以分为普通支票(既可用于支取现金,也可用于转账)、现金支票(只能用于支取现金)、转账支票(也称划线支票,只能用于转账,不可用于提取现金)三种。

支票都是即期的,且支票的票面金额不能高于存款额度。否则就是"空头支票"(开空头支票是违法的),银行有权拒付。

4. 支票与汇票、本票的区别

支票与汇票、本票三者之间的区别见表6-1。

表6-1 支票、汇票、本票的区别

	支票	汇票	本票
性质	委托证券	委托证券	自付证券
基本当事人	出票人、收款人、付款人	出票人、收款人、付款人	出票人、收款人
种类	普通支票、现金支票、转账支票	银行汇票、商业汇票(商业承兑汇票、银行承兑汇票)	银行本票(定额、不定额)
出票人	有直接支付责任	无直接支付责任,只有担保责任	有直接支付责任
绝对记载事项	见"支票的必备内容"	见"汇票的必备内容"	见"本票的必备内容"
相对记载事项	付款地、出票地	付款地、出票地、付款日期	付款地、出票地
提示承兑期限	无需承兑	即期汇票无需承兑;定日、出票后定期付款的,到期日前承兑;见票后定期付款的,自出票日期一个月内承兑	无需承兑
提示付款期限	自出票日起10日之内提示付款	即期汇票,出票日起一个月内提示付款;其他汇票,自到期日起10日之内提示付款	自出票日期两个月内提示付款

小知识

票据的特性

票据有三个特性:第一是流通性,即在健全的票据市场上,票据债务人的资信又是可靠的,持票人就可将票据视同现金,或取得资金融通的便利;第二是无因性,即票据流通过程中的持票人行使票据权利时,不必向票据债务人陈述或证明该票据产生或转让的原因,票据债务人必须对持票人支付票款;第三是要式性,即票据的形式和内容必须符合规定,必要的项目必须齐全,对票据的处理必须符合一定要求。

国际贸易中的汇票结算欺诈案

业务类型:汇款业务中的预付汇款

汇入行/解付行:我国某银行

出口商/收款人:我国 S 省医药器具公司

进口商/付款人:哥斯达黎加的 AMERICAN CREDIT AND INVENT CORP.

出票人:美国新泽西州 FRIST FIDELITY BANK

案情:某年 11 月,S 省医药器具公司持两张从香港商人那里得到的出口项下的汇票到国内某银行要求鉴别真伪。两张汇票的出票人为美国新泽西州 FRIST FIDELITY BANK,付款人为哥斯达黎加的 AMERICAN CREDIT AND INVENT CORP。金额分别为 37,761.00 美元和 61,624.00 美元,付款期限为出票后 5 个月,两张汇票都有"PAY AGAINST THIS DEMAND DRAFT UPON MATURITY",并在"DATE OF ISSUE"下直接标明"DATE OF MATURITY",与出票日相差 60 天。从票面看,两张汇票显然不符合银行汇票的特点,疑点很大。于是该行一边告诫公司不要急于向国外进口商发货,一边致电出票行查询。后美国新泽西州 FRIST FIDELITY BANK 回电,证实自己从未签发过上述两张汇票。

1. 请大家找出这张汇票的疑点。

2. 如何在工作中采取相关的措施防范伪造汇票欺诈?

第二节　汇付

贸易中货款的结算要数"一手交钱、一手交货"的方式最为简便。但在今天成交量巨大的国际贸易中,由买方将货款汇给卖方,应该是当今最简单又现实的支付方式,这就是汇付。

一、汇付及其当事人

汇付(remittance)又称汇款,指付款人主动通过银行或其他途径将款项汇交收款人,以完成货款结算的支付方式。

要完成一笔汇付业务,通常需要有四个当事人:

① 汇款人(remitter),即汇出款项的人。在国际贸易中,汇款人一般是进口商。

② 收款人(payee),即收取款项的人。在国际贸易中,收款人一般是出口商。

③ 汇出行(remitting bank),指受汇款人的委托汇出款项的银行,通常是进口地银行。

④ 汇入行(paying bank),指受汇出行的委托支付汇款的银行,因此也称支付行。在国际贸易中,它通常是出口地银行。

汇款人在委托汇出行办理汇款时,要填写汇款申请书并提交给汇出行。汇款申请书是汇款人和汇出行之间的一种契约。其中,汇款人的义务是向银行说明收款人的名称、地址、汇出金额、汇款方式等并将汇出款项与汇费交汇出行;汇出行的义务是接受汇款人委托,按汇款人的要求通知汇入行将汇款解付给收款人;汇出行与汇入行之间,事先订有代理合同。在合同规定范围内,汇入行对汇出行承担支付汇款的义务。

二、汇付方式的种类及其收付程序

按汇款信息的不同载体,汇付可分为电汇、信汇和票汇三种。

(一) 电/信汇及其收付程序

1. 什么是电汇

电汇(telegraphic transfer,简称 T/T)是汇款人委托汇出行用电报、电传等电讯手段发出付款委托通知书,委托汇入行向收款人付款的汇付方式。

电汇由于采用的手段先进,因此汇款速度快,有利于出口方尽早收汇,但费用较高。目前,汇款方式中以电汇居多。

2. 什么是信汇

信汇(mail transfer,简称 M/T)是汇款人委托汇出行以信函方式(信汇委托书等)发出付款委托,委托汇入行向收款人付款的汇付方式。

信汇方式的特点是费用较低,但由于邮寄信函时间长,所以收款人收汇速度慢。

3. 电/信汇的收付程序

电/信汇的收付程序如图6-1 所示。

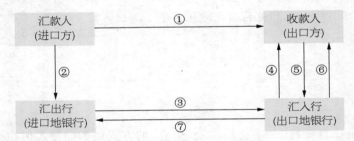

图6-1 电/信汇的收付流程图

① 进出口双方在合同中规定采用电/信汇方式结算货款。

② 汇款人(进口商)向汇出行递交电/信汇申请书,递交货款并支付汇款手续费。

③ 汇出行受理汇款人的委托,用电讯方式或信函通知汇入行或代理行解付货款给出口方。

④ 汇入行接到汇出行的电汇/信汇解付通知后,立即通知收款人(出口方)。

⑤ 收款人向汇入行递交收款收据。

⑥ 汇入行向收款人解付货款。

⑦ 汇入行向汇出行发出付讫借记通知书。

(二) 票汇及其收付程序

票汇(demand draft,简称 D/D)是汇款人向汇出行购买汇票,寄给收款人,由收款人凭以向汇票上指定的银行取款的汇付方式。

票汇方式的特点是汇款人自行将汇票寄给收款人,由收款人向汇入行收款。汇票若经收款人背书,还可在市场上流通。由于银行汇票是用于银行的代客拨款,因此出票人和付款人是同一银行。

票汇的收付程序如图 6-2 所示。

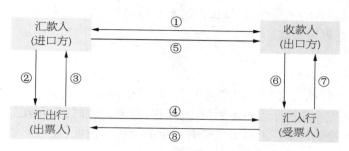

图 6-2 票汇的收付流程图

① 进出口双方在合同中规定采用票汇方式结算货款。

② 汇款人(进口方)向汇出行递交票汇申请书,购买以汇入行为付款人、金额相等于货款的汇票并支付票汇手续费。

③ 汇出行开立即期汇票交给汇款人,汇票的受票人为汇入行即出口地银行,收款人为出口方。

④ 汇出行向汇入行发出票汇通知书,附所开汇票的副本。

⑤ 汇款人自行将汇票正本寄交给收款人(出口方)。

⑥ 收款人将汇票背书后交给汇入行。

⑦ 汇入行审核汇票无误后,将货款支付给收款人。

⑧ 汇入行向汇出行发出付讫借记通知书。

电汇、信汇、票汇三者的区别具体见表 6 - 2。

	电汇	信汇	票汇
表6-2	电汇、信汇、票汇的比较		
支付工具	电报、电传或 SWIFT,用密押证实	信汇委托书或支付委托书,用签字证实	银行即期汇票,用签字证实
汇款成本	收费较高	收费较低	收费较低
安全程度	最安全,短时就能收款	安全程度不及电汇	容易丢失或损坏,安全度最低
汇款速度	最快捷	在途时间长、操作手续多	汇款人直邮收款人,灵活简便
使用程度	最普遍	很少使用	适用小额付款,次于电汇

三、汇付的特点

(一)顺汇法

汇付采用的是顺汇支付方式。即在支付过程中,资金的流动方向与支付工具的流动方向相同,是付款人的一种主动付款行为。

(二) 灵活简便

由于汇付是付款人的主动行为,故操作起来非常简便,并且不受货物的约束。可以用作预付货款,也可用作迟付货款。

(三) 风险大

在汇付方式下,付款与交货之间完全失去相互的约束。预付货款时,卖方收到货款后,是否按合同交货就完全取决于出口方的信用;同样,迟期付款时,买方收到货物后,是否按期付款也没有任何直接的约束。汇付方式带有一定的风险。因此,在国际贸易中,汇付一般用于支付小额货款,如定金、货款尾数、佣金等。

> **小案例**
>
> 我某出口商与外国进口商签订了一份以预付 30% 货款、余下 70% 货到付款的条件出售 10 万美元、分五批装货的玩具贸易合同。在第一批装运期临近时,对方告知 30% 的货款已汇出。我公司怕耽误装运期,先发出价值 2 万美元的货物。直到第二批货物发运前才收到第一笔 30% 的货款。我公司遂将第二批货物装出,但以后一直未收到货款。此时,我方才意识到是否被骗,马上去电交涉,获悉该进口商已将两批货物提走,公司现已关门停业。我方应从此案中吸取什么教训?

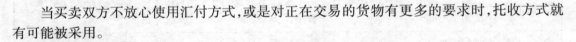

第三节 托收

当买卖双方不放心使用汇付方式,或是对正在交易的货物有更多的要求时,托收方式就有可能被采用。

一、托收及其当事人

托收(collection)是出口商开立汇票委托银行向进口商收取货款的一种收付方式。

托收业务的开展,通常需要有以下四个当事人参与:

① 委托人(principal)是委托银行办理托收业务的一方,在国际贸易货款收付中通常是出口方。

② 托收行(remitting bank)是接受委托人的委托,代为办理托收业务的银行,一般为出口地银行。

③ 代收行(collecting bank)是接受托收行的委托,向付款人收取货款的进口方银行,一般是托收行设在国外的分行或代理银行。

④ 付款人(payer)是汇票的受票人,一旦接到代收行的付款提示,付款人立即付款。付款人一般就是贸易中的进口方。

必须明确的是,托收业务中出现的银行同汇付方式中的汇出、汇入行一样,只是在"协助"收款,托收成功与否仍然取决于买卖双方的商业信用。

在托收方式中,托收行与委托人、代收行与托收行之间是通过托收委托建立起来的委托代理关系。其中,托收申请书和托收委托书是他们之间的委托代理合同。托收行和代收行分别作为代理人,都必须遵守合同指示。否则一旦使委托人遭受损失,代理人必须承担责任。

二、托收方式及其收付程序

在托收方式中,除了偶尔对货款尾数、佣金、定金等采用光票托收(不随附货运单据,仅凭汇票托收)外,主要使用跟单托收方式。

(一)付款交单及其收付程序

付款交单(documents against payment,D/P)是卖方的交单以买方的付清货款为条件的托收方式。

在付款交单方式下,出口商发货后开立汇票,连同货运单据一起交托收行。委托其在进口商付清货款后将单据交给进口商。付款交单按支付时间的不同分为即期付款交单和远期付款交单两种。

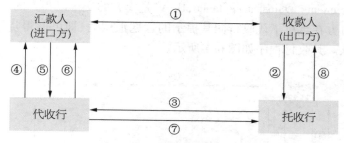

图6-3 即/远期付款交单的收付流程图

1. 即期付款交单(D/P at sight)

这是由出口商通过银行向进口商提示汇票和货运单据,进口商于见票时立即付清货款并领取货运单据。其收付程序如图6-3所示。

在即期付款交单方式下,其收付步骤为:

① 进出口双方在买卖合同中规定采用即期付款交单方式付款。

② 出口方按合同规定发货后,填写托收委托书,开立以进口商为付款人的即期汇票,连同全套货运单据送交托收行,委托代其收款。

③ 托收行将托收委托书、汇票和全套货运单据寄交代收行,委托代收货款。

④ 代收行向付款人(进口商)做付款提示。

⑤ 付款人审核单据无误后,向代收行付款赎单。

⑥ 代收行收款后交单。

⑦ 代收行向托收行转账,发出付讫通知。

⑧ 托收行将货款交委托人。

2. 远期付款交单（D/P after sight）

这是由出口商通过银行向进口商提示汇票和货运单据，进口商在汇票上承兑，并于汇票到期日由代收行再向其提示时，经付清货款后领取货运单据。其收付程序如图6-3所示。

在远期付款交单方式下，其收付步骤为：

① 进出口双方在买卖合同中规定采用远期付款交单方式付款。

② 出口方按合同规定发货后，填写托收委托书，开立以进口商为付款人的远期汇票，连同全套货运单据送交托收行，委托代其收款。

③ 托收行将托收委托书、汇票和全套货运单据寄交代收行，委托代收货款。

④ 代收行向付款人（进口商）作承兑提示，付款人审核单据无误后承兑汇票，代收行保留汇票和单据。

⑤ 汇票到期后，付款人付款赎单。

⑥ 代收行收款后向付款人交单。

⑦ 代收行向托收行转账，发出付讫通知。

⑧ 托收行将货款交委托人。

（二）承兑交单及其收付程序

承兑交单（documents against acceptance，D/A）是卖方的交单以买方的承兑汇票为条件的托收方式。即进口方在承兑了代收行向其提示的远期汇票后，即可取得货运单据，待汇票到期之日再支付货款。其收付程序如图6-4所示。

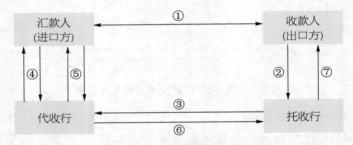

图6-4　承兑交单的收付流程图

① 进出口双方在合同中规定采用承兑交单方式结算货款。

② 出口方按合同规定发货后，填写承兑交单托收委托书，开立以进口商为付款人的远期汇票，连同货运单据交托收行委托代收货款。

③ 托收行将托收委托书、汇票和全套货运单据寄交代收行，委托其代收货款。

④ 代收行向进口商作出承兑提示。进口商审核单据无误后，承兑汇票，取得全套货运单据，代收行保留汇票。

⑤ 汇票到期后，代收行向付款人作出付款提示，付款人付清货款。

⑥ 代收行向托收行转账，发出付讫通知。

⑦ 托收行将货款交给委托人。

　　我某出口商向中东某国出口一批电子器件,数量较大,定价也较有利。因此当对方提出先预付 20% 的货款,余款采用 D/P60 天支付为条件时,我方欣然应允,签约成交。

　　我方收到预付款后立即发货。但货到目的港卸下后,进口商却迟迟不去付款赎单。我方几次催促,不见对方行动,当我方感觉可疑,想用预付款抵充运费,运回该货时,被对方海关告知,只有接到进口商退货通知,才可放行货物。我方再次要求对方付款赎单或向海关出具退货报告。对方却只字不提退货或付款,而以市场变化为由,要求降价 5%。最后因几次来回磋商,货物滞留海关超时,被海关作无主货物拍卖,而且被原进口商低价拍得,我方最后损失数十万元人民币。请问此案中,我方有什么失误?

三、出口商使用托收应注意的问题

(一) 托收方式的特点

1. 商业信用风险大

　　按惯例,银行办理托收业务是按委托人的指示收款,银行没有替委托人检查货物的义务,也无强行要求付款人付款赎单的义务。如卖方提交单据与合同要求不符,买方可以拒绝付款;或者进口国外汇管制、买方破产等影响付款,甚至在出口商货、单完全符合合同情况下,进口商不付款赎单,银行也概不负责。在 D/A 方式下,进口商在承兑汇票并获取单据提货后,到时不付款,银行也无义务追讨货款。因此,托收对于出口商而言风险极大。

2. 单据买卖要求高

　　托收方式是典型的单据买卖,无论是付款交单还是承兑交单,都是以出口商提交完全符合合同规定的单据为前提。一旦单据不符合同要求,进口商即可以单同不符为由拒绝承兑或付款。因此,出口商一定要严格按合同规定缮制和提交有关单据。

3. 有利促销慎使用

　　托收方式使进口商无须承担垫付货款的不利,尤其是远期 D/P 或 D/A。进口商的付款期限可以从 30 天到一年,等于获得一笔贷款,他可以用较少的资金进行较大的交易。在 D/A 方式下甚至可以做无本买卖。这样一种极利于进口商的贸易条件,可以大大促进出口交易。但正由于托收的风险性,必须慎重使用。

(二) 出口商使用托收方式应注意的问题

　　① 首先要了解进口商的资信情况和经营作风。对情况不熟或资信不佳的进口商不宜采用托收方式。

　　② 必须掌握进口国的外贸、外汇管制的规定,以防货到目的地后进口国政府不准进口或不批外汇而遭受损失。

国际贸易实务

③ 使用远期托收应考虑加收利息或适当提价,以补偿垫付资金的代价。

④ 应采用 CIF 术语成交,由自己投保,可以保证货物出险后向保险人索赔的主动权。

⑤ 托收中随附的单据,从种类、份数到内容不能有丝毫马虎,应严格做到单同相符,否则买方有权拒收。

小·知识

《托收统一规则》

《托收统一规则》(*Uniform Rules for Collection*)现行版本为国际商会第 522 号出版物(ICC Publication No.522 简称 URC522),于 1996 年 1 月 1 日起正式实施。它是当前在托收业务中协调各有关当事人发生的纠纷和争议,有益于托收业务开展的最权威的国际准则。

《URC522》全文共 26 条,分为:总则、托收的形式和结构、提示方法、义务和责任、付款、升息和手续费及其他费用、其他规定共七个部分。

第四节　信用证

与汇付、托收相比,信用证的出现是支付方式上的重大突破。它使贸易双方不在交易现场的买卖在履约时,都处于同等地位。在一定程度上找回了"一手交钱、一手交货"的安全感,解决了前两种方式下双方互不信任的矛盾。它为什么如此神奇呢?

一、信用证及其特点、作用

信用证(letter of credit,简称 L/C)是开证银行应申请人(多为进口商)的请求,开给第三者(多为出口商)的一种保证凭规定单据付款的书面文件。

信用证方式的当事人通常有 6 方:

1. 开证申请人(applicant)简称开证人(opener)

它是向银行申请开立信用证的人,在进出口贸易中就是进口商。

2. 开证银行(opening bank,issuing bank)

它是接受开证申请人的委托,开立信用证的银行。它承担保证付款的责任,一般为进口商所在地的银行。

3. 通知银行(advising bank,notifying bank)

它是接受开证银行的委托,将信用证转交给受益人的银行。它只证明信用证表面的真实性,不承担其他义务。通知银行一般为受益人所在地银行。

4. 受益人(beneficiary)

它是信用证上指定的有权使用该信用证的人,在进出口贸易中就是出口商。

5. 议付银行(negotiating bank)

它是信用证上指定的付款银行。议付银行可以是指定的银行,也可以是非指定的银行,由信用证条款规定。它一般为通知银行。

6. 付款银行(paying bank, drawee bank)

它是信用证上指定的付款银行。它一般是开证行,也可以是开证行指定的另一家银行,由信用证条款规定。

(一) 信用证的特点

1. 信用证是银行信用

在信用证收付方式下,信用证的开证行是第一付款人。按照国际商会《跟单信用证统一惯例》的规定,信用证的受益人只要向银行提交符合信用证要求的单据,开证行就必须对受益人承兑或付款。因此,信用证方式下收款的安全性取决于开证银行的信用,而不是进口商的信用。

2. 信用证是自足文件

在信用证方式下,银行与开证申请人、受益人之间的关系是以信用证为契约建立的,各自的权利与义务受信用证约束,各方当事人都依照信用证条款行事。所以,虽然信用证是按照合同条款开立,但一经开出就完全独立于合同之外,不受合同束缚。

3. 信用证是单据交易

在信用证方式下,银行付款或议付的依据是受益人交来的单据,而不是货物。因此,只要受益人提交的单据完全符合信用证对单据的要求,银行就应立即承兑或付款。至于卖方所交货物是否与合同一致,与银行无关。所以,信用证方式下,卖方必须严格按信用证规定缮制单据,做到"单证一致""单单一致""单内一致"。

小案例

我厦门A公司与日本客商达成一笔交易:进口价值400万元人民币的服装面料,支付方式为远期信用证180天。签约后,A公司通过中国银行及时向对方开出了信用证。日本客商凭信用证及时装运面料并向银行交单。中国银行向厦门A公司发出承兑通知书并提出受益人提交的单据中有几处不符点,如果拒付,银行可以协助办理,但要在承兑期内作出拒付表示并退回全套单据,否则只能按承兑汇票处理。

A公司觉得几处不符点都非实质性问题,即不会影响面料质量,于是就承兑了汇票。凭提单从港口提回了面料,结果发现货物与合同规定严重不符,出具检验报告后表示拒付货款。中国银行表示积极配合,但要退回全套议付单据。因A公司已缺少一份提单,银行只能按承兑汇票处理,要求A公司到期付款。A公司几次与日本客商交涉,对方均不予理睬,A公司因而遭受了巨大损失。从该案例中,A公司应吸取什么教训?

(二) 信用证的作用

1. 保证作用

从信用证的特点可以看出,信用证对出口方提供了比较可靠的银行信用。因为银行成为第一付款人,出口商的货款收回就有了相对稳妥的保证。同时,因为受益人必须提交完全符合信用证要求的单据,这对进口商来说,货物的安全也得到相应的保证(整套单据的造假一般是不可能的)。

2. 资金融通作用

对出口商来说,只要拿到信用证就可凭其向银行申请打包贷款,用于备货成交,而无须垫付资金。在交货后,又可以向银行议付,资金回收相当迅速。对进口商来说,他要在拿到开证行给他的单据时才付清货款,而一般此时货已经到港待提,他无需长时间垫款,如果做假远期信用证的话,他还可套用付款行的资金。

二、信用证当事人及收付程序

信用证的收付程序随信用证种类的不同而有所区别,但其基本环节雷同,主要包括以下步骤(图6-5):

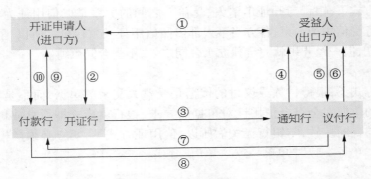

图6-5　信用证的收付流程图

① 进出口双方签订贸易合同,并在合同中规定使用信用证方式结算货款。

② 进口方(开证申请人)根据合同规定填写开证申请书,向进口地银行(开证行)申请开立信用证,同时交纳开证保证金。

③ 开证行审核开证申请、收妥保证金后开出信用证,寄交通知行,要求其将信用证交予出口商。

④ 通知行核对信用证真伪后,立即将信用证转交受益人。

⑤ 受益人审核信用证与合同相符后,按信用证规定发货并备齐信用证规定单据,在信用证有效期内送交议付行议付。若审核发现证同不符,退回开证申请人并要求改证。

⑥ 议付行按信用证审核单据无误后,按汇票金额扣除相关费用将货款垫付给受益人。

⑦ 议付行将汇票和全套货运单据寄交开证行索偿。

⑧ 开证行审核单据无误后,付款给议付行。

⑨ 开证行通知开证人付款赎单。

⑩ 开证人审核单据无误后,付款赎单。

三、信用证的主要内容

信用证的内容随不同交易的需要而定,各开证行习惯使用的格式也各不相同,但其基本项目是相同的。主要包括以下几个内容:

① 对信用证本身的说明:开证行的名称和地址;信用证的号码、种类;信用证的当事人;

信用证金额、币种;信用证的有关期限等。

② 对货物的描述:货物名称、品种规格、数量、包装、价格等。

③ 对运输的要求:装运时间、地点、运输方式、关于分批装运和转运的规定等。

④ 对单据的规定:单据的种类、单据份数、单据内容的要求等。

⑤ 其他条款:开证保证条款、议付背书条款、其他特别指示等。

四、常见信用证的种类

在信用证收付方式中,常见的信用证有如下几种:

(一)不可撤销信用证

不可撤销信用证(irrevocable L/C)是指在信用证的有效期内,未经受益人的同意,开证行不得单方面取消或修改信用证。只要受益人提供的单据符合信用证的要求,开证行就必须履行付款义务。不可撤销信用证保障了受益人的权益,所以在国际贸易中被广泛使用。

(二)保兑信用证和不保兑信用证

根据有无另一家银行对开证行加以保证兑付,信用证可以分为保兑信用证和不保兑信用证。

保兑信用证(confirmed L/C)是指信用证除了由开证行保证付款之外,还有另一家银行保证对符合信用证条款规定的单据履行付款义务。对信用证保兑的银行称为保兑行(confirming bank),保兑行通常是通知行。有时也可以是出口地的其他银行或第三国银行,保兑的手续一般是由保兑银行在信用证上加盖"保兑"戳记。

不保兑信用证(unconfimed L/C)是指开证行开立的信用证没有经过另一家银行保兑。当开证行是资信比较高的银行,一般都使用不保兑信用证。

(三)即期信用证和远期信用证

根据付款时间的不同,可以将信用证分为即期信用证和远期信用证。

即期信用证(sight L/C)是指付款行收到受益人开立的符合信用证规定的即期汇票和单据时,立即履行付款义务的信用证。即期信用证有利于出口方迅速收汇,有利于资金流转。

远期信用证(usance L/C)是指付款行在收到信用证规定的单据时,在规定期限内履行付款义务的信用证。

假远期信用证(usance credit payable at sight)是指信用证规定受益人开立远期汇票,由付款行负责贴现,并规定一切利息和费用由开证人承担。根据假远期信用证的规定,出口方在装运货物并取得货运单据之后,即可凭远期汇票向付款行收取全部货款。这种做法对出口方而言与使用即期信用证没有多大区别,而进口方却可以在远期汇票到期时,才付款给银行,这实际上是进口方套用了付款行的资金。

(四)可转让信用证和不可转让信用证

根据受益人对信用证的权利可否转让,分为可转让信用证和不可转让信用证。

可转让信用证(transferable L/C)是指开证行授权通知行在受益人提出申请后,可将信用证全部或部分权利转让给一个或数个受益人(第二受益人)的信用证。

不可转让信用证(non-transferable L/C)是指受益人不能将信用证权利全部或部分转让给第二受益人的信用证。一般信用证都是不可转让的。凡信用证中未注明"可转让"的,都属于不可转让信用证。

(五)循环信用证

循环信用证(revolving credit)是指信用证项下的金额被受益人使用后,重新恢复到原金额,可以重复使用,直至达到规定的次数或累计的总金额为止的一种信用证。循环信用证适用于定期分批、均衡供应和零星交货的贸易。对于出口方而言,可以减少逐批催证、审证的手续,可以得到收回全部货款的保证;对进口方而言,可以节省开立信用证的费用。

循环信用证可分为三种:

① 自动循环。即每次信用证被使用之后,不需要等待开证行的通知,自行恢复到原金额。

② 非自动循环。即每次信用证被使用之后,必须等待开证行的通知,才可以恢复到原金额继续使用。

③ 半自动循环。即每次信用证使用之后,在一定期限内,开证行没有发出不能恢复原金额的通知,则信用证可以自动恢复到原金额使用。

(六)对开信用证

对开信用证(reciprocal credit)是指交易双方进行互有进出和互有关联的对等或基本上对等的交易时,双方都对其进口部分向对方开出信用证。对开信用证中,第一张信用证的开证人和受益人分别是第二张信用证的受益人和开证人。第一张信用证的开证行通常是第二张信用证的通知行。

(七)对背信用证

对背信用证(back to back L/C)是指信用证的受益人以开证申请人的身份要求信用证的通知行以原证为基础,向另一受益人开立一张内容相似的第二份信用证,该证即为对背信用证。

第五节 收付方式的选用及收付条款

一、收付方式的选用

(一)收付方式选用原则

国际贸易货款的收付方式如前所述,不是唯一的,但在具体使用中不同的立场和不同的营销意图下可以有不同的选择。

1. 出口方的选用原则

在出口贸易中,出口方首先考虑的是如何安全收汇和加快资金周转。这样,他首选的方

国际贸易实务

式就是汇付中的预付货款,或者是即期信用证。但这对进口方来说或者风险大,或者费用高,为了调动进口商的积极性,扩大出口,对于资信佳、资本实力强的客户也可采用远期付款交单等方式交易。

2. 进口方的选用原则

进口方的立场与出口方相反,他首先考虑的是安全收货,其次是想降低进口成本。所以,对进口方来说最好是货到付款,当然承兑交单也不失为有利于买方的收付方式,但对出口方来说风险太大。比较折中的、双方都能接受的可能是远期付款交单或远期信用证等。

(二) 收付方式的结合使用

在实际操作中,有时可采用两种或两种以上收付方式结合使用,常见的有以下几种结合方式:

1. 信用证与汇付相结合

① 部分货款先用信用证方式结算,余额用汇付方式结算。这种做法是指由进口方先开立信用证支付货款的一部分,待交货之后,进口方检验货物品质无误,再以汇付方式将余款付清。该方式可用于进出口矿砂等初级产品。使用时应在买卖合同中明确采用何种信用证以及何种汇付方式,并规定信用证方式和汇付方式结算各自的比例是多少。

② 先汇付部分货款,待出口商发货时,进口方开立信用证支付余款。该方式主要用于有支付订金环节的交易,双方成交时,进口方以汇付方式支付订金,余款用信用证方式支付。

2. 信用证与托收相结合

这种方式是指部分货款用信用证方式支付,余款用托收方式结算。在该方式下,出口方须开立两张汇票,一张用于信用证方式下,另一张用于托收方式下。属于信用证项下的货款可凭光票付款,而全套单据附随托收汇票项下,按即期或远期付款交单方式支付余款。此外,在信用证中还可以规定,只有在进口方付清了托收项下的汇票金额后,银行方可交单。

3. 汇付与托收相结合

使用这种方式是指由进口商先用汇付方式支付一部分货款作为订金或押金,余款等在出口商出运货物之后以付款交单的方式支付。该方式的好处在于,如果进口方拒付货物的余款,出口方可以将货物运回,并从已收到的货款中扣除来往运费、利息以及合理的损失费用。采用该方式时,可以在合同中订明,出口商装运货物的条件是进口商汇付了一定比例的订金或押金,余款用托收方式下的付款交单结算。只要进口商未付清货款,货物的所有权就仍然归出口商。

4. 汇付、托收和信用证三者相结合

在成套设备、大型机器和交通工具的交易中,因为成交的金额比较大、产品的生产周期较长,一般采取按工程进度和交货进度分若干期付清货款的方式,即分期付款和延期付款方式。其中就运用了汇付、托收和信用证三者相结合的收付方式。

(1) 分期付款(pay by installments)

这是指在产品投产以前,进口方先采用汇付方式支付一部分货款作为订金,余款根据出口方的交货进度分若干期支付。进口方开立不可撤销的即期信用证,一般最后一笔货款是在交货完成或出口方承担的质量保证期满时付清。而货物的所有权在这个时候才转移给进口方。

（2）延期付款（deferred payment）

这是指进口方由于成交金额较大、难以一次付清全部货款,先预付一部分货款,余款在交货后的若干年内分期摊付,即采用远期信用证支付。延期支付的那部分货款实际上是出口商对进口商的一种赊销,是出口商对进口商的一种商业信贷。一般进口商应承担延期付款的利息。在延期付款条件下,货物的所有权在交货时就转移给进口方了。

二、进出口合同中的货款收付条款

国际货物买卖合同中关于货款支付条款的内容,一般是根据所采用的收付方式的不同而有所区别。

（一）汇付方式下的支付条款

The buyer shall pay the total value to the seller in advance by T/T(M/T or D/D) not later than × × × × .

译文:买方应于××年××月××日前将全部货款用电汇(信汇,票汇)方式汇付给卖方。

（二）托收方式下的支付条款

1. 即期付款交单

Upon first presentation the buyer shall pay against documentary draft drawn by the seller at sight. The shipping documents are to be delivered against payment only.

译文:买方应凭卖方开立的即期跟单汇票于见票时立即付款,付款后银行交单。

2. 远期付款交单

The buyer duly accept the documentary draft drawn by the sellers at × × days upon first presentation and make payments on its maturity. The shipping documents are to be delivered against payment only.

译文:买方对卖方开立的见票后××天付款的跟单汇票于提示时承兑,并于汇票到期日付款,付款后银行交单。

3. 承兑交单

The buyer duly accept the documentary draft drawn by the seller at × × days sight upon first presentation and make payments on its maturity. The shipping documents are to be delivered against acceptance.

译文:买方对卖方开立的见票后××天付款的跟单汇票于提示时承兑,并于汇票到期日付款,承兑后银行交单。

（三）信用证方式下的支付条款

The buyer shall open through a bank accept by the sellers an irrevocable sight L/C to reach the seller × × days before the month of shipment, valid for negotiation in China until the 30th day after the month of shipment.

译文:买方应通过卖方认可的银行于装运月份前××天开立不可撤销的即期信用证,并送达卖方,信用证有效期至装运后第30天,在中国议付。

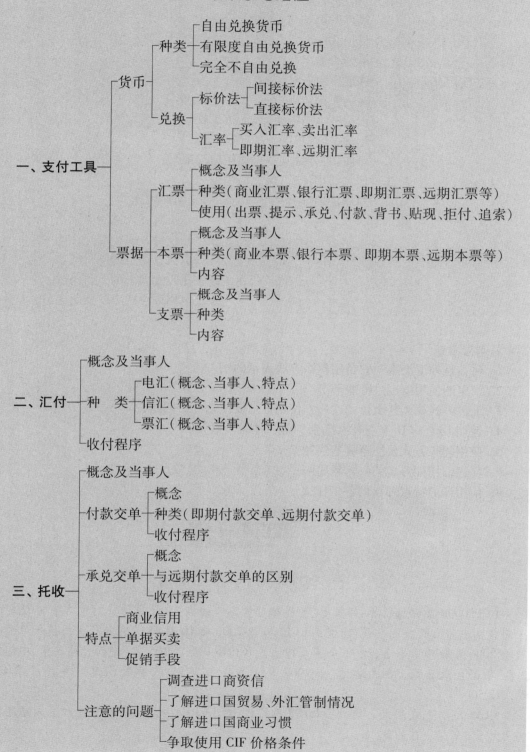

一、支付工具
├─ 货币
│　├─ 种类
│　│　├─ 自由兑换货币
│　│　├─ 有限度自由兑换货币
│　│　└─ 完全不自由兑换
│　└─ 兑换
│　　├─ 标价法
│　　│　├─ 间接标价法
│　　│　└─ 直接标价法
│　　└─ 汇率
│　　　├─ 买入汇率、卖出汇率
│　　　└─ 即期汇率、远期汇率
└─ 票据
　├─ 汇票
　│　├─ 概念及当事人
　│　├─ 种类（商业汇票、银行汇票、即期汇票、远期汇票等）
　│　└─ 使用（出票、提示、承兑、付款、背书、贴现、拒付、追索）
　├─ 本票
　│　├─ 概念及当事人
　│　├─ 种类（商业本票、银行本票、即期本票、远期本票等）
　│　└─ 内容
　└─ 支票
　　├─ 概念及当事人
　　├─ 种类
　　└─ 内容

二、汇付
├─ 概念及当事人
├─ 种　类
│　├─ 电汇（概念、当事人、特点）
│　├─ 信汇（概念、当事人、特点）
│　└─ 票汇（概念、当事人、特点）
└─ 收付程序

三、托收
├─ 概念及当事人
├─ 付款交单
│　├─ 概念
│　├─ 种类（即期付款交单、远期付款交单）
│　└─ 收付程序
├─ 承兑交单
│　├─ 概念
│　├─ 与远期付款交单的区别
│　└─ 收付程序
├─ 特点
│　├─ 商业信用
│　├─ 单据买卖
│　└─ 促销手段
└─ 注意的问题
　├─ 调查进口商资信
　├─ 了解进口国贸易、外汇管制情况
　├─ 了解进口国商业习惯
　└─ 争取使用 CIF 价格条件

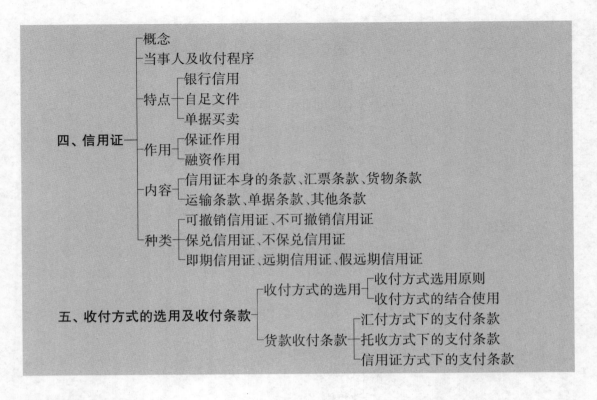

本章复习思考题

1. 什么是外汇汇率？它是用什么方法表示的？
2. 汇票的使用要经过哪些环节？
3. 汇付方式属于什么信用性质？使用汇付要注意什么问题？
4. 远期 D/P 与 D/A 有什么区别？哪一种风险更大？
5. 使用托收方式要注意哪些问题？
6. 简述信用证方式的收付程序。
7. 信用证的特点和作用各是什么？

知识扩充

一、UCP600 与 UCP500 的区别

UCP500 是国际银行界、律师界、商界都自觉遵守的准则，是最为成功的非官方规定。由于时代的进步和科技的发展，新惯例 UCP600 于 2006 年 10 月 25 日在 ICC 银行技术与惯例委员会 2006 年秋季例会上，经 71 个国家和地区 ICC 委员会以 105 票（中国大陆 3 票、中国香港 2 票、中国台北 2 票）赞成通过，于 2007 年 7 月 1 日实施，代替我们遵守并使用了 13 年的 UCP500。

UCP600 首先在形式上参照了 ISP98 的格式，对 UCP500 的 49 个条款进行了大幅度的调整及增删，变成现在的 39 条。

UCP600 在内容上有五个方面的变化：

1. 增加了专门的定义条款,体现了 UCP600 细化规定的精神,对一些术语作出定义不仅可以使概念明晰,从而有利于条款的理解与适用,而且可以解决一些地方法律适用的问题;引入了"Honour"(兑付)的概念;改进了议付的定义。

2. 约定了解释规则,摒弃了可撤销信用证。

3. 开证行、保兑行及指定银行的责任更清晰、确定,规范了第二通知行的做法。

4. 银行的审单标准更为明确,将审单时间从"不超过 7 个工作日的合理时间"改为"最多不超过 5 个银行工作日";明确了交单期限的适用范围;将单据与信用证相符的要求细化为单内相符、单单相符、单证相符。

5. 将银行处理不符单据的选择增加到四种:①持单听候交单人的处理;②持单直到开证申请人接受不符单据;③径直退单;④依据事先得到交单人的指示行事。

二、中国人民银行 2010 版银行票据凭证格式、要素内容的调整

中国人民银行 2011 年 2 月 24 日发布第 2 号公告,为提高银行票据凭证的防伪性能,保证票据的流通和安全使用,自 2011 年 3 月 1 日起启用 2010 版银行票据凭证。

新版票据凭证格式、要素内容的调整如下:

(一)支票。取消小写金额栏下方支付密码框,调整为密码和行号填写栏(现金支票只有密码栏);将"本支票付款期限十天"调整为"付款期限自出票之日起十天";存根联"附加信息"栏由三栏缩减为两栏,相应扩大收款人填写栏;背面缩小附加信息栏,背书栏由一栏调整为两栏;"附加信息"栏对应的背面位置加印温馨提示"根据《中华人民共和国票据法》等法律法规的规定,签发空头支票由中国人民银行处以票面金额 5% 但不低于 1000 元的罚款"。

(二)汇票。取消银行汇票收款人账号;小写金额栏增加亿元位;将左上角"付款期限壹个月"调整为"提示付款期限自出票之日起壹个月",并移至票据左边款处;企业名称改印在票据背面左边款;银行承兑汇票票面右下框增加密押栏。

(三)本票。增加小写金额栏;将左上角"付款期限贰个月"调整为"提示付款期限自出票之日起贰个月",并移至票据左边款处;企业名称改印在票据背面左边款;金额栏右下方增加密押栏和行号填写栏。

第七章　进出口贸易纠纷的预防和处理

在进出口贸易中，无论通过哪种贸易方式达成的交易，买卖双方交易的商品，一般都要经过检验，以确定所交货物是否与合同相符。在履约过程中，如果合同没有履行，或履约中一方出现违约情况，致使对方蒙受经济损失。则受损害方有权采取各种必要的救济方法。这就会产生索赔、理赔与处理纠纷的问题。针对合同订立后可能出现的这些问题，当事人在订立买卖合同时。即约定不可抗力、检验、索赔和仲裁条款，以明确处理争议的依据和办法。

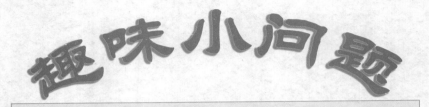

　　我 A 公司与英国 B 公司于某年 5 月通过函电签订了一份分批装运出口合同，由 A 向 B 出售化工原料。双方在合同中订明："价格条款为 CFR 伦敦，包装条款为适合于海运性质的包装，索赔条款是货物到达目的港后，数量与规格问题应于 15 天之内，质量问题应于 90 天之内，买方须凭经卖方同意的检验人的证明向卖方提出索赔要求。"A 公司 7 月发货，船方出具了清洁提单。货到目的港后，B 公司发现货物有部分袋子破损，于是，单方面聘请欧洲某公证行检验货物，出具的证明表明破损原因是由于托盘木条强度不够，不适宜海上运输所至。据此，B 公司在索赔期限内两次发传真给 A 公司提出索赔。试问，什么是索赔呢？A 公司又应如何处理？（你可以在后面的学习中找到答案）

第一节　进出口贸易的商品检验

按照国际上有关货物买卖的法律及国际贸易惯例的规定,买方享有对货物的检验权。买方收到卖方交付的货物若与合同中规定的品质、数量和包装不相符,就可向卖方追究违约责任。因此,买方收到了货物并不等于接受货物。而买方声称的收到货物与合同不符时,卖方往往不予承认其交货与合同不符。为了辨明卖方所交货物是否与合同符合,就需要一个公正的第三方(商品检验机构)作出公证,即进行商品检验。由此可见,商品检验是进出口贸易中不可缺少的一个重要环节。

一、商品检验的概念

(一)商品检验的概念

商品检验(commodity inspection)简称商检,是指在进出口贸易中,对卖方交付给买方货物的品质、规格、数量和包装进行检验,以确定合同的标的是否符合合同规定。商品检验分为法定检验和公证鉴定两种。

(二)法定检验和公证鉴定

法定检验(legal inspection)是指依照国家法律,由授权的检验机构对法律规定必须检验的商品,按法律规定的程序进行检验,经检验合格并签发证明书后,才允许商品进口和出口。

实施法定检验的范围包括:

① 对列入我国《商检机构实施检验商品种类表》(以下简称《种类表》)的进出口商品的检验;

② 对出口食品的卫生检验;

③ 对出口危险货物包装容器的性能鉴定和使用鉴定;

④ 对装运出口易腐烂变质食品、冷冻品的船舱、集装箱等运载工具的适载检验;

⑤ 对有关国际条约规定必须经商检机构检验的进出口商品的检验;

⑥ 对其他法律、行政法规规定必须经商检机构检验的进出口商品的检验。

小知识

《商检机构实施检验商品种类表》是由中华人民共和国进出口商品检验局(CCIB)每隔一段时间进行调整、发布的。该表以《商品名称及编码协调制度》为基础,参照1994年版《中华人民共和国海关统计商品目录》的商品名称、8位数编码和计量单位编制。表中"检验类别"项下的"A"表示进口时应实施法定检验,"B"表示出口时应实施法定检验。

公证鉴定(super intending and surveying services)是指商检机构和国家商检部门、商检机构指定的检验机构、经国家商检部门批准的其他检验机构接受对外贸易关系人(通常指出口商、进口商、承运人、保险人，以及出口商品的生产、供货部门和进口商品的收货、用货部门、代理接运部门等)以及国内外有关单位的委托，办理规定范围内的进出口商品鉴定业务。

公证鉴定的范围包括：进出口商品的品质、数量、重量、海损鉴定、集装箱及集装箱货物鉴定、进口商品的残损鉴定、出口商品的装运技术条件鉴定、货载衡量、产地证明、价值证明以及其他业务。

公证鉴定不同于法定检验。公证鉴定最突出的特点是凭进出口商品经营者或有关关系人的申请和委托而进行的进出口商品的检验和鉴定；法定检验则是根据国家有关法律、法规的规定，对进出口商品实施强制性检验。

二、商品检验的一般过程

商品检验的一般过程为：报检→抽样→检验→签证。

(一) 报检

在进出口贸易中，有关当事人要求对成交商品进行检验，先要向检验检疫机构提出申请，申请的手续分以下三种：

① 出口检验申请：出口商一般应在商品发运前 7 至 10 天向商检机构报检。报检时要填写"出境货物报检单"，并提供合同、信用证、发票等有关单证。

② 进口检验申请：进口商一般应在合同规定的对外索赔有效期的 1/3 时间内向检验检疫机构报验。报检时要填写"入境货物报检单"，并附合同、发票、运输单据、品质证书、装箱单、收货通知书等。

③ 委托检验申请：填写"报检委托书"并自送样品。检验结果一般不得用作对外成交或索赔的依据。

(二) 抽样

抽样是检验的基础，除委托报检外，一般不得由报检人送样。必须由检验检疫机构自行抽样，并由抽样员当场发给"抽样收据"。

(三) 检验

检验是检验检疫机构的中心工作，如果检验不认真，就会影响检验结果的准确性。因此，检验检疫机构要在抽样的基础上，对商品进行准确、迅速的检验。

(四) 签证

检验检疫机构在对商品进行检验合格后，向有关当事人签发证明商品符合合同规定的检验检疫证书。

三、商品检验的时间和地点

检验时间和地点是指在何时、何地行使对货物的检验权。所谓检验权，是指买方或卖方有权对所交易的货物进行检验，其检验结果即作为交付与接受货物的依据。检验时间和地点关系着买卖双方的切身利益，是交易双方商定检验条款的核心所在。

在进出口贸易中,关于商品检验时间和地点的规定,基本做法有三种:

1. 在出口国检验

在出口国检验可分为产地或工厂检验、装船前或装船时检验两种。如果装船前或装船时在装运港检验,由双方约定的检验检疫机构验货后出具检验证明,作为买方接受货物的依据,这种做法被称为"以离岸品质和重量(或数量)为准"(shipping quality,weight or quantity as final)。货物运抵目的港(地)后,买方无复验权。

2. 在进口国检验

在进口国检验可分为目的港(地)检验、买方营业处所或最终用户所在地检验两种。如果在目的港(地)检验,由双方约定的目的港(地)的检验检疫机构验货后出具检验检疫证书,作为买方接受货物的依据,这种做法被称为"以到岸品质和重量(或数量)为准"(landing quality,weight or quantity as final)。如果检验检疫证书证明货物与合同规定不符合,则卖方应承担相应责任。

3. 在出口国检验,在进口国复验

这种做法是以出口国装运港(地)的检验证书作为卖方收取货款的依据,货到进口国目的港(地)后,买方行使复验权。若在进口国验货后发现货物不符合合同规定,并证明这种不符合不属于承运人或保险公司的责任范围,买方可在规定的时间内凭复验证书向卖方提出异议和索赔。这种做法对买卖双方都有好处,而且比较公平合理,因此,在进出口贸易中被广泛使用。

小案例

我方某公司与新加坡公司以 CIF 新加坡的条件出口一批货物。订约时,我公司已知道该批货物要转销美国。该货物到新加坡后,立即被转运至美国。其后新加坡的买主凭美国商检机构签发的在美国检验的证明书,向我提出索赔。试问:对于我方公司来说,美国的检验证书是否有效?

四、商品检验检疫机构和检验检疫证书

(一)商品检验检疫机构

在进出口贸易中,可供买卖双方选择的商品检验检疫机构有很多。这些检验检疫机构按照组织性质来分,有官方的检验检疫机构和非官方的检验检疫机构。官方的检验检疫机构是指由国家设立的检验检疫机构,非官方检验检疫机构是指由私人或同业公会、协会等开设的检验检疫机构。按照经营业务范围来分,有综合性的检验检疫机构和专业性的检验检疫机构。综合性的检验检疫机构一般能对各种商品进行检验检疫,专业性的检验检疫机构只对某一类商品或特定的商品进行检验检疫。

对商品检验检疫机构的选择要考虑三个基本条件:一是商检检疫机构与买卖双方没有利害关系;二是商检检疫机构要有足够的检验能力和检验设备;三是商检检疫机构办事公平合理,有良好的声誉。

在我国,主管全国出入境商品检验检疫的机构是中华人民共和国国家出入境商品检验检疫局及其设在各地的分支机构。

为了改善我国社会主义市场经济下的质量管理体制,充分发挥质量监督和检验检疫的作用,以适应我国加入 WTO 和同国际接轨的需要,2001 年 4 月国务院宣布将原国家质量技术监督局与国家出入境检验检疫局合并,成立了中华人民共和国国家质量监督检验检疫总局(General Administration of Quality Supervision, Inspection and Quarantine of the People's Republic of China),简称国家质检总局(英文简称为:AQSIQ)。

(二)检验检疫证书

检验检疫证书(inspection certificate)是检验检疫机构对进出口商品进行检验检疫、鉴定后签发的书面证明文件。进出口贸易中常见的检验检疫证书有:

① 品质检验证书(inspection certificate of quality);

② 重量检验证书(inspection certificate of weight);

③ 数量检验证书(inspection certificate of quantity);

④ 包装检验证书(inspection certificate of packing);

⑤ 兽医检疫证书(veterinary inspection certificate);

⑥ 卫生检验证书(sanitary inspection certificate);

⑦ 消毒检验证书(disinfection inspection certificate);

⑧ 熏蒸检验证书(inspection certificate of fumigation);

⑨ 温度检验证书(certificate of temperature);

⑩ 残损检验证书(inspection certificate of damaged cargo);

⑪ 船舱检验证书(inspection certificate of tank/hold);

⑫ 价值检验证书(certificate of value)。

在实际业务中,买卖双方应根据成交货物的种类、性质、有关国家的法律和贸易惯例来确定应取得哪种商品检验检疫证书,并在合同中加以规定。

五、合同中的检验检疫条款

买卖合同中的检验检疫条款的内容一般包括:有关复验权的规定,检验或复验时间和地点;检验检疫机构,检验项目和检验检疫证书等。具体条款如何订立,举例如下:

It is mutually agreed that the certificate of quality and weight (quantity) issued by the China Import and Export Commodity Inspection Bureau at the port of shipment shall be part of the documents to be presented for negotiation under the relevant L/C. The Buyer shall have the right to re-inspect the quality and weight (quantity) of the cargo. The re-inspection fee shall be borne by the Buyer. Should the quality weight (quantity) be found not in conformity with that of the contract, the Buyer is entitled to lodge with the Seller a claim which should be supported by survey reports issued by a recognized surveyor approved by the Seller. The claim, if any, shall be lodged within. . . days after arrival of the cargo at the port of destination.

译文:买卖双方同意以装运港中国出入境商品检验检疫局签发的品质和重量(数量)检验证书作为信用证项下议付所提交的单据的一部分,买方有权对货物的品质和重量(数量)进行复验,复验费由买方负担。但若发现品质和重量(数量)与合同规定不符时,买方有权向卖方索赔,并提供经卖方同意的公证机构出具的检验报告。索赔期限为货物到达目的港后××天内。

第二节　进出口贸易的索赔、理赔

进出口贸易涉及的面很广,情况复杂多变,在履约过程中,如一个环节出问题,就可能影响合同的履行,加之市场情况千变万化,如出现对合同当事人不利的变化,就可能导致一方当事人违约或毁约,而给另一方当事人造成损害,从而导致索赔与理赔,甚至引起争议。

一、违约责任

进出口贸易合同是确定买卖双方权利与义务的法律文件。任何一方当事人如不履行合同义务,或者履行合同义务时不符合约定的,这就在法律上构成了违约行为,违约一方应当承担继续履行、采取补救措施或者赔偿损失等违约责任。

根据各国法律和国际条约的规定,不同性质的违约行为,其承担的责任是不同的,但基本上可分为两类:一方当事人违约,以致另一方无法取得该交易的主要利益,则是"重大违约"(material breach)。在此情况下,受损害的一方有权解除合同,并要求损害赔偿。如果一方违约,情况较为轻微,并未影响对方在该交易中取得的主要利益,则为"轻微违约"(minor breach),受损害的一方只能要求损害赔偿,而无权解除合同。

二、索赔与理赔

(一)索赔与理赔的概念

索赔(claim)是指受损害的一方要求违约方赔偿的行为。违约方对索赔的处理行为称作理赔(settlement of claim)。因此,索赔与理赔是一个问题的两个方面,即在受损害方是索赔,在违约方是理赔。受损害方对违约方提出索赔,是各国法律中都赋予的权利,而且各国法律对受损害方的权利主张也都有规定。但如何提出索赔,根据交易的具体特点仍需在合同中加以规定,使法律对索赔的保障有更具体的依据。

进出口贸易中的索赔的对象有三个:一是买卖双方之间的贸易索赔,二是向承运人的运输索赔,三是向保险公司的保险索赔。

(二)索赔依据

索赔依据包括法律依据和事实依据两个方面。前者是指买卖合同和适用的法律规定,后者则是指违约的事实、情节及其书面证明。

(三)索赔期限

索赔期限是指受损害方有权向违约方提出索赔的期限。按照法律和国际惯例,受损害方只能在一定的索赔期限内提出索赔,否则即丧失索赔权。索赔期限有约定与法定之分。约定的索赔期限是指买卖双方在合同中明确规定的索赔期限;法定索赔期限则是指根据有关法律受损害方有权要求损害赔偿的期限。约定索赔期限的长短,须视买卖货物的性质、运输、检验的繁简等情况而定。法定索赔期限则较长,比如《联合国国际货物销售合同公约》中规定,自买方实际收到货物之日起两年之内。由于法定索赔期限只有在买卖合同中未约定索赔期限时才起作用,而且在法律上,约定索赔期限的效力可超过法定索赔期限,因此,在买卖合同中针对交易的具体情况,规定合理、适当的索赔期限是十分重要的。

(四)索赔金额

索赔金额是指受损害方向违约方索取损害赔偿的金额。违约后,确定损害赔偿金额的原则是:

① 赔偿金额应与因违约而遭受的包括利润在内的损失额相等。

② 赔偿金额应以违约方在订立合同时能预料到的合理损失为限。

③ 由于受损害方未采取合理措施造成的有可能减轻而未减轻的损失,应在赔偿金额中扣除。

三、合同中的索赔条款

进出口货物买卖合同中,索赔条款有两种规定方式:一种是罚金条款,另一种是异议与索赔条款。

(一)罚金条款

罚金条款(penalty clause)也称违约金条款(liquidated damage clause),该条款较多使用于卖方延期交货或买方延期开立信用证和延期接货等场合。罚金的大小一般与违约时间的长短相对应,并按合同金额的百分比来确定。罚金支付后,并不意味着可以解除继续履行合同的义务。

Should the Buyers for its own sake fail to open the letter of credit of time stipulated in the contract, the Buyers shall pay a penalty to the Sellers. The penalty shall be charged at the rate of . . . % of the amount of the Letter of Credit, however, the penalty shall not exceed . . . % of the total value of the Letter of Credit which the Buyers should have opened. Any fractional days less than. . . days shall be deemed to be. . . days for the calculation of penalty. The penalty shall be the sole compensation for the damage caused by such delay.

译文:买方因自身原因不能按合同规定的时间开立信用证,应向卖方支付罚金。罚金按迟开证每×天收取信用证金额的×%,不足×天者按×天者计算,但罚金不超过买方应开信用证金额的×%。该罚金仅作为因迟开信用证引起的损失赔偿。

(二)异议与索赔条款

异议与索赔条款,一般是针对卖方交货品质、数量或包装不符合合同规定的情况而订立的。内容除规定如一方违反合同另一方有权索赔外,还包括索赔依据、索赔期限、索赔金额及索赔的处理方法等。

Any claim by the Buyers regarding the goods shipped shall be filed within 30 days after arrival of the goods at the port of destination specified in the relative Bill of Lading and supported by a survey report issued by a surveyor approved by the Seller.

译文:买方对装运货物的任何索赔,必须于货到提单规定的目的港 30 天内提出,并须提供经卖方同意的公证机构出具的检验报告。

四、索赔与理赔应注意的问题

在实际业务中,正确处理索赔与理赔是一项维护国家和企业权益和信誉的重要工作。因此必须谨慎从事,认真对待。

(一)索赔应注意的问题

1. 明确责任方

因为在事务中,造成货物损失的原因有很多种,责任方也不止一个。只有明确责任方,才能有效索赔。

2. 备齐索赔凭证

索赔时,必须按合同规定向违约方提供索赔证明,同时,出证机构也应符合合同的规定,这样才有充足的理由索赔。

3. 注意索赔的有效期

因为一旦逾期索赔,违约方就有权拒赔。如果估计在有效期内不能做好检验工作,应及时向对方要求延长索赔期,并抓紧时间检验,以免影响行使索赔权。

4. 严格按合同规定的办法索赔

合同如果明确规定赔偿方法,受损害方必须按合同规定索赔。赔偿金额也应以实事求是的原则在正确计算受损价值的基础上合理确定。

(二)理赔应注意的问题

1. 认真检查受损原因,明确责任方

在对方提出索赔时,理赔方首先应分析受损原因,明确造成损失的实际责任确属本方责任后,再行理赔。

2. 仔细审查对方的索赔依据

审查其索赔证明及出证机构是否符合合同规定,索赔的理由是否充足,是否超过索赔的有效期限等。如确实不该理赔的,应依据事实向对方说明拒赔理由。

3. 合理制定理赔方案

在明确为己方责任、对方索赔依据也很充足的情况后,应合理确定对方损失,实事求是地给予赔偿。

小案例

我国某进出口公司以 CIF 鹿特丹条件出口食品 1000 箱,即期信用证付款,货物装运后,凭已装船清洁提单和已投保一切险和战争险的保险单,向银行收妥货款。货到目的港后,经进口方复验发现下列情况:①该批货物共 10 个批号,抽查 20 箱,发现其中 1 个批号,即 100 箱内出现沾污现象;②收货人实收 998 箱,短少 2 箱;③有 15 箱货物外表良好,但箱内货物共短少 60 千克。根据以上情况,进口方应当分别向谁索赔?

国际贸易实务

第三节　进出口贸易中的不可抗力

进出口货物买卖合同成立以后，有时客观情况会发生非当事人所能控制的重大变化，使之失去原有履行合同的基础，对此，法律可以免除未履行或未完全履行合同一方对另一方的责任，这就是免责。在实际业务中，要判断哪些事件可以构成当事人有权免责，有时是很困难的，各国法律的解释也并不一致，因此，为了防止产生不必要的纠纷，维护当事人的各自权益，通常在买卖合同中订立不可抗力条款。

一、不可抗力的含义

（一）不可抗力的概念

不可抗力（force majeure）是指在合同签订后，发生了不是由于任何一方当事人的过失或疏忽，当事人既不能预见和预防，又无法避免和克服的意外事件。在此种情况下，合同不能履行或不能按期履行，遭受意外事件的当事人可免除其不履行或不按期履行合同的责任。这些意外事件称作不可抗力。因此，不可抗力条款是一种免责条款。

（二）不可抗力的认定

一项致使合同不能履行或不能按期履行的意外事件能否被视为不可抗力，不是由当事人说了算的，而是要看该项事件是否符合构成不可抗力的三个条件：

① 意外事件是在签订合同之后发生的。

② 不是由于任何一方当事人的过失或疏忽造成的。

③ 意外事件是当事人不能预见和预防，又无法避免和克服的。

一项意外事件必须同时满足这三项条件才能被视作不可抗力。

不可抗力事件的原因有两类：一类是自然原因引起的，如：水灾、火灾、雪灾、暴风雨、地震等；另一类是社会原因引起的，如：战争、罢工、政府宣布某些商品不许进口的禁令等。但不能错误地认为，所有自然原因和社会原因引起的事件，都属于不可抗力。对于不可抗力的认定必须慎重，并与诸如商品价格波动、汇率变化等正常的贸易风险严格区别开来。至于哪些属于不可抗力，国际上并无统一的解释，各国法律一般都允许当事人对不可抗力的范围通过在合同中订立不可抗力条款自行商定。

二、不可抗力的处理

不可抗力发生后，对合同的处理主要有两种方式：一种是解除合同；另一种是延迟履行合同。至于在什么情况下可以解除合同，在什么情况下不能解除合同而只能延迟合同的履行，要看不可抗力对履行合同的影响，也可以由双方当事人在合同中加以规定。一般的解释是：如果不可抗力使合同的履行成为不可能，则可解除合同；如果不可抗力只是暂时阻碍了合同的履行，则只能延迟履行合同，以减少另一方的损失。

三、合同中的不可抗力条款

（一）订立不可抗力条款的意义

"不可抗力"这一术语在进出口贸易中被普遍采用，并被许多国家作为一项重要的法律规则。《联合国国际货物销售合同公约》和我国涉外经济法都规定：当事人因不可抗力事件不能履行合同的全部或部分义务的，免除其全部或部分责任。因此，不可抗力条款属于免责条款。在合同中订立不可抗力条款，就是为了确定违约当事人免责的合法性。

（二）不可抗力条款的基本内容

买卖合同中的不可抗力条款一般包括：不可抗力的范围，对不可抗力的处理原则和方法，不可抗力发生后通知对方的期限和方法，以及出具证明文件的机构等。

1. **不可抗力的范围**

关于不可抗力事故的范围，应在合同中定明，通常有以下三种规定方法：

（1）概括式

在合同中不具体规定哪些事件属于不可抗力事件，而只是笼统地规定："由于公认的不可抗力的原因，致使卖方不能交货或延迟交货，卖方不负责任"；或"由于不可抗力事件使合同不能履行，发生事件的一方可据此免除责任"。这类规定办法，过于笼统，含义模糊，解释伸缩性大，容易引起争议，一般不宜采用。

（2）列举式

在合同中详列不可抗力事件，这种一一列举的办法，虽然明确具体，但文字繁琐，且不能出现遗漏情况，因此，也不是最好的办法。

（3）综合式

列明经常可能发生的不可抗力事件（如：战争、洪水、地震、水灾等）的同时，再加上"以及双方同意的其他不可抗力事件"的文句。这种规定办法，既明确具体，又有一定的灵活性，是一种可取的办法。在我国的进出口合同中，一般都采用这种规定办法。

2. **不可抗力的通知和证明**

不可抗力事件发生后如影响合同履行时，发生事件的一方当事人，应按约定的通知期限和通知方式，将事件情况如实通知对方，对方在接到通知后，应及时答复，如有异议也应及时提出。此外，发生事件的一方当事人还应按约定办法出具证明文件，作为发生不可抗力事件的证据。在国外，这种证明文件一般由当地的商会或法定公证机构出具。在我国，这是由中国国际贸易促进委员会（China Council for the Promotion of International Trade，简称 CCPIT）出具的。

（三）不可抗力条款示例

If the shipment of the contract goods is presented or delayed in whole or in partly reason of war, earthquake, flood, fire, storm, heavy snow or other cause of Force Majeure, the Sellers shall not be liable for non-shipment or late shipment of the goods of this contract. However, the Sellers shall notify the Buyers by cable or telex and furnish the lettle within 15 days by registered airmail with certificate issued by the CCPIT attesting such event or events.

译文：如果由于战争、地震、水灾、火灾、暴风雨、雪灾或其他不可抗力的原因,致使货物不能装运或延迟装运,卖方对由此给买方造成的损失不负责任。但卖方需用电报或电传通知买方,并须在15天内以航空挂号信件向买方提交由中国国际贸易促进委员会出具证明此类事件的证明书。

小案例

美国一公司与中东一公司于10月20日订立买卖合同,美公司出售200公吨花生,每公吨180美元,价格条款为CIF汉堡,卖方应于同年11月至12月装船。后因海湾战争爆发,苏伊士运河被封锁,不能通航,但可绕道好望角。因路程增加,每公吨将增加运费15美元。因此,卖方以不可抗力为由拒绝装船,宣告合同终止。请问:卖方是否有权单方面终止合同?为什么?

第四节 仲裁

一、仲裁是解决争议的一种重要的方式

在进出口贸易中,情况复杂多变,买卖双方签订合同后,由于各种原因,使合同没有履行,从而引起交易双方之间的争议。解决争议的途径有下列几种:

(一) 友好协商

友好协商(amicable negotiation)是指争议发生后,双方心平气和地研究解决争议的办法并经协商达成一致。因此,友好协商是较理想的解决争议的方式。

(二) 调解

调解(conciliation)是指请专门的调解机构派员居间调停。由于调解人员是专业人员,对贸易争议的解决富有经验,一般能提出比较权威的意见,因此双方也比较乐意接受。

(三) 仲裁

仲裁(arbitration)是指买卖双方达成协议,自愿将有关争议交给双方同意的仲裁机构裁决,裁决对双方有约束力。

进出口贸易中的争议,如友好协商、调解都未成功而又不愿意诉诸法院解决,则可采用仲裁办法。仲裁已成为解决进出口贸易争议广泛采用的一种行之有效的重要方式。

仲裁的优势在于其程序简便、结案较快、费用开支较少,能独立、公正和迅速地解决争议,给予当事人以充分的自治权。它还具有灵活性、保密性、终局性和裁决易于得到执行等优点,因而为越来越多的当事人所选择并采用。

（四）诉讼

诉讼（litigation）是指一方当事人向法院起诉，控告另一方当事人有违法违约行为，要求法院对其依法给予救济，并对另一方当事人进行惩处。

诉讼具有下列特点：

① 诉讼带有强制性，只要一方当事人向有管辖权的法院起诉，另一方就必须应诉，争议双方都无权选择法官。

② 诉讼程序复杂，处理问题比仲裁慢。

③ 诉讼处理争议，双方当事人关系紧张，不利于今后贸易关系的继续发展。

④ 诉讼费用较高。

二、仲裁协议的形式和作用

仲裁协议是双方当事人自愿将他们之间的争议提交仲裁机构解决的一种协议。

（一）仲裁协议的形式

仲裁协议必须是书面的。它有两种形式。

1. 合同中的仲裁条款

这是指在争议发生之前，合同双方当事人在买卖合同中订立的仲裁条款。

2. 提交仲裁协议

这是指由双方当事人在争议发生之后订立的同意将争议提交仲裁的协议。

仲裁协议的形式虽然不同，但法律作用和效力是相同的。

（二）仲裁协议的作用

按照我国和多数国家的仲裁法的规定，仲裁协议的作用主要表现为以下三个方面：

1. 表明双方当事人在发生争议时自愿提交仲裁

仲裁协议约束双方当事人在友好协商、调解不成时，只能以仲裁方式解决争议，不得向法院起诉。

2. 使仲裁机构取得对争议案件的管辖权

任何仲裁机构都无权受理没有仲裁协议的案件，这是仲裁的基本原则。

3. 可排除法院对争议案件的管辖权

世界上绝大多数国家的法律都规定法院不受理争议双方订有仲裁协议的争议案件。

上述三个方面的作用是互相联系、不可分割的。

三、仲裁形式和机构

（一）仲裁形式

仲裁有临时仲裁和机构仲裁两种形式。

1. 临时仲裁

临时仲裁是指由争议双方共同指定的仲裁员自行组织成临时仲裁庭所进行的仲裁。临时仲裁庭是为审理某一具体案件而组成的,案件审理完毕,仲裁庭自行解散。现今的仲裁起源于临时仲裁。

2. 机构仲裁

机构仲裁是指向一个由双方当事人约定的常设仲裁机构提出申请,并按照这个仲裁机构的仲裁规则或双方选定的仲裁规则进行的仲裁。所谓常设仲裁机构是指根据一国的法律或者有关规定设立的,有固定名称、地址、仲裁员设置并具备仲裁规则的仲裁机构。仲裁规则是规定进行仲裁的程序和具体做法,例如,如何申请仲裁,如何答辩、反请求,如何指定仲裁员,如何审理,如何作出裁决和裁决的效力等。仲裁规则为仲裁机构、仲裁员和争议双方提供了一套进行仲裁的行为准则。

一般来说,双方当事人约定由哪家常设仲裁机构仲裁,就应按该机构的仲裁规则进行仲裁。但有的国家也允许双方当事人自由选用他们认为合适的其他仲裁规则。国际商事仲裁大多采用机构仲裁。双方当事人如约定采用仲裁方式解决争议的,应当明确在哪家仲裁机构进行仲裁。

(二)仲裁机构

世界上有很多国家、地区和一些国际组织都设有专门从事处理国际商事仲裁的常设机构。比较重要的有:瑞典斯德哥尔摩仲裁院、瑞士苏黎世商会仲裁院、英国伦敦国际仲裁院、美国仲裁协会、日本国际商事仲裁协会、香港国际仲裁中心以及设在巴黎的国际商会仲裁院等。这些常设的仲裁机构不少与我国仲裁机构已有业务上的联系,在仲裁业务中进行过合作。国际商事仲裁机构一般是民间组织。

我国常设的涉外商事仲裁机构是中国国际经济贸易仲裁委员会,隶属于中国国际贸易促进委员会。该委员会在北京、深圳、上海分别设有分会,它受理争议的范围为产生于国际或涉外的契约性或非契约性的经济贸易争议。

四、仲裁程序

(一)仲裁申请

仲裁申请是仲裁机构立案受理的前提。根据《中国国际经济贸易仲裁委员会仲裁规则》规定,我国仲裁机构受理争议案件的依据是双方当事人的仲裁协议和一方当事人(申请人)的书面申请。申请人提交仲裁申请书时还应附具有关证明文件,如:合同、往来函电等的正本或副本、抄本,并预交规定的仲裁费。

仲裁机构收到仲裁申请书及其附件连同仲裁机构的仲裁规则和仲裁员名册各一份,寄送给被诉人。

(二)答辩和反诉

被诉人在收到申诉人的申请书后应根据申请书提出的问题进行答辩,并附上有关证据材料。如被诉人有反诉,应当在收到仲裁申请书之日起45天内提出,并附具有关的证明文件,预交仲裁费用。

(三)仲裁庭的组成

争议案件提交仲裁后,由争议双方指定的仲裁员所组成的仲裁庭进行审理并作出裁决。

我国《仲裁法》规定,仲裁庭可以由三名仲裁员或者一名仲裁员组成。由三名仲裁员组成的,设首席仲裁员。

我国仲裁规则规定,申请人于提交仲裁申请书的同时指定仲裁员,被诉人也应选出一名仲裁员,首席仲裁员由双方当事人共同选定或者共同委托仲裁委员会主任指定。双方当事人指定仲裁员后,即由仲裁员组成仲裁庭,着手对争议案件进行审理。

(四)仲裁审理

仲裁庭一般开庭审理案件,但若通过双方当事人一致决定,也可以不开庭审理,只依据书面文件审理。

若双方当事人在审理前有意请仲裁机构调解,则可由双方当事人所在国的仲裁机构各派人员组成调解委员会,共同进行调解。一旦调解成功,仲裁庭即按照双方当事人达成的和解协议的内容制作裁决书。如果调解失败,则通过仲裁解决。

(五)仲裁裁决

仲裁庭应在案件审理终结之日起45天内作出仲裁裁决书,说明裁决的理由,并由仲裁庭全体仲裁员署名,写上裁决的日期与地点。

我国《仲裁法》与国际上大多数国家的做法一样,对仲裁实行一裁终局的制度。关于仲裁裁决的效力,《中国国际经济贸易促进委员会仲裁规则》明确规定,仲裁裁决是终局的,对双方当事人均有约束力。任何一方当事人均不得向法院起诉,也不得向其他任何机构提出变更仲裁裁决的请求。这是因为仲裁是在双方当事人自愿基础上进行的,由双方当事人自行制定的仲裁机构和仲裁员作出的裁决,理应得到当事人的执行。

五、合同中的仲裁条款

(一)仲裁条款的主要内容

进出口贸易合同的仲裁条款一般包括仲裁地点、仲裁机构和仲裁规则、裁决效力等内容。

仲裁地点与仲裁时所适用的仲裁规则和法律有密切关系,所以确定仲裁地点是个很重要的问题。在我对外商订仲裁条款时,通常首先争取规定在我国仲裁,也可以规定在被申请一方的所在国仲裁,或者规定在双方同意的第三国仲裁;必要时,也可有选择地采用规定在对方所在国进行仲裁。

(二)仲裁条款示例

常见的仲裁条款如下:

All dispute out of performing of, or relating to this contract, shall be settled amicably friendly negotiation. In case no settlement can be reached through negotiation, the case shall then be submitted to...for arbitration, in accordance with its arbitration rules of procedure. The arbitration word is final and forcing upon both parties.

译文:凡因执行本合同所发生的或与本合同有关的一切争议,双方应通过友好协商解决;如果协商不能解决,应提交××国××地××仲裁机构,根据该仲裁机构的仲裁程序规则进行仲裁。仲裁裁决是终局的,对双方都有约束力。

小案例

　　我国某进出口公司与英国某公司以 FOB 价签订进口合同,装货港为伦敦。合同签订后不久,英方通知我方货已备妥,要求我方按时派船接货。然而,在我方安排的船舶前往英港途中,突然爆发中东战争。苏伊士运河被封锁,禁止一切船舶通行,我方船舶只好改变航线绕道好望角航行,增加航行近万公里,到达装运港时已过装运期。这时,国际上的汇率发生变化,合同中的计价货币英镑贬值,英方以我方未按时派船接货为由,要求提高货物价格,并要求我方赔偿由于延期接货而产生的仓储费。对此,我方表示不能接受,双方遂发生争议。如你是我方派出的代表,将如何处理这个问题?

小知识

《承认及执行外国仲裁裁决公约》

　　《承认及执行外国仲裁裁决公约》是在联合国主持下于 1958 年在纽约缔结的,简称《1958 年纽约公约》。其主要内容是要求所有缔结国承认当事人之间订立的书面仲裁协议在法律上的效力,并根据《1958 年纽约公约》的规定和申请执行地的程序,承认和执行外国仲裁裁决。截至 2003 年 1 月,已有 133 个国家参加了这个公约。我国于 1987年 1 月 22 日批准加入该公约,并于 1987 年 4 月 22 日生效。

★★★★★ 本章学习路径 ★★★★★

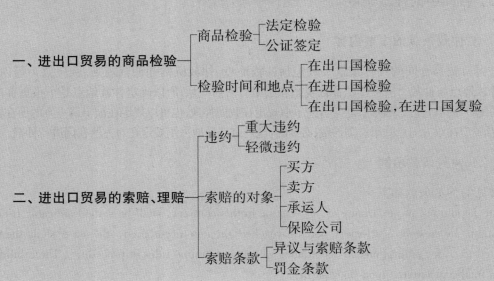

一、进出口贸易的商品检验
- 商品检验
  - 法定检验
  - 公证签定
- 检验时间和地点
  - 在出口国检验
  - 在进口国检验
  - 在出口国检验,在进口国复验

二、进出口贸易的索赔、理赔
- 违约
  - 重大违约
  - 轻微违约
- 索赔的对象
  - 买方
  - 卖方
  - 承运人
  - 保险公司
- 索赔条款
  - 异议与索赔条款
  - 罚金条款

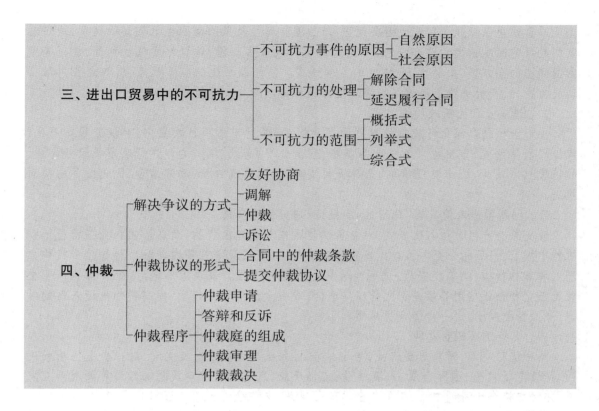

本章复习思考题

1. 简述商品检验的时间与地点的规定方法。
2. 索赔与理赔应注意什么问题？
3. 简述不可抗力认定的条件。
4. 简述仲裁协议的形式与作用。
5. 贸易争议的仲裁一般包括哪些程序？

知识扩充

上海自贸区公布24条检验检疫新政

2015年6月18日，上海出入境检验检疫局（以下简称"上海国检局"）、上海自贸区管委会联合召开新闻发布会，正式发布《上海国检局关于深化检验检疫监管模式改革支持上海自贸试验区发展的意见》。

《意见》共24条，涉及体制机制创新、简政放权、提升贸易便利化水平、服务新兴产业发展、加快互联互通5个方面。

一、创新推出"十检十放"分类监管模式

该模式基于先检后放的传统模式，衍生出通检通放、快检快放、边位边放、空检海放、即检即放、外检内放、少检多放、他检我放、不检就放共十种监管新模式。从最严格的"先检后放"到最宽松的"不检就放"，根据输出国家或地区质量安全状况由差到好，生产企业及收货企业质量安全保障和控制能力由弱到强、产品固有属性及风险类别由低到高的区别,通过对监测数据的深度挖掘和综合分析,建立起信用等级从劣到优、监管力度从松到严、放行速度由慢到快的全方位、多层次、分梯度的监管模式。依托差别化的监管政策,引导企业主动推动质量提升,积极支持上海地区经济转型升级和重点产业布局调整。

二、进一步加大简政放权力度

上海国检局以深化行政审批制度改革为抓手,通过审批项目减量化、审批流程扁平化、审批场所集约化、审批办理智能化等举措,营造公平、高效、统一的口岸行政审批服务环境,并梳理权力清单、公布责任清单、完善负面清单,实现简政放权、放管结合、优化服务的协同推进。

三、创新推出入境货物"先进区,后报检"通关管理模式

改变原有先报检后入区方式,对自贸试验区拟入境进区货物,允许区内企业向检验检疫机构申报后,按照指令至入境口岸提货后直接入区,并在规定时限内向驻区检验检疫机构办理入境货物报检、交单或查验,进一步优化一线验放流程。该政策落地后,配合国检作业全程无纸化和企业信用等级差别化管理措施,将进一步加快通关速度,提高货物进境入区的效率,降低企业成本,进一步提升贸易便利化水平。

四、支持新兴产业发展

集中优势资源,聚焦重要产业,紧密结合上海自贸试验区发展实际,进一步支持生物医药、跨境电子商务、国际会展、入境维修、文化产业、汽车平行进口及总部经济等新兴产业发展,并将支持全球科创中心、质量安全示范区建设,支持检验检测认证机构发展,推动战略新兴产业和制造业健康发展,助力上海加快构建具有地方特色、富有核心竞争力的现代产业体系。

1. 支持文化产业发展方面:对上海自贸试验区内进口文化艺术品(限艺术品整体或部分属 CCC 目录产品)给予无需办理 CCC 认证的特殊监管措施。

2. 支持跨境电子商务发展方面:

(1) 构建符合跨境电子商务发展的体制机制。顺应跨境电子商务健康快速发展的新态势、新要求,按照加快发展与完善管理相结合、有效监管与便利进出相结合的原则,加快建立符合跨境电子商务发展要求的体制机制,出台上海口岸跨境电子商务管理办法,推出涵盖直邮进口、保税进口、出口等业务类型的、适合跨境电子商务行业特点的监管模式与便利化措施。

(2) 建立跨境电子商务清单管理制度。完善跨境电子商务入境物品管理,建立跨境电子商务产品负面清单制度,除负面清单内商品禁止以跨境电子商务形式入境外,全面支持跨境电子商务发展。

(3) 构建跨境电子商务风险监控体系和质量追溯体系。优化进口电商企业和产品的质量安全监管方式,实施线上监测、线下预警的安全管理和风险监测工作机制。制订重点商品和重点项目监管清单,通过现场查验、抽样检测和监督检查等,加强风险监控和预警。充分运用信息化手段,实现跨境电子商务商品"源头可溯、去向可查"。加强与质监部门的合作,建立"风险监测、网上抽查、源头追溯、属地查处"的质量监测机制。

(4) 创新跨境电子商务监管模式。明确电商经营主体的质量安全责任,实行全申报管理,建立责任追溯体系和先行赔付制度。对按国外个人订单出境的跨境电子商务出口商品,

除必要的检疫处理外,不实施检验,对低风险商品审核放行,高风险商品逐步采信第三方检测结果合格放行。对出口跨境电子商务商品实行集中申报、集中办理放行手续,完善以检疫监管为主,基于风险分析的质量安全监督抽查机制。加大第三方检验鉴定结果采信力度,对一般工业制成品,以问题为导向,加强事后监管。对进口跨境电子商务商品实行集中申报、核查放行。对整批入境、集中存放、电商经营企业按订单向国内个人消费者销售的,实施以风险分析为基础的质量安全监管,依据相应产品国家标准的安全卫生项目进行监测,监督电商在尊重消费者个人选择权的同时,标示可能存在的质量安全问题和消费风险。加强事后监管,组织对质量安全问题的调查处理。

(5)是实施跨境电子商务备案管理。对跨境电子商务经营主体及跨境电子商务商品实施备案管理,落实跨境电子商务经营主体商品质量安全主体责任,推动规范跨境电子商务经营秩序,实现质量安全责任可追溯。

(6)支持重点项目建设。促进上海跨境电子商务公共服务平台建设,摆动跨境水果、生鲜等贸易电子商务发展,支持在自贸试验区设立进口水果、生鲜电商综合交易服务平台,推动洋山进境鲜活农产品展贸中心的建设。

3. 平行进口汽车监管方面:支持汽车平行进口。积极参与推动自贸试验区平行进口汽车项目稳步运行;与自贸试验区管委会、市商务委等管理部门共同建立平行进口汽车会商机制;根据国家质检总局、认监委与国务院相关部委对平行进口汽车最新的政策要求,及时落实相关支持举措。

五、进一步加快互联互通

探索实施"互联网 + 国检"战略,全面推进国检信息化建设,积极推进国际贸易单一窗口制度,进一步优化口岸监管执法流程和通关流程。

重点加强同上海市相关政府部门的协作,深化与海关的"三个一"合作,推动与长三角和长江经济带直属国检局进一步协同,实施区域集中审单一体化、企业信用管理一体化、物流监控一体化和货物监管一体化,以此带动长江经济带的出入境检验检疫一体化。

第八章 进出口贸易合同的磋商与签订

　　了解外贸交易的磋商程序,熟悉外贸发盘、接受的相关法律规定是做好外贸磋商工作的基本要求。交易磋商是合同的根据,合同是交易磋商的结果,而合同质量的高低将直接影响合同履行的顺利与否,并会影响国家、企业经济利益的高低。

趣味小问题

作为外贸业务员，你可能每天都会收到很多新的询盘，特别是如果你做了网络推广的话，但是其中有很多是无用或者虚假的询盘。如果是一个真正的客户，你没有认真答复可能会失去交易机会；如果是国内同行，一旦你发了详细的资料或者报价，将会泄漏自己的信息，特别是技术含量比较高的行业，信息泄漏是十分不利的。所以识别真假询盘是必要的。那么，到底应如何识别它们呢？（请学习下面的内容来帮助回答这个问题）

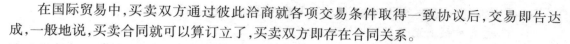

第一节　进出口贸易合同的磋商

在国际贸易中,买卖双方通过彼此洽商就各项交易条件取得一致协议后,交易即告达成,一般地说,买卖合同就可以算订立了,买卖双方即存在合同关系。

一、磋商的形式和内容

交易磋商(business negotiation)是指买卖双方就交易条件进行洽商,以求达成一致协议的具体过程。它是国际货物买卖过程中不可缺少的一个很重要的环节,也是签订买卖合同的必经阶段和法定程序,交易磋商的内容包括各种交易条件,它关系到买卖双方的经济利益。这是因为,交易磋商的结果决定着合同条款的具体内容,从而确定了合同双方的权利和义务,故交易双方对此环节的工作都非常重视。

(一)交易磋商的形式

交易磋商可分为口头形式和书面形式两种。口头磋商主要是指在谈判桌上面对面的谈判,另外还包括双方通过国际长途电话进行的交易磋商。书面磋商主要是指通过信件、电报、电传等通信方式进行的洽谈。目前,企业多采用传真进行磋商,有的企业也用电子邮件(e-mail)进行磋商,但应注意相关法律问题。

(二)交易磋商的内容

涉及拟签订合同的各项条款,其中包括品名、品质、数量、包装、价格、装运、保险、支付、商检、索赔、仲裁和不可抗力等。在实践中,商检、索赔、仲裁和不可抗力条款通常会作为一般交易条件(general terms and conditions)印在合同中,只要对方没有异议,就不必逐条重新协商。另外,老客户之间也有一些习惯做法,也不需逐条协商。这都可缩短洽商时间。

交易磋商的内容,不仅包括商务和技术方面的问题,也包括法律和政策问题,它是一项政策性、策略性、技术性和专业性很强的工作,这就要求参加此项工作的人员必须具有较高的政策水平、丰富的商品知识以及有关商务、法律和金融等方面的专业知识,尤其是要切实掌握有关合同法方面的基本知识,因为在交易磋商过程中,实际上是对上述各种知识的综合运用,而且运用本身又是一种艺术,可见,参加交易磋商的人员除应具备多方面的基础知识外,还应该善于不动声色将原则性和灵活性结合起来,采取灵活机智的策略和洽谈技巧。这样,才能立于不败之地,从而使交易磋商达到预期的最佳效果。

在国际贸易中,交易磋商是一项很艰难复杂的工作,因为交易双方分属不同的国家或地区,彼此有着不同的社会制度、政治制度、法律体系、经济体制和贸易习惯,有着不同的文化背景、价值观念、信仰和民族习惯而且还有语言和文字沟通方面的困难。

在对外磋商交易过程中,由于交易双方的立场及其领导追求的具体目标各不相同,所以在磋商过程中,往往充满尖锐复杂的利害冲突和反复讨价还价的斗争。实际上,交易磋商是对外开展商务活动的一个重要战役,参加交易磋商人员的任务是,根据购销意图,针对交易

国际贸易实务

对手的具体情况,施展各种行之有效的策略,正确处理彼此间的冲突和矛盾,谋求一致,达成协议。

二、交易磋商前的准备

在交易磋商前,需要准备的事项很多,主要包括以下几个方面:

1. 选配素质较高的洽谈人员

为了保证洽商交易的顺利进行,事先应选配精明能干的洽谈人员,尤其是对一些大型的和内容复杂的交易,更要组织一个强有力的谈判班子。这个谈判班子,必须包括熟悉商务、技术、法律和财务方面的人员,这些人员应具有较高的整体素质,要善于应战、善于应变、并善于谋求一致,这是确保交易成功的关键。

2. 选择较理想的目标市场

在交易磋商之前,我们必须从调查研究入手,通过各种途径广泛收集市场资料,加强对国外调拨、供销商、价格动态、政策法令、措施和贸易习惯等方面情况的调查研究,以便择优选择较理想的目标市场并合理确定市场布局。

3. 选择适当的交易对象

在交易磋商之前,我们必须通过各种途径对客户的政治文化背景、资信情况、经营范围、经营能力和经营作风等方面的情况进行了解和分析。为了正确地选择和利用客户,需要建立和健全客户档案,以便对各种不同类型的客户进行分类排序,做到心中有数,并实行区别对待的政策。

4. 正确制订洽商交易的方案

洽商交易的方案,是指为了完成某种或某类商品的进出口任务而确定的经营意图,需要达到的预定目标以及为实现该目标所应采取的策略步骤和做法。它是对外洽商人员遵循的依据。方案内容的繁简不一,对大宗进出口商品交易所拟定的经营方案,一般比较详细具体,尤其是制订某些大宗交易或重点商品的谈判方案时,更要考虑周全,因为谈判方案的完善与否是决定交易成败的关键。至于对一般中小商品的进出口,则只要拟定简单的价格方案即可。

三、交易磋商的法律步骤

交易磋商的步骤:一般分为询盘、发盘、还盘和接受四个环节(见图8-1)。

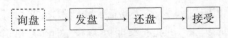

图8-1　交易磋商的步骤

其中比价(a comparison between offers)主要用于进口磋商的环节,从交易磋商的整个环节看,发盘和接受是达成交易和订立合同必不可少的两个环节。

(一) 询盘

1. 询盘及其形式

询盘(enquiry,inquiry)是指交易一方有意购买或出售某种商品,向对方询问买卖该商品的有关交易条件,即希望对方发盘的要求。由买方发出的询盘一般称为邀请发盘(invitation to make an offer）；由卖方发出的询盘一般称为邀请递盘（invitation to make a bid）。

询盘时一般不用"询盘"字样，一般采用"请告……"（Please advise...），"请电告……"（Please cable advise...），"请报价……"（Please quote...），"请发盘……"（Please offer...）等。文字应简洁明了，开门见山。如：

买方询盘：请报豆油最惠价。（Please cable offer the most favorable price of your soybean oil.）

卖方询盘：可供99%铝锭，七月份装船，如有兴趣请电告。（Can supply aluminum ingot 99 pct July shipment please cable if interested.）

2. 询盘的主要内容

询盘的主要内容包括品名、价格、规格、数量、交货期等；同时，在询盘中通常附有保留条件，如：注明"以我方最后确认为准"（subject to our final confirmation）或注明"以货物未出售为主"（subject to the goods being unsold），或注明"有权先售"（subject to prior sale）等，用来表明询盘对询盘人和被询盘人均无法律上的约束力。

3. 询盘应注意的策略

询盘对询盘人没有约束力，但我们在布置询盘时仍要注意策略。一是询盘的对象既不能过窄，也不能过宽。过窄难以了解国外市场情况，过宽则会引起市场价格波动。二是询盘的内容既要能使客户进行工作，提供报盘资料，又要防止过早透露采购数量、价格等意图，被客户摸到底细。在书面洽谈的交易方式中，询盘还应注明编号以加速国外复电、复函的传递，并说明应报货价的种类和价格条件，并且对于商品品种、规格、型号、技术，要求物随其样，以免进口商品不符合要求。

> **小思考**
>
> 请报300辆飞鸽牌自行车成本加运费至新加坡最低价，五月装运，尽速电告。（Please quote lowest price CFR Singapore for 300 pcs Flying Pigeon Brand bicycles May shipment cable promptly.）该询盘是否有效？

> **小思考**
>
> 订购40公吨干酵母粉，含量约30%，70公斤纤维包装，8～9月装船，每公吨500美元CIF几内亚，以不可撤销即期信用证付款，5月30日我方时间复到有效。（Order 40 M/T dried yeast powder content 30 percent, packing 70 kg glass fiber packages Aug/Sept shipment USD 500 per M/T CIF Guinea irrevocable sight L/C reply here May 30 our time.）该发盘是否为有效发盘？

（二）发盘

发盘（offer）又称发价或报价，在法律上称为要约。根据《联合国国际货物销售合同公约》规定："凡向一个以上的特定的人提出的订立合同的建议，如果内容十分的确定，并且表达了发盘人一旦得到接受就受其约束的意思，即构成发盘。"发盘一般由卖方发出，称为售货发盘（selling offer），也可以是买方发出，一般称为购货发盘（buying offer）或递盘（bid）。

1. 构成发盘的条件

构成一项发盘应具备以下四个条件：

（1）向一个或一个以上的特定人发出

向特定的人提出，即指向有名有姓的公司或个人提出。提出此项要求的目的在于把发盘同普通的商业广告公众散发的商品价目单等行为区别开来。对发盘问题，各国法律规定不一。《联合国国际货物销售合同公约》对此问题持折中的态度。该公约规定："非向一个或一个以上特定的人提出建议，仅应视为邀请提出发盘，除非提出建议的人明确表示相反的意向"。

在实际业务中，为了防止误解，出口人在寄发商品目录和价目表时，最好注明"价格仅供参考"(The prices stated are for reference only)；"价格需经确认为准"(The prices shall be subject to confirmation)；或"价格不经事先通知可予变动"(The prices may be altered without prior notice)等保留条件。

（2）表明发盘人的订约意图和所受约束

这是指发盘人向受盘人表示，在得到有效接受时，双方即可按发盘的内容订立合同。发盘中通常都规定有效期，作为发盘人受约束和受盘人接受的有效时限。在有效期内，一般不得反悔或更改发盘条件。但发盘亦可因撤回而阻止未能生效或因拒绝、还盘、撤销、法律实施、过期等失效。

如果发盘中没有表明订约意向，或表示了发盘人不受其发盘的约束，或者附有保留或限制性条件，该发盘就不是真正的发盘，而只能被看作是发盘的邀请(invitation to offer)。如："以我方确认为准"(subject to our confirmation)；"以货物未售出为准"(subject to prior sale)；"以我方认可样品为准"(subject to our approval of sample)；"不受约束"(without engagement)等字样，均为发盘的邀请，而不是真正的发盘。

（3）内容必须十分确定

发盘内容应该是完整的、明确的和终局的。"完整"是指货物的各种主要交易条件完备；"明确"是指主要交易条件不能用含糊不清、模棱两可的词句，如："每吨约3万美元"，即价格条件的不明确；"终局"是指发盘人只能按发盘条件与受盘人订立合同，而无其他保留或限制性条款。

（4）送达受盘人

发盘只有送达受盘人时才开始生效。各国的法律和《公约》在这点上规定是一致的。因为受盘人只有收到发盘后才能考虑是否予以接受。如果发盘在传递途中遗失；或受盘人在收到发盘以前，受盘人通过其他途径了解到对方发盘的内容，没有收到发盘就主动做出接受的表示，这种情况合同是不成立的。这只能被看作是双方的交叉发盘(cross offer)。

关于构成一项发盘究竟应包括哪些内容的问题，各国法律规定不尽相同。有些国家的法律要求将合同的主要条件，如：品名、品质、数量、包装、价格、交货时间、地点以及支付的办法等，都要有完整、明确、肯定的规定，并不得附有任何保留的条件，以便受盘人一旦接受即可签订一项对买卖双方均有约束力的合同。《公约》关于发盘内容上的上述规定，只是对构成发盘起码要求。在实际业务中，如发盘的交易条件太少或过于简单，会给合同的履行带来困难，甚至容易引起争议。因此，我们在对外发盘时，最好将品名、品质、数量、包装、价格、交货时间、地点和支付办法等主要交易条件一一列明。

必须表明发盘人对其发盘一旦被受盘人接受即受约束力的意思。

发盘是订立合同的建议，这个意思应当体现在发盘之中，如发盘人只是就某些交易条件建议对方进行磋商,而根本没有受其建议约束的意思,则此项建议就不能被认为是一项发盘。例如,发盘人在其提出的订约建议中加注,如:"仅供参考""须以发盘人的最后确认为准"或其他保留条件,这样订约的建议就不是发盘。

2. 发盘的有效期

在通常的情况下,发盘都具体地规定一个有效期,作为对方表示接受时间限制,超过发盘规定时限,发盘人即不受约束。发盘未具体列明有效期时,受盘人应在合理时间内接受才能有效。何谓"合理时间"则需根据具体情况而定。根据《联合国国际货物销售合同公约》的规定,采用口头发盘时,除发盘人发盘时另有声明外,受盘人只能当场表示接受为有效,采用函电方式成交时,发盘一般都有明确的有效期,其规定方法如下:

规定最迟接受的期限。例如,"发盘有效期为 5 天"或"发盘限 5 天内复",采取此类规定方法关于期限的计算,按《联合国国际货物销售合同公约》规定,这个期限应从电报交发时刻或信上载明的发信日期算起,如信上未载明发信日期,则由发盘送达受盘人时算起。如果由于时限的最后一天在发盘人营业地是正式假日或非营业日,则应延至下一个营业日。此外当发盘规定有效期时,还应考虑交易双方营业地点不同,产生时差问题。

小思考

发盘 10 月 10 日我方时间收到有效,东风牌 D114 柴油机 12 台,12 月装运,其余条件与我方上次函同。(Offer till October 10 our time. 12 sets Dong Feng Diesel Engine D114 type December shipment other terms same as my last letter.)该发盘是否为有效发盘?

3. 发盘生效的时间

根据《联合国国际货物销售合同约定》规定,发盘送达受盘人时生效。明确发盘生效时间,具有重要的法律和实践的意义。

(1)关系到受盘人能否表示接受

一项发盘只要送达受盘人时,即发盘生效之后,受盘人才能表示接受。

(2)关系到发盘人何时可以撤回发盘或修改其内容

一项发盘,即使是不可撤销的,只要在发盘生效之前,发盘人仍可随时撤回或修改其内容,但撤回通知或更改其内容的通知,必须在受盘人收到发盘之前或同时送达受盘人。如发盘一旦生效,那就不是撤回发盘的问题,而是撤销发盘的问题。发盘的撤回与撤销是不同的概念,前者是指在发盘送达受盘人之前,将其撤回,以阻止其生效;后者是指发盘已送达受盘人,即发盘生效之后,将发盘取消,使其失去效力。

4. 发盘的撤回与撤销

(1)发盘的撤回

发盘生效后,发盘人是否可以撤回发盘或变更其内容,在这个问题上英美法与大陆法在法系之间存在着尖锐的矛盾。英美法认为,发盘原则上对发盘人没有约束力,发盘人在受盘人对发盘表示接受之前的任何时候,都可撤回发盘或更改其内容。而大陆法则认为,发盘对发盘人有约束力,如:德国民法规定,除非发盘人在发盘中订明发盘人不受发盘的约束,否

国际贸易实务

则,发盘人就要受到发盘的约束。

根据《联合国国际货物销售合同公约》的规定:一项发盘,包括注明不可撤销的发盘,只要在其尚未生效以前,都是可以修改或撤回的。因此,如果发盘人发现内容有误或因为其他原因,想改变主意可以用更迅速的通讯方法,将发盘撤回或更改,通知赶在受盘人收到该发盘之前或同时送达受盘人,则发盘即可撤回。

(2) 发盘的撤销

关于发盘能否撤销的问题,英美法与大陆法也存在严重的分歧。英美法认为,在受盘人表示接受之前,即使发盘规定了有效期,发盘人也可以随时予以撤销,这显然对发盘人单方有利。大陆法国家对此问题的看法相反,认为发盘人原则上应受发盘的约束,不得随意将其发盘撤销。

为了调和上述两大法系在发盘可否撤销问题上的分歧,《联合国国际货物销售合同公约》采取了折中的办法。该《公约》规定,在发盘已送达受盘人,即发盘已经生效,在受盘人尚未表示接受之前这一段时间内,只要发盘人及时将撤销通知送达受盘人,仍可将其发盘撤销,如一旦受盘人发出接受通知,则发盘人就无权撤销发盘。

此外《公约》还规定,并不是所有的发盘都可撤销,下列两种情况下的发盘,一旦生效,则不得撤销:一是在发盘中规定了有效期,或以其他方式表示该发盘是不可撤销的;二是受盘人有理由信赖该发盘是不可撤销的,并本着对该发盘的信赖采取了行动。

5. 发盘效力的终止

任何一项发盘,其效力可在一定条件下终止。关于发盘效力终止的原因,一般有下列几个方面:

① 在发盘规定的有效期内未被接受,或虽未规定有效期,但在合理时间内未被接受,则发盘的效力即告终止。

② 发盘被发盘人依法撤回或撤销。

③ 被受盘人拒绝或还盘,在还盘通知送达发盘人时,发盘的效力即告终止。

④ 发盘人发盘之后,发生了不可抗力事故,如:所在国政府对发盘中的商品或所需外汇发布禁令等,在此情况下,按出现不可抗力可免除责任的一般原则,发盘的效力即告终止。

⑤ 发盘人或受盘人在发盘被接受前丧失行为能力,如:得精神病等,则该发盘的效力也可终止。

小思考

兹发盘1000打运动衫,规格按3月15日样品,每打 CIF 纽约价84.50美元,标准出口包装5~6月装运,以不可撤销信用证支付,限20日复到。(Offer 1000 dozen sport shirts sampled March 15 USD 84.50 per dozen CIF New York export standard packing May/June shipment irrevocable sight L/C subject reply here until May 20.) 上述发盘是否符合发盘的要求?

另外审核和比价也很重要。

审核的要点是：

① 审核报盘的种类。国外来盘是实盘还是虚盘，如属实盘，就不要错失良机，应在有效期内答复。

② 审核报盘的内容。商品的规格、数量是否符合用货部门的要求，所报价格条件和所使用购货货币能否被我方接受等。

③ 交货期限是否符合用货部门生产上的需要，以及其他应审核的内容。

比价是指对国外来的几个跟盘（发盘），认真研究对比，如：对商品品质、数量、包装、交货条件等相同的发盘进行价格比较；对各种不同交易条件的发盘进行综合分析比较；将同一商品过去的成交价与现行的施价相比较。同时，还要注意不同品质的差价；不同成交数量的差价；不同销售季节的差价以及汇率的变化。在经过对数个报盘（发盘）的审核和比价之后，就可以有针对性地还盘。

（三）还盘

还盘（counter offer）又称还价，在法律上称为反要约。还盘是指受盘人不同意发盘提出的各项条件，并提出了修改意见，建议原发盘人再作考虑。也可以说，还盘是对发盘条件进行添加、限制或其他更改的答复。受盘人的答复，如果在实质上变更了发盘条件，就构成对发盘的拒绝，其法律后果是：否定了原发盘，原发盘即告失效，原发盘人就不再受其约束。根据《联合国国际货物销售合同》的规定，受盘人以货物的价格、付款、品质、数量、交货时间与地点、一方当事人以另一方当事人赔偿责任的范围或解决争端的办法等条件提出的添加或更改，均作为实质性变更发盘条件。

此外，对发盘表示有条件地接受，也是还盘的一种形式。例如，受盘人在答复发盘人时附有"以最后确认为准""未售有效"等规定或类似的附加条件。这种答复，就只能视为还盘或邀请发盘。还盘的内容，凡不具备发盘条件就是"邀请发盘"。如还盘内容具备发盘各条，它就构成一个新的发盘，还盘人就成为新发盘人，原发盘人则成了新的受盘人，原发盘人有对新发盘作接受拒绝或再还盘的权利。

在实际业务中，还盘时可用"还盘"术语，但是在一般情况下，受盘人会以各种方法把自己的不同意见或对原发盘的修改意见利用还盘告知发盘人。如：你10日来函报价难接受希减价5%市价下跌建议立即接受。（Your quotation Date 10 is unaccepted, cable request less 5 pct, maket declining suggest immediate acceptance.）

处理还盘要注意以下几个问题：

1. 分析还盘人的意图

分析研究原发盘的内容，弄清还盘人的真实意图，然后结合市场动态、客户的要求和经营情况等做出反应。在条件允许的情况下，应该进行市场调查，进一步了解其他客户的反应。如果还盘中对方所提出的条件合理，就应该作出适当的让步，或适当放宽其他条件进行再还盘（counter counter offer）。注意不要纠缠于次要条件，以免贻误交易时机，降低企业在客户中的信誉。

2. 区别还盘是否有约束力

因为有约束力的还盘是一项新的发盘，所以要认真对待，要在有效期内进行接受或再

国际贸易实务

还盘。

例：10 kw 电动机价，用户难接受还价每台 65 美元是否接受 25 日前电复确认（quotation 10 kw motor unaccepeable users bid us ＄65 per set market weak recommend acceptance cable confirmation before date 25）。

此为有约束力的还盘，如卖方认为客户有诚意，并且价格可接受，应该在 25 日前电复表示接受。

3. 注意还盘提出的具体问题

还盘并不一定都是讨价还价。还盘人有时在基本同意发盘内容的条件下，为了使商品更好地满足自己的需要而提出具体的建议。在工程承包和机电产品对外贸易中，还盘人的还盘往往会涉及结构、性能、技术的先进性、适用性和技术服务条件等，对此我们应认真分析研究，然后做出合理的答复。

例：由于带动该设备的电动机所需电压高于我方电压，你方必须免费供给一只变压器，以便将电压从220 V上升到你方电动机所需要的伏数（as the voltage required by the motorfor driving this equipment is higher than that of our power supply's, You will have to supply a transformer to step up 220 V to the voltage required by your motor at to extra cost to us）。

此项还盘不是针对主要商务条件，而是针对有关配套设备的技术问题提出的。对此，卖方不应该盲目接受，要注意自己解决问题的能力，还要仔细核算。然后再作出符合双方利益的答复。

4. 只有受盘人才可以还盘

从法律的角度，只有受盘人的还盘才具有约束力，其他人的还盘没有任何约束力。对于其他人的还盘，发盘人可不予答复。当然，有时也可以把其他人的还盘作为一项以对方为发盘人的发盘。

（四）接受

1. 接受的含义及其应具备的条件

（1）接受的含义

接受（acceptance）在法律上称为承诺。它是指受盘人在发盘规定时限内，以声明或行为表示同意。这种同意通常应以某种方式，向对方发盘表示接受，也可以通过其他实际行动来表示接受。沉默或无行为本身并不等于接受。如：受盘人收到发盘后，不采取任何行动对发盘人作出反应，而只是保持缄默，这就不能认为是对发盘表示接受。因为从法律责任来看，受盘人一般并不承担对发盘必须进行答复的义务。但是，如沉默或无行为与其他因素结合在一起，足以使对方确信，沉默或无行为是默许的一种表示即可构成接受。假定交易双方有协议或按业已确认的惯例和习惯做法，受盘人的缄默也可变成接受。比如交易双方均为老客户。根据原协定协议、惯例或习惯做法，几年来卖方一直定期订货单发货，并不需要另行通知对方表示接受其订货单。

（2）接受应具备的条件

接受必须由受盘人作出。发盘人是对特定的人提出的，因此只能特定的人才能对发盘人作出接受，由第三者作出接受，不能视为有效接受，只能作为一项新的发盘。

接受必须是同意发盘人所提出的交易条件，根据《联合国国际货物销售合同公约》的规定,一项有效的接受必须是同意发盘人所提出的交易条件。只能接受发盘部分内容,或对发盘条件提出实质性的修改,或提出有条件接受,均不能构成接受,而只可视作还盘。但是若受盘人表示接受时对发盘内容提出某些非实质性的添加、限制和更改,比如要求增加重量单、装箱单、原产地证明或某些单据的份数等,在此情况下,合同的条件就以该发盘条件以及接受中所提出的某些更改为准。

小知识

《联合国国际货物销售合同公约》

《联合国国际货物销售合同公约》是联合国国际贸易法委员会以海牙会议制订的两个统一法草案(即《国际货物买卖统一法》和《国际货物买卖合同成立统一法》)为基础,在广泛听取了各方面意见后制订出来的,于1988年1月1日起正式生效。《公约》包括国际货物销售合同订立的规则、合同当事人的权利和义务、违约责任、损害赔偿、风险转移、免责事项、对发盘和接受的定义、生效和失效、撤回和撤销以及合同的成立等。

接受必须在发盘规定的时效内作出,当发盘规定了接受的时限时,受盘人必须在发盘规定的时限内接受方能有效。如发盘没有规定接受时限,则受盘人应在合理的时间表示接受。对于"合理时间"往往有不同的理解。为了避免争议,最好在发盘中明确规定接受的具体的时限。

2. 接受生效的时间

接受是一种法律行为,这种法律行为何时生效,各国法律有不同的规定,在这个问题上英美法与大陆法存在着严重的分歧。英美法采用的是投邮生效原则,即接受通知一经投出或交给电报局,就立即生效;大陆法则采用送达生效的原则,即接受通知必须送达发盘人时才能生效。《联合国国际货物销售合同公约》对这个问题基本上采取大陆法的立场。该公约明确规定,接受送达发盘人时生效。如接受通知未在发盘规定时限内送达发盘人,或者在合理的规定时间未曾送达发盘人,则该项接受称作逾期接受,按各国法律规定逾期接受不是有效的接受。由此可见。接受时间对双方当事人都很重要。

此外接受还可以在受盘人采取某种行为时生效。按《公约》规定,如根据发盘或依照当事人也已确定的习惯做法或惯例,受盘人可以做出某种行为来表示接受,无须向发盘人发出接受通知。如:发盘人在发盘中要求"立即装运"则受盘人就可做出立即发运货物的行为对发盘表示同意,而且这种以行为表示的接受在装运货物时立即生效,合同即告成立,发盘人就应受其约束。

3. 逾期接受

逾期接受又称迟到接受,虽然各国法律一般都认为逾期接受无效,它只能视作一个新的发盘,但《联合国国际货物销售合同公约》却对这个问题做了灵活的处理。按该《公约》规定,只要发盘人毫不迟延地用口头或书面通知受盘人,认为该项逾期的接受可以有效,愿意承受逾期接受的约束,合同仍可于接受通知送达发盘人时立即订立。如果发盘人不立即向受盘人发出上述通知,则该项逾期接受就无效,合同就不能成立。该《公约》还规定,如果载有逾期接受的信件或其他书面文件显示依照当地寄发情况,只要传递正常,它是及时送达发盘人的,则此项逾期的接受应当有效,合同于接受通知送达发盘人时订立,除非发盘人毫不迟延地用口头或书面方式通知受盘人,他认为他的发盘因逾期接受而失败。上述表明,逾期接受是否有效,关键要看发盘人如何表态。

4. 接受撤回或修改

在接受撤回或修改的问题上,《联合国国际货物销售合同公约》采取了大陆法,到达生效的原则,该公约规定,接受得予撤回,撤回通知于原接受生效之前即送达发盘人。由于接受送达发盘人时才产生法律效力,故撤回或修改通知,只要先于原接受通知或与原接受通知同时送达发盘人,则接受可以撤回或修改,如接受已送达发盘人,即接受一旦生效,合同即告成立,就不得撤回或修改其内容。

第二节 进出口合同的签订

在国际贸易中当买卖双方就交易条件经过磋商达成协议后,合同即告订立。

一、合同成立的时间

在国际贸易中,买卖双方合同于何时订立是一个十分重要的问题。根据《联合国国际货物销售合同公约》的规定,接受送达发盘人时生效,接受生效的时间,实际上就是合同成立的时间,合同一经订立,买卖双方即存在合同关系,彼此就要受合同的约束。

在实际业务中,有时双方当事人在洽商交易时约定合同成立的时间,以签约时合同上所写明的年、月、日为准,或以收到对方确认合同的日期为准,在这两种情况下,双方的合同关系即在签订正式书面合同时成立。

此外,根据我国法律和行政法规规定,应当由国家批准的合同,在获得批准时,合同方能成立。

二、合同成立的有效条件

买卖双方就各项交易条件达成协议后,并不意味着此项合同一定有效。根据各国合同法规定:一项合同,除买卖双方就交易条件通过发盘和接受达成协议外,还需具备下列有效条件,才是一项有法律约束力的合同。

1. 当事人必须具有签订合同的行为能力

签订买卖合同的当事人主要有自然人或法人。按各国法律的一般规定,自然人具有签订合同的行为能力,是指精神正常的成年人才能订立合同,未成年人或精神病人订立合同必须受到限制。关于法人签订合同的行为能力,各国法律一般认为,法人必须通过代理人,在法人的经营范围内签订合同,也就是说,越权的合同不具备法律效力。根据我国法律规定,除对未成年人、精神病人签订合同的能力加以限制外,对某些合同的签约主体还作了一定的限定,如:规定只有取得对外贸易经营权的企业或其他经济组织,才能签订对外贸易合同;没有取得对外贸易经营权的企业或组织,如签订对外贸易合同,必须委托有对外贸易经营权的企业代理进行。

2. 合同必须有对价或约因

所谓对价,即指当事人为了取得合同利益所付出的代价,这是英美法的概念。所谓约因,即指当事人签订合同所追求的直接目的,这是法国法的概念。按照英美法和法国法的规定,合同只有在有对价或约因时,才是法律上有效的合同,无对价或无约因的合同是得不到法律保障的。

3. 合同的内容必须合法

许多国家对合同内容必须合法,往往从广义上解释,其中包括不得违反法律,不得违反公共秩序或公共政策以及不得违反善良、风俗或道德三个方面,我国《涉外经济合同法》规定,违反中华人民共和国法律或社会公共利益的合同无效。但是,合同中违反我国的法律或社会公共利益和条款,如经当事人协商同意予以取消或改正后,则不影响合同的效力。

4. 合同必须符合法律规定的形式

世界上大多数国家,只对少数合同才要求必须按法律规定的特定形式订立,而对大多数合同,一般不采用法律上规定应当采取的形式。但我国则不同,我国签订的涉外经济合同必须以书面方式订立,否则无效。我国在参加《联合国国际货物销售合同公约》时,对《公约》中关于销售合同可以采用任何形式订立的规定提出了保留条件,我国规定:对订立、修改或终止合同必须采取书面形式,其中包括电报、电传。

5. 合同当事人的意思表示必须真实

各国法律都认为,合同当事人意思必须是真实的意思,才能成为一项有约束力的合同,否则这种合同将被视作无效或可以撤销。我国《涉外经济合同法》也明确规定:"采取欺诈或者胁迫手段订立的合同无效。"

三、合同的形式与内容

1. 合同的形式

在国际贸易中,订立合同的形式有下列三种:一是书面形式,二是口头形式,三是以行为表示。根据我国法律规定和国际贸易一般的习惯做法,交易双方通过口头或来往函电磋商达成协议后还必须签订一定格式正式的书面合同。签订书面合同意义主要包括下列三个方面:

(1)作为合同成立的证据

合同是否成立,必须要有证明,尤其是在通过口头谈判达成交易的情况下,则签订一定样式的书面的合同就成为不可缺少的必要程序。因为空口无凭,我国只承认书面合同有效。

(2)作为合同生效的条件

交易双方在发盘或接受时,如声明以签订一定格式和正式书面合同为准,则正式签订书面合同时方为合同成立。

(3)作为合同履行的依据

通过口头谈判或函电磋商达成交易后,将彼此磋商一致的内容,集中写入一定格式的书面的合同,双方当事人以书面合同为准,这就有利于合同的履行。书面合同的名称并无统一的规定,其形式繁简也不一致。在我国对外贸易实践中,书面合同的形式包括:合同、确认书和协议书等。其中采用"合同"和"确认书"两种形式的居多。从法律效力来看,这两种形式的书面合同没有太大区别,所不同的只是格式内容的繁简有所差异。

合同可分为销售合同和购买合同。前者是指卖方草拟提出的合同;后者是指买方草拟提出的合同。

确认书是合同的简化形式。它又分为销售确认书和购买确认书,前者是指卖方草拟提出的合同,后者是指买方草拟提出的合同。

在我国对外贸易的业务中,合同或确认书,通常都制作成一式两份,由双方合法代表分别签字后各执一份,作为合同订立的证据和履行合同的依据。

2. 合同的内容

我国对外贸易企业与外商签订的买卖合同,不论采取哪种形式,都是调整交易双方经济关系和规定彼此权利与义务的法律要件,其内容通常都包括约首、基本条款和约尾三部分。

(1)约首

约首部分一般包括合同的名称、合同编号、缔约双方名称和地址、电报挂号等内容。

(2)基本条款

基本条款是合同的主体,它包括品名、品质、规格、数量、(或重量)包装、价格、交货条件、运输、保险、支付、检验、索赔、不可抗力、仲裁等项内容。商订合同,主要是指磋商如何规定这些基本的条款。

(3)约尾部分

约尾部分一般包括订约日期、订约地点和双方当事人签字等内容。

为了提高履约率,我们规定合同内容时应当考虑周全。力求使合同的条款明确、具体、严密。

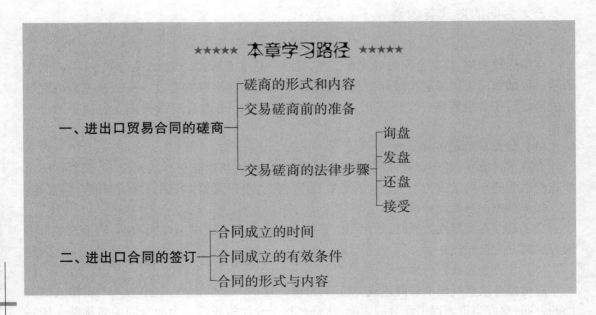

★★★★★ 本章学习路径 ★★★★★

一、进出口贸易合同的磋商
　　磋商的形式和内容
　　交易磋商前的准备
　　交易磋商的法律步骤
　　　　询盘
　　　　发盘
　　　　还盘
　　　　接受

二、进出口合同的签订
　　合同成立的时间
　　合同成立的有效条件
　　合同的形式与内容

国际贸易实务

本章复习思考题

1. 构成一项法律上有效的发盘必须具备哪些条件？
2. 简述发盘撤回与发盘撤销的区别。
3. 一项有效接受必须具备哪些条件？
4. 一项有法律约束力的合同必须具备哪些条件？
5. 为什么要签订书面合同？

知识扩充

如何撰写一封规范的回复询盘的邮件

1. 使用统一的信纸，最好有公司的商标，主要产品的图片类别等，做起来很方便，网络下载的花式信纸则不太适合商务使用。

2. 格式正确、统一，邮件主题合理，拼写无误。所有发给客户的邮件应该采用统一的格式。

（1）邮件主题最好有公司名字等，比如公司名字是 EXPORT，行业是 PLASTIC，这封邮件的内容是给一款产品报价，那么主题可以写 Export Plastic/quotation of item A。这样有一个好处，可以方便客户以及你自己以后进行查找，对于来往邮件很多的客户，开始的时候往往要花很多时间去查找以前的报价以及其他资料，但是现在通过主题就很方便知道邮件的大概内容，可以节省很多时间。

（2）邮件正文两端对齐：对于段落很多的邮件，正文两端对齐会显得比较整洁。

（3）第一封邮件最好写上 Mr. 或者 Ms. ××，职位写 SALES MANAGER 等，客户会觉得受到尊重。

（4）落款有公司标识以及详细联系资料。

3. 版面整洁，在 OE 里面将撰写邮件的字体，字号（10～12 号比较好）都设置统一，不要大小不一，也不要太过花哨，特别是不要全篇都是大写字母，会增加阅读的难度，让人反感。除非是对一些需要特别提醒客户注意的地方，可以用大写、加粗、特殊颜色等突出显示。

4. 拼写无误，在每封邮件发出之前都应该利用拼写检查工具检查是否全部拼写无误。

5. 表述准确，能够准确表达我方的观点，不要使客户产生任何的歧义。尽量避免有歧义的单词或者短语，尽量避免使用俚语等。

6. 详细，能够提供给客户非常详细的资料，回答他的问题，并将他没有问到的问题提出来。有时候你提出的问题会让客户觉得你很细心，很可靠而且非常专业。当然，详细并不是说一股脑儿将所有东西都全盘而出，应该学会在适当的时候谈适当的事情。

7. 有条理，能够让客户清楚地明白邮件内容，谈完一件事再谈另外一件，混在一起会让人思路混乱。很多时候，用 1、2、3、4 等标出来你要说的东西会非常有用，客户很清楚就知道你要说或者问什么。

8. 方式多样，比如配合图表说明、照片说明等，往往很多事情用语言很难说清楚，但是如果给一张图纸或者一幅照片，那就一目了然了。

9. 及时，做到当天邮件当天答复，在收到邮件后应该马上整理出自己不能解决的技术问题,及时提供给技术部门或者供应商,要求他们在什么时候给予详细答复。养成一个好习惯,在早上收到邮件后,整理出哪些需要询问技术人员或者供应商的,将问题发送给他们后,再来回复能够回复的询盘邮件。如果不能当天答复,给客户一个说明,为什么答复不了,并承诺一个明确的时间。

10. 适时跟踪,一般客户都是同时询问很多的供应商,所以要适时提醒他你把他放在心里,并让他知道你在等待回复。比如公司有了什么技术改进或者新的产品开发,可以发送给很多客户,或许机会就在那里。

11. 学会维护和客户的关系,这是最难的一点,同时也是最重要的,需要自己体会。坦诚待人,不要欺骗,这是基本的一点。

第九章　进出口贸易合同的履行

在国际贸易中，买卖双方通过洽商交易达成协议后，按国际贸易的一般习惯做法，都需要签订一定格式的书面合同，以作为约束双方的法律依据。

合同签订后，买卖双方都应受其约束，都要本着"重合同、守信用"的原则，切实履行合同规定的各项义务。

趣味小问题

某年 2 月，中国某公司与美国某公司签定合同，向美国公司购买一台 4000 吨压机。按合同规定，卖方提供的保证期在货物离港之日起 18 个月。但在合同保证期届满之后 33 个月，该压机发生了一次大的事故，经专家分析论证，事故的原因是传动装置中的一块防松板因金属疲劳而断裂，使得动力不能传递而致。按美国公司随机器提供的使用手册，原设计的防松装置应是一个方块状的防松键，美国公司在制造过程中将其更换为一块较薄的防松板。事故发生后，美国公司以合同规定的保质期已过，他们不再负有义务为由，拒绝来中国确定事故的原因和修复压机。中国公司只好通过自身努力将压机修复，因此发生数百万元人民币的费用，并且压机的工作寿命也受到影响。于是，中国公司委托律师事务所向美国公司提出索赔，但美国公司却以合同规定的保证期已过以及压机质量无问题，事故是中国公司使用维护不当而致为由，拒绝谈判。

美国公司能被判定需要进行理赔吗？
（请学习后面的内容帮助解答）

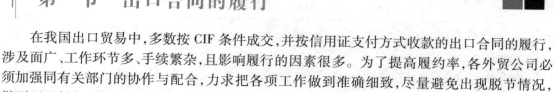

第一节　出口合同的履行

在我国出口贸易中,多数按 CIF 条件成交,并按信用证支付方式收款的出口合同的履行,涉及面广、工作环节多、手续繁杂,且影响履行的因素很多。为了提高履约率,各外贸公司必须加强同有关部门的协作与配合,力求把各项工作做到准确细致,尽量避免出现脱节情况,做到环环紧扣,井然有序。

履行出口合同的程序,一般包括备货、催证、审证、改证、租船、订舱、报关、报验、保险、装船、制单、结汇等工作环节。出口合同履行的一般程序(如图 9-1 所示)。

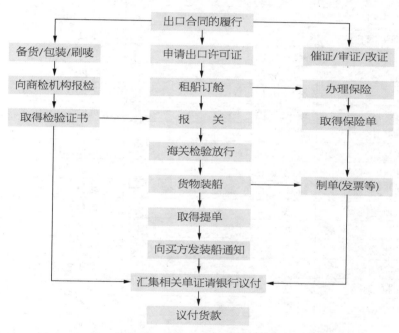

图 9-1　信用证支付方式为 CIF 价格的出口合同的履行过程

在这些工作环节中,以货(备货)、证(催证、审证和改证)、船(租船订舱)、款(制单结汇)四个环节的工作最为重要。只有做好这些环节的工作,才能防止出现"有货无证""有证无货""有货无船""有船无货""单证不符"或违反装运期等情况。在履行出口合同时,一般应做好下列各环节的工作。

一、备货与报验

为了保证按时、按质、按量交付约定的货物,在订立合同之后,卖方必须及时落实货源,备妥应交的货物,并做好出口货物的报验工作。

(一) 备货

备货是指卖方根据出口合同的规定,按时、按质、按量准备好约定应交的货物以便及时装运。它是履行合同的首要环节。

不同国家/地区在包装色彩上的偏好

国家/地区	喜爱的色彩	厌恶的色彩
英国	红、白、蓝色组	
法国	灰色、白色、粉红	黑绿色、黄色
德国	鲜明色彩	茶色、黑色、深蓝色
比利时		黑绿色、蓝色
瑞士、西班牙	各色相间的色组、浓淡相间的色组	黑色
挪威		红、蓝、绿色
瑞典、意大利	绿色	蓝黄相间的色组（国家色）
爱尔兰、奥地利		绿色
荷兰	橙色、蓝色	
日本	黑色、紫色	绿色
新加坡	绿色、红色	黄色
马来西亚	绿色、红色	黄色
巴基斯坦	翡翠绿	黄色
港、澳（地区）		蓝色、白色
伊拉克	红色、蓝色	黑色、橄榄绿
土耳其、突尼斯	绯红色、白色、绿色	花色
北非伊斯兰国家	绿色	蓝色
埃及	绿色	蓝色
埃塞俄比亚		淡黄色
巴西、秘鲁		紫黄色、暗茶色
委内瑞拉、泰国	黄色	绿色
巴拉圭		绿色
伊朗		蓝色
印度		红色、橘黄色
希腊	蓝白相配	

备货工作的内容，主要包括按合同和信用证的要求，落实生产加工或仓储部门，组织货源和催交货物，核实货物的加工、整理、包装和刷唛情况，对应交的货物进行验收和清点，在备货工作中，要注意以下几点：

1. 发运货物的时间

为了保证按时交货，应根据合同和信用证对装运期的规定，并结合船期安排，做好供货工作，使船货衔接好，以防止出现船等货的情况。

2. 货物的品质、规格

交付货物的品质、规格，必须符合约定的要求。如果不符，应进行筛选和加工，整理直至达到要求为准。

3. 货物的数量

必须按约定数量备货,而且应留有余地,以备必要时作为调换之用,如约定可以溢短装百分之多少时,则应考虑满足溢装部分的需要。

4. 货物的包装

按约定的条件包装,核实包装能否适应长途运输和保护商品的要求,如发现包装不良或有破损,应及时修整或调换。

在包装的醒目部位,应按约定的唛头式样刷制唛头,对包装上的其他各种标志是否符合要求,也应注意。

(二)报验

凡按约定条件和国家规定必须法定检验的出口货物,在备妥货物后,应向中国进出口商品检验局申请检验,只有经检验出具商检局签发的检验合格证书,海关才放行,凡检验不合格的货物,一律不得出口。

① 申请报验时,应填制出口报验申请单,向商检局办理申请报验手续,该申请单的内容,一般包括品名、规格、数量或重量、包装、产地等项,在提交申请单时,应随附合同和信用证副本等有关文件,供商检局检验和发证时作参考。

检验证书(Inspection Certificate)是指出口商品经商检局检验后,出具的证明文件。凡属法定检验的或合同规定必须由商检局检验出证的货物,在报关时必须出具检验证书,海关才予以放行。常见的检验证书有:品质、数量、重量、卫生、兽医、植物检疫、消毒、温度、熏蒸等。

② 当货物经检验合格,商检局发给检验合格证书,外贸公司应在检验证规定的有效期内将货物装运出口。如在规定的有效期内不能装运出口,应向商检局申请展期,并由商检局进行复验,复验合格后,才准予出口。

二、催证、审证和改证

在履行凭信用证付款的出口合同时,应注意做好下列工作:

(一)催证

催证是指卖方以一定的通讯方式敦促买方按时开出信用证,以便及时履行交货义务的一种行为。

在按信用证付款条件成交时,买方按约定时间开证是卖方履行合同的前提条件,尤其是大宗交易或按买方要求而特制的商品交易,买方及时开证更为必要;否则,卖方无法安排生产和组织货源。在实际业务中,由于种种原因买方不能按时开证的情况时有发生,因此,我们应结合备货情况做好催证工作,及时提请对方按约定时间办理开证手续,以利合同的履行。

(二)审证

审证是指卖方应根据合同,对买方开来的信用证进行认真审查核对。

在实际业务中,由于种种原因,买方开来的信用证常有与合同条款不符的情况。为了维护我方的利益,确保收汇安全和合同的顺利履行,我方应对国外来证,按合同进行认真的核

对和审查,在审证时,应注意下列事项:

1. **政治性、政策性审查**

在我国对外政策的指导下,对不同国家和不同地区的来证从政治上、政策上进行审查,如来证国家同我国有无经济贸易往来关系,来证内容是否符合政府间的支付协定,证中有无歧视性内容等。

2. **开证行与保兑行的资信情况**

为了确保安全收汇,对开证行和保兑行所在国的政治、经济状况、开证行和保兑行的资信及其经营作风等,都应注意审查,如发现有问题应酌情采取适当的措施。

3. **信用证的性质和开证行对付款的责任**

要注意审查信用证是否为不可撤销的信用证,信用证是否生效,在证内对开证行的付款责任是否加了一笔"限制性"条款或其他"保留"条件。

4. **信用证金额及其采用的货币**

信用证金额应与合同金额一致,如合同订有溢短装条款,则信用证金额还应包括溢短装部分的金额。来证采用的货币与合同规定的货币必须一致。

5. **有关货物的记载**

来证中对有关品名、数量或重量、规格、包装和单价等项内容的记载,是否与合同的规定相符,有无附加特殊条款;如发现信用证与合同规定不符,应酌情作出是否接受或修改的决策。

6. **有关装运期、信用证有效期和到期地点的规定**

按惯例,一切信用证都必须规定一个交单付款、承兑或议付的到期日,未规定到期日的信用证不能使用,通常信用证中规定的到期日是指受益人最迟向出口地银行交单议付的日期。如信用证规定在国外交单到期日,由于寄单费时,且有延误的风险,一般应提请修改,否则,就必须提前交单,以防逾期。装运期必须与合同规定一致,如来证太晚,无法按期装运,应及时申请国外买方延展装运期限,信用证有效期与装运期应有一定的合理间隔,以便在装运货物后有足够的时间办理制单结汇工作,信用证有效期与装运期规定在同一天的,称为"双到期"。"双到期"是不合理的,受益人是否就此提出修改,应视具体情况而定。

7. **装运单据**

对来证要求提供的单据种类份数及填制方法等,要仔细审查,如发现有不适当的规定和要求,应酌情做出适当处理。

8. **其他特殊条款**

审查来证中有无与合同规定不符的其他特殊条款,如发现有对我不利的附加特殊条款,一般不宜接受;如对我无不利之处,而且也能办到,便可酌情灵活掌握。

(三) 改证

在信用证业务中,修改信用证是常有的事。但是修改信用证内容直接关系到有关当事人的权利和义务的改变。国际商会《跟单信用证统一惯例》第 600 号出版物规定:未经开证行、保兑行(如有的话)和受益人同意,不可撤销信用证既不能修改,也不能撤销。因此,对不可撤销信用证中任何条款的修改,都必须在有关当事人全部同意后才能生效。

在审证过程中如发现信用证内容与合同规定不符,应区别问题的性质,分别同有关部门研究,作出妥善的处理,一般地说,如发现我方不能接受的条款,应及时提请开证人修改,在同一信用证上如有多处需要修改的,应当一次提出。对信用证中可改可不改的,或经过适当努力可以办到而并不造成损失的,则可酌情进行处理,对通知行转来的修改通知的内容,如经审核不能接受时,应及时表示拒绝,如一份修改通知书中包括多项内容,只能全部接受或全部拒绝,不能只接受其中一部分,而拒绝另一部分。

三、租船订舱、投保、报关和装运及装运通知

（一）租船订舱

按 CIF 或 CFR 条件成交时,卖方应及时办理租船订舱工作,如果是大宗货物,需要办理租船手续;如果是一般杂货则需签订舱位。各外贸公司签订舱位需要填写托运单,托运单是托运人根据合同和信用证条款内容填写的向船公司或其代理人办理货物托运的单证,船方根据托运单内容,并结合航线、船期和舱位情况,如认为可以承运,即在托运单上签章,留存一份,退回托运人一份,至此,订舱手续即告完成,运输合同即告成立。

船公司或其代理人在接受托运人的托运申请之后,即发给托运人装货单,凭此办理装船手续。装货单的作用有三:一是通知托运人已备妥××船舶、航次和装货日期,让其备货装船;二是便于托运人向海关办理出口申报手续;三是作为命令船长接受该批货物装船的通知。

货物装船以后,船长或大副则应该签发收货单,即大副收据作为货物已装妥的临时收据,托运人凭此收据即可向船公司或其代理人交付运费并换取正式提单,如收货单上有大副批注,换取提单时应将大副批注誊抄在提单上。

（二）投保

凡按 CIF 条件成交的出口合同,在货物装船前,出口方应及时向中国人民保险公司办理投保手续。出口货物投保都是逐笔办理,投保人应填制投保单,将货物名称、保险金额、运输路线、运输工具、开航日期、投保险别等一一列明,为了简化投保手续,也可利用出口货物明细单或货物出运分析单来代替投保单,保险公司接受投保后,即向出口方签发保险单或保险凭证。

（三）报关

出口货物在装船出运之前,需向海关办理报关手续,也称清关或通关。出口货物办理报关时必须填写出口货物报关单,必要时还需要提供出口合同副本、发票、装箱单、重量单、商品检验证书以及其他有关证件,海关查验有关单据后,即在装货单上盖章放行,凭此装船出口。

（四）装运及装运通知

在 CIF 合同下,采用集装箱班轮运输的情况,承运船舶抵港前,出口企业或其货运代理应该根据港区所作的进栈计划,将经出关清关并由海关加上封志(Seal)的集装箱存放于港区指定堆场。港区外轮依主场站收据副本(大副联)进行理货配载。船舶抵港由港区向托运人签收"缴纳出口货物港务费申请书"后,办理装船。装船结束,由船长或大副在场站收据(正本)

上签署,表明货物已收妥。出口企业或货运代理凭该单据向船公司或其代理换取已装船提单。

在 CIF 合同下,按照国际惯例以及我国出口业务中的习惯做法,我国出口企业于货物装运(装船)后,应该向国外进口方以电讯方式及时发出装运通知或装船通知,以便进口方为收取货物事先采取必要的措施。

小知识

集装箱号的正确填报:
集装箱数量应四舍五入填报整数,非集装箱货物填报为 0。
如:
TBXU3605231 ×1(1)表示 1 个标准集装箱;
TBXU3605231 ×2(3)表示 2 个集装箱,折合为 3 个标准集装箱,其中一个箱号为 TBXU3605231。

四、制单结汇

按信用证付款方式成交时,在出口货物装船发运之后,外贸公司应按照信用证规定,及时备妥缮制的各种单证,并在信用证规定的交单有效期内交银行办理议付和结汇手续。在制单工作中,必须高度认真、十分细致、勤勤恳恳,确实做到"单证(信用证)相符"和"单单一致",以利及时、安全收汇。

(一)制单

在办理议付结汇时,通常提交的单据有下列几种:

1. 汇票

汇票是国际货物结算中使用最多的票据。一般都是开具一式两份,只要其中一份付讫,另一份即自动失效。

我国《票据法》第 19 条对汇票定义如下:"汇票是出票人签发的,委托付款人在见票时或者在指定日期无条件支付确定的金额给收款人或者持票人的票据。"

汇票可以从不同角度进行分类。按照出票人不同,汇票可以分成银行汇票和商业汇票。

银行汇票的出票人和付款人都是银行。在国际结算中,银行汇票签发后,一般交汇款人,由汇款人寄交国外收款人向指定的付款银行取款。出票行签发汇票后,必须将付款通知书寄给国外付款行,以便付款行在收款人持票取款时进行核对。银行汇票一般为光票,不随付货运单据。

商业汇票的出票人是工商企业或个人,付款人可以是工商企业或个人,也可以是银行。在国际贸易结算中,使用商业票据居多,商业票据通常是由出票人开立,向国外进口人或银行收取货款时使用。商业票据的出票人不必向付款人寄送付款通知书。

汇票的使用即汇票的票据行为随其是即期还是远期而有所不同。即期汇票只需经过出票、提示和付款的程序。而远期汇票还需经过承兑手续。如需流通转让,通常要经过背书。汇票遭到拒付时,还要涉及做成拒付证明,依法行使追索权等法律问题。

国际贸易实务

2. 发票

（1）商业发票

商业发票简称发票，是卖方开立的载有货物的名称、数量、价格等内容的清单，是买卖双方凭以交接货物和结算货款的主要单证，也是办理进出口报关、纳税，不可缺少的单证之一。在托收方式下，发票内容应按合同规定并结合实际装货情况填制，在信用证付款方式下，发票内容应与信用证的各项规定和要求相符，如：信用证中规定由买方负担的选港费或港口拥挤费等费用，可加在发票总额内，并允许凭本证一并向开证行收款，卖方可照此办理，但应注意，发票总金额不得超过信用证规定的最高金额。因为按银行惯例，开证行可以拒绝接受超过信用证所许可金额的商业发票。

（2）海关发票

在国际贸易中，有些进口国家要求国外出口商按进口国海关规定的格式填写海关发票，以作为估价完税，或作为征收差别待遇关税或反倾销税的依据。此外，也可供编制统计资料之用。

（3）领事发票

有些进口国家要求国外出口商必须向该国海关提供该国领事签证的发票，其作用与海关发票基本相似，各国领事签发领事发票时，均需收取一定的领事签证费，有些国家规定了领事发票的特定格式，而有些国家规定可在出口商的发票上由该国领事签证。

（4）厂商发票

厂商发票是出口厂商所出具的以本国货币计算价格，用来证明出口国国内市场的出厂价格的发票，其作用是供进口国海关估价，核税以及征收反倾销税之用，如国外来证要求提供厂商发票，应参照海关发票有关国内价格的填写办法处理。

3. 提单

提单是各种单据中最重要的单据，它是确定承运人和托运人双方权利与义务、责任与豁免的依据，各船公司所负责制订的提单格式各不相同，但其内容大同小异，其中包括承运人、托运人、收货人、通知人的名称，船名，装卸港名称，有关货物和运费的记载以及签发提单的日期、地点及份数等。出口方在填写了托运单之后，将收到外运代理公司的提单。

4. 产地证明书

有些不使用海关发票或领事发票的国家，要求出口商提供产地证明书，以便确定进口货物应征收的税率。产地证明书一般由出口地的公证行或工商团体签发，在我国，通常由中国进出口商品检验局或中国国际经济贸易促进委员会（贸促会）签发，有一份正本、三份副本。

5. 普惠制单据

新西兰、日本、加拿大等十多个国家给我国以普惠制待遇，凡向这些国家出口的货物，须提供普惠制单据，作为对方国家海关减免关税的依据，对各种普惠制单据内容的填写，应符合各个项目的要求，不能填错，否则，就有可能丧失享受普惠制待遇的机会。

普惠制产地证表格 A 的栏目内容与一般原产地证基本一样，由商品检验局签发，出口方将填制好的 GSP FORM A 送交商检局审核，商检局审核无误后即签章。一般普惠制单据的审核比一般原产地证更严格。

（二）结汇

出口方制作完了全部单据后，在信用证的有效期内，将全套单据交给议付行办理议付和结汇手续。结汇是指议付行接到单据审核无误后,将出口方所得的外汇货款,按结汇日的外汇牌价兑换成人民币,存入出口方的账户。具体的结汇方式有收妥结汇、出口押汇和定期结汇。

1. 收妥结汇

收妥结汇又称收妥付款,是指议付行收到出口方递交的全套单据审核无误后,将单据寄交给国外的开证行或付款行索要货款,在收到对方的付款后,议付行向出口方发出代收账通知(俗称"水单"),同时按照结汇当日的外汇牌价将货款兑换成人民币,存入出口方账户。在收妥结汇方式下,议付行不需要垫付资金,不承担风险,而出口方收汇较慢。

2. 出口押汇

出口押汇又称买单结汇,是指议付行审核出口方的单据无误后,即根据信用证条款,买入信用证受益人(出口方)的全套单据和汇票,从票面金额中扣除手续费以及从议付日到估计收到货款日的利息,将余款按押汇当日的外汇牌价兑换成人民币支付给受益人。议付行买入单据之后,即成为单据持有人,可凭全套单据和汇票向开证行或付款行索要货款。这种结汇方式,银行承担了一定的风险,但出口方得到了资金的融通,有利于资金的周转。

3. 定期结汇

定期结汇是指议付行根据向国外付款行索汇函电往返需要的时间与付款行正常审单付款的时间,预先确定一个固定的结汇期限,期满时,不论是否收到货款,都会主动地将货款兑换成人民币存入出口方账户。

> **小案例**
>
> 国外一家贸易公司与我国某进出口公司订立合同,购买小麦500公吨。合同规定,某年1月20日前开出信用证,2月5日前装船。1月28日买方开来信用证,有效期至2月10日。由于卖方按期装船发生困难,故电请买方将装船期延至2月17日并将信用证有效期延长至2月20日,买方回电表示同意,但未通知开证银行。2月17日货物装船后,卖方到银行议付时,遭到拒绝。
>
> 问题:(1)银行是否有权拒付货款?为什么?(2)作为卖方,应当如何处理此事?

在这里需要特别强调指出的是,提高单证质量对保证安全迅速收汇有着十分重要的意义,特别是在信用证付款条件下,实行的是单据和货款对流的原则,单证不相符、单单不一致,银行和进口商就可能拒收单据和拒付货款,因此,缮制结汇单据时,要求做到以下几点:

① 正确:单据内容必须正确,既要符合信用证的要求,又要能真实反映货物的实际情况,且各单据的内容不能相互矛盾。

② 完整:单据份数应符合信用证的规定,不能短少,单据本身的内容,应当完备,不能出现项目短缺情况。

③ 及时:制单应及时,以免错过交单日

> **小案例**
>
> 某货代公司接受货主委托,安排一批茶叶海运出口。货代公司在提取了船公司提供的集装箱并装箱后,将整箱货交给船公司。同时,货主自行办理了货物运输险。收货人在目的港拆箱提货时发现集装箱内异味浓重,经查明该集装箱前一航次所载货物为精茶,致使茶叶受到了污染。请问:
>
> 问题:(1)收货人可以向谁索赔?为什么?(2)最终应由谁对茶叶受污染事故承担赔偿责任?

期或信用证有效期。

④ 简明：单据内容应按信用证要求和国际惯例填写，力求简明，切勿加列不必要的内容。

⑤ 整洁：单据的布局要美观大方，书写或打印的字迹要清楚醒目，不宜轻易更改，尤其对金额、件数和重量等，更不宜改动。

为了做好履行出口合同的四个环节工作，并使各环节的工作互相衔接，做到环环扣紧，防止出现脱节现象，我们必须做好"四排"、"三平衡"的工作。

"四排"是指以买卖合同为对象，根据履行合同的进程卡片反映的情况，其中包括信用证是否开到、货源是否落实等情况，将其进行分类排队，排出四种类型：一是有证有货，二是有证无货，三是无证有货，四是无证无货。通过"四排"发现问题，及时解决。

"三平衡"是以信用证为对象，根据信用证规定的装运期和信用证有效期的远近，结合货源，船源情况，分出轻重缓急，力争做到货、证、船三方面的衔接和平衡，防止出现有货无船、有船无货、拖延装运或制单，结果赶不上在信用证有效期内进行等脱节现象。

做好上述"四排""三平衡"的工作，使货、证、船互相衔接，做到环环紧扣，有利于提高履约率和经济效益。

履行凭信用证付款的 CIF 出口合同时，上述四个基本环节是不可缺少的，但是，在履行按其他付款方式或其他贸易术语成交的出口合同时，其工作环节则有所不同。例如，在采用汇付或托收的情况下，就没有我方催证、审证和改证的工作环节；在履行 CFR 出口合同时，就没有我方负责投保的工作；在履行 FOB 出口合同时，我方既无承担租船订舱的任务，也无投保货物运输险的责任。由此可见，履行出口合同的环节和工作内容，主要取决于合同的类别及其所采用的支付方式。

此外，在履行出口合同过程中，如因国外买方未按时开证或未按合同规定履行义务，致使我方遭受损失，我们应根据不同对象、不同情况及损失程度，有理有据地及时向对方提出索赔，以维护我方的正当权益；当外商对我方交货的品质、数量、包装不符合约定的条件，或我方未按时装运，致使对方蒙受损失而向我方提出索赔时，我方应在调查研究的基础上，查明事实，分清责任，酌情作出适当的处理，如确属我方责任，我们应实事求是地予以赔偿，如属外商不合理的要求，我们必须以理拒赔。

第二节　进口合同的履行

我国进口货物，大多数是按 FOB 条件并采用信用证付款方式成交，按此条件签订的进口合同，其履行的一般程序包括：开立信用证，租船订舱，接运货物，办理货运保险，审单付款，报关提货验收与拨交货物和办理索赔等。

一、开立信用证

买方开立信用证是履行合同的前提条件，因此，签订进口合同后，应按规定办理开证手续。如合同规定在收到卖方货物备妥通知或在卖方确定装运期后开证，买方应在接到上述通知后及时开证；如合同规定在

小思考

信用证诈骗主要有几种形式？如何判断警告信号？

卖方领到出口许可证或支付履约保证金后开证,买方应在收到卖方已领到许可证的通知,或银行传知履约保证金已付讫后开证,买方向银行办理开证手续时,必须按合同内容填写开证申请书,银行则按开证申请书内容开立信用证,因此,信用证内容是以合同为依据开立的,它与合同内容应当一致。

卖方收到信用证后,如要求展延装运期和信用证有效期或变更装运港等,若买方同意卖方的请求,即可向银行办理改证手续。

按 FOB 条件签订进口合同时,应由买方安排船舶,如买方自己没有船舶,则应负责租船订舱或委托租船代理办理租船订舱手续,当办妥租船订舱手续后,应及时将船名及船期通知卖方,以便卖方备货装船,避免出现船等货的情况。

二、接运货物

买方备妥船后,应做好催装工作,随时掌握卖方备货情况和船舶动态,催促卖方做好装船准备工作。对于数量大或重要的进口货物,必要时,可请我驻外机构就地协助了解和督促对方履约,或派员前往出口地点检验监督,以利接运工作的顺利进行。

三、办理货运保险

凡由我方办理信用证的进口货物,当接到卖方的装运通知后,应及时将船名、提单号、开航日期、装运港、目的港以及货物的名称和数量等内容通知中国人民保险公司,即作为办妥投保手续,保险公司即按预允保险合同的规定对货物负担自动承保的责任。

四、审单付款

货物装船后,卖方即凭提单等有关单据向当地银行议付货款,当议付行寄来单据后,经银行审核无误即通知买方付款赎单。如经银行配合审单发现单证不符或单单不符,应分别看情况进行处理。处理办法很多,如:拒付货款;相符部分付款,不符部分拒付;货到检验合格后再付款;凭卖方或议付行出具担保付款,在付款的同时提出保留索赔权。

五、报关提货

买方付款赎单后,一旦货物运抵目的港,即应及时向海关办理申报手续。经海关查验有关单据、证件和货物,并在提单上签章放行后,即可凭以提货。

六、验收和拨交货物

凡属进口的货物,都应认真验收,如发现品质、数量、包装有问题应及时取得有效的检验

> **小案例**
>
> 美国哈迪公司以"FOB 里斯本"的条件向英国庞德公司购买 300 公吨葡萄牙松节油,而实际上该批货物由葡萄牙供货人供货,并规定由该供货人取得出口许可证。但当作为买方的美国船只到达里斯本港口时,葡萄牙政府拒绝签发货物发往东德的出口许可证,卖方船只由此未能装船。美方向英国上议院提起上诉。根据 FOB 合同规定,英国上议院应如何判决?

证明,以便向有关责任方提出索赔或采取其他救济措施。

对于法定检验的进口货物,必须向卸货地或到达地的商检机构报验。未经检验的货物,不准销售和使用。为了在规定时效内对外提出索赔,凡属下列情况的货物,均应在卸货港口就地报验:①合同订明须在卸货港检验的货物;②货到检验合格后付款的;③合同规定的索赔期限很短的货物;④卸货时已发现残损、短少或有异常的货物。

如无上述情况,而用货单位不在港口的,可将货物转运至用货单位所在地,由其自选验收,验收中如发现问题,应及时请当地商检机构出具检验证明,以便在索赔有效期内对外提出索赔。

货物进口后,应及时向用货单位办理拨交手续,如用货单位在卸货港所在地,则就近拨交货物;如用货单位不在卸货地区,则委托货运代理将货物转运内地,并拨交给用货单位,在货物拨交后,外贸公司再与用货单位进行结算。

在履行凭信用证付款的 FOB 进口合同时,上述各项基本环节是不可缺少的,但是在履行凭其他付款方式和其他贸易术语成交的进口合同时,则其工作环节有别。如:在采用汇付或托收的情况下,就不存在买方开证的工作环节;在履行 CFR 进口合同时,买方则不负责租船订舱,此项工作由卖方办理;在履行 CIF 进口合同时,买方不仅不承担货物从装运港到目的港的运输任务,而且不负责办理货运投保手续,此项工作由卖方按约定条件代为办理。这就表明,履行进口合同的环节和工作内容,主要取决于合同的类别及其所采取的支付条件。

此外,在履行进口合同过程中,往往因卖方未按期交货或货到后发现品质、数量和包装等方面有问题,致使买方遭受损失,而需向有关方面提出索赔。进口索赔事件虽不是每笔交易一定发生,但为了维护买方的利益,买方对此项工作应当常备不懈,随时注意一旦出现卖方违约或发生货运事故,应切实做好进口索赔工作,为此,我们必须注意下列事项:在查明原因、分清责任的基础上确定索赔对象;根据事故性质和致损原因的不同,向责任方提出索赔。如:凡属原装短少和品质、规格与合同不符,应向卖方提出索赔;货物数量少于提单所载数量,或在签发清洁提单情况下货物出现残损短缺,则应向承运人索赔;由于自然灾害、意外事故而使货物遭受承保险别范围内的损失,则应向保险公司索赔。

七、索赔

(一)提供索赔证据

为了保证索赔工作的顺利进行,必须提供切实有效的证据。如:事故记录、短卸或残损证明和联检报告等,必要时还可提供物证或实物照片等。

(二)掌握索赔期限

向责任方提出索赔,应在规定的期限内提出,过期提出索赔无效,在合同内一般都规定了索赔期限。

向卖方索赔,应在约定期限内提出,如合同未规定索赔期限,按《联合国国际货物销售合同公约》规定,买方向卖方声称货物不符合合同时限,是买方实际收到货物之日起两年。

向船公司索赔的时限,按《海牙规则》规定,是货物到达目的港交货后一年。

向保险公司索赔的时限,按中国人民保险公司制订的《海洋运输货物保险条款》规定,为货物在卸货全部卸离海轮后两年。

(三) 索赔金额

索赔金额应适当确定,除包括受损商品价值外,还应加上有关费用(如检验费等)。索赔金额究竟多少,其中究竟包括哪些费用,应视具体情况而定。

索赔工作是一项非常复杂和艰巨的工作,需要许多相关部门的密切合作。在索赔工作中,一定要责任明确、证据确凿、单证齐全、要求合理。

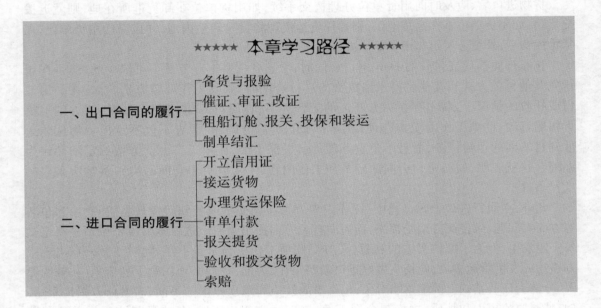

本章复习思考题

1. 在履行出口合同过程中,采用 CIF 条件和信用证支付方式一般包括哪些环节?
2. 在申请开立信用证时要注意哪些问题?
3. 在履行进口合同过程中,采用 FOB 条件和信用证支付方式一般包括哪些环节?
4. 进口索赔的对象有哪些?

知识扩充

报关注意事项

一、报关资料

(1) 已盖好"订舱章""进场章""申报章"的排载单第六、七、八联

(2) 报关委托书

(3) 发票、装箱清单

(4) 出口收汇核销单

（5）国家规定的其他单证（根据需要），如：出口货物通关单、许可证等

二、报关注意事项

（1）注意海关截单时间（最好提前一天半）

（2）排载单资料与报关资料相符

（3）一票多柜时，清单必须注明每柜装货明细

（4）注明货源地

（5）核销单必须有电子数据（由客户输入）

（6）专利产品必须有授权书

（7）鞋子必须注明面料（布面、皮面等）

（8）其他：如通关单、许可证。若是转关货物还需将司机手册、海关关封、报关委托书送报关行，并要求重箱及时送码头，以便报关行及时办理转关手续

三、报关结果

（1）关出单：自查放行、现场查验、技术查验

（2）关介绍、异地报关、转关资料与流程

（3）将海关已放行的排载单送码头

四、"送放行"的流程

（1）根据要求配上"边检单"（或盖边检申报章）

（2）将已盖海关"放行章"的排载单第六、七、八联和相应的"边检单"一起交给码头客户服务部

（3）取回盖好码头"业务章"的第八联，作为向船东（或船代）领取提单的凭证

第十章 出口许可证、货运单证、产地证书和保险单证的缮制

本章以我国出口贸易的实际业务为背景，围绕出口许可证、托运书、产地证书和保险单证流转这一主线，系统地阐述了出口许可证、运输单据、原产地证书和保险单据的种类、作用、格式、内容和缮制方法，并运用了范例和点评的具体形式，帮助学生全面掌握缮制外贸单证的工作。

趣味小问题

《环球时报》一则消息称：由于波音公司向中国出售的商业客机上的 QRS－11 陀螺仪电脑芯片具有军事用途，可以帮助稳定和引导制导导弹，为此美国政府准备起诉波音公司。美国国务院的指控信称：在五年前波音公司就知道 QRS－11 的陀螺仪芯片出售到另一个国家需要一张出口许可证。如此次指控属实，这家生产基地设在西雅图的航空业巨头将面临最高 4700 万美元的罚款。 那么，什么是出口许可证呢？ 它有什么作用？出口许可证由哪个部门签发？ 其申请程序及缮制方法又如何呢？ （本节的内容会给出详尽的描述）

第一节 签发出口许可证

一、出口许可证的含义

出口许可证(export licence)是指出口国政府有关当局签发批准商品出口的证明文件。在我国外贸实务中,凡纳入许可证管理的商品都必须向商务部及其驻各口岸特派员办事处或商务部授权的省、直辖市、特区的经贸主管部门申请签发进口或出口货物许可证。

二、出口许可证的作用

在贸易政策、制度多元化的今天,虽然各国对出口贸易的管制不同,但一般都会规定对本国出口的某些货物或技术实行许可管理,其具体做法就是使用出口许可证。出口货物许可证的作用主要有:

① 国家根据国别政策和国际市场的变化可调节商品的出口;
② 避免本国出口商品在国际市场上的盲目竞争,控制管理出口商品的数量与价格;
③ 海关查验放行的必备文件。

出口企业向签证机关申请签发出口货物许可证,要在装运前向签证机关递交出口货物许可证申请表并随附发票和合同等有关单证,如手续完备,符合规定,签证机关于 3 个工作日内予以办理。

三、申请签发出口许可证实例

(一)缮制材料

1. 销售确认书

苏州毛织品进出口贸易公司

SUZHOU KNITWEAR AND MANUFACTURED GOODS IM/EXTRADE CORPORATION

321,ZHONGSHAN ROAD, SUZHOU, CHINA

TEL:(0512)64042521
FAX:(0512)64042522

销售确认书

S/C No:ST303
DATE:JAN.10,2018

To Messrs:

YI YANG TRADING CORPORATION

88 MARAHALL AVE DONCASTER VIC 3108 CANADA

敬启者:

兹确认售予你方下列货品,其成交条款如下:

Dear Sirs,

We hereby confirm having sold to you the following goods on terms and conditions as specified below:

唛 头 SHIPPING MARK	货物描述及包装 DESCRIPTIONS OF GOODS, PACKING	数 量 QUANTITY	单 价 UNIT PRICE	总 值 TOTAL AMOUNT
Y. Y. T. C ST303 MONTREAL C/No. 1 – 367	COTTON TEATOWELS SIZE 10" ×10" PACKED IN BALE OF 200 DOZS. EACH SIZE 20" ×20" PACKED IN BALE OF 100 DOZS. EACH SIZE 30" ×30" PACKED IN BALE OF 50 DOZS. EACH	16000DOZS 6000DOZS 11350DOZS	CIF MONTREAL USD1. 31 USD2. 51 USD4. 73	USD20960. 00 USD15060. 00 USD53685. 50 USD89705. 50

装运港：　SHANGHAI PORT

LOADING PORT：

目的港：　MONTREAL PORT

DESTINATION：

装运期限：　LATEST DATE OF SHIPMENT 180531

TIME OF SHIPMENT：

分批装运：　ALLOWED

PARTIAL SHIPMENT：

转 船：　ALLOWED

TRANSHIPMENT：

保 险：FOR 110 PERCENT OF THE INVOICE VALUE COVERING ALL RISKS AS PER PICC
1/1/1981

INSURANCE：

付款条件：L/C AT SIGHT

TERMS OF PAYMENT：

　　买方须于2018 年2 月20 日前开出本批交易的信用证（或通知售方进口许可证号码），否则，售方有权不经过通知取消本确认书，或向买方提出索赔。The Buyer shall establish the covering Letter of Credit（or notify the Import License Number）before FEB. 20, 2018, falling which the Seller reserves the right to rescind without further notice, or to accept whole or any part of this Sales Confirmation non-fulfilled by the Buyer, or, to lodge claim for direct losses sustained, if any.

　　凡以 CIF 条件成交的业务，保额为发票价的110%，投保险别以售货确认书中所开列的为限，买方如果要求增加保额或保险范围，应于装船前经卖方同意，因此而增加的保险费由买方负责。For transactions conclude on CIF basis, it is understood that the insurance amount will be for 110% of the invoice value against the risks specified in Sales Confirmation. If additional insurance amount or coverage is required, the buyer must have consent of the Seller before Shipment, and the additional premium is to be borne by the Buyer.

　　品质/数量异议：如买方提出索赔，凡属品质异议须于货到目的口岸之60 日内提出，凡属数量异议须于货到目的口岸之30 日内提出，对所装货物所提任何异议属于保险公司、轮船公司等其他有关运输或邮递机构,卖方不负任何责任。QUALITY/QUANTITY DISCREPANCY: In case of quality discrepancy, claim should be filed by the Buyer within 60 days after the arrival of the goods at port of destination, while for quantity discrepancy, claim should be filed by the Buyer within 30 days after the arrival of the goods at port of destination. It is understood that the seller shall not be liable for any discrepancy of the goods shipped due to causes for which the Insurance Company, Shipped Company other transportation organization/or Post Office are liable.

本确认书内所述全部或部分商品,如因人力不可抗拒的原因,以致不能履约或延迟交货,卖方概不负责。The Seller shall not be hold liable for failure of delay in delivery of the entire lot or a portion of the goods under this Sales Confirmation in consequence of any Force Majeure incidents.

买方在开给卖方的信用证上请填注本确认书号码。The Buyer is requested always to quote THE NUMBER OF THIS SALES CONFIRMATION in the letter of Credit to be opened in favour of the Seller.

买方收到本售货确认书后请立即签回一份,如买方对本确认书有异议,应于收到后五天内提出,否则认为买方已同意接受本确认书所规定的各项条款。The buyer is requested to sign and return one copy of the Sales Confirmation immediately after the receipt of same, Objection, if any, should be raised by the Buyer within five days after the receipt of this Sales Confirmation, in the absence of which it is understood that the Buyer has accepted the terms and condition of the sales confirmation.

买方:**YI YANG**　　　　　　　　　　　　　卖方:**童莉**
THE BUYER:　　　　　　　　　　　　　　　THE SELLER:

2. 信用证资料(L/C NO.TH2003)

NATIONAL PARIS BANK
24 MARSHALL VEDONCASTER MONTREAL, CANADA.

FORM OF DOC. CREDIT	* 40A:IRREVOVABLE
DOC. CREDIT NUMBER	* 20:TH2003
DATE OF ISSUE	31C:180212
EXPIRY	* 31D:DATE 180618 PLACE IN THE COUNTRY OF BENEFICIARY
APPLICANT	* 50:YI YANG TRADING CORPORATION 88 MARAHALL AVE DONCASTER VIC 3108 CANADA
BENEFICIARY	*59:SUZHOU KNITWEAR AND MANUFACTURED GOODS IMPORT AND EXPORT CORP. 321, ZHONGSHANLOAD SUZHOU, CHINA
AMOUNT	* 32B:AMOUNT USD 89 705.50
AVAILABLE WITH/BY	* 41D:ANY BANK BY NEGOTIATION IN BENEFICIARY'S COUNRTY

DRAFTS AT...	42C : DRAFTS AT SIGHT FOR FULL INVOICE COST
DRAWEE	42A : NATIONAL PARIS BANK
	24 MARSHALL VEDONCASTER MONTREAL
	CANADA
PARTIAL SHIPMENTS	43P : ALLOWED
TRANSSHIPMENT	43T : ALLOWED
LOADING IN CHARGE	44A : SHANGHAI
FOR TRANSPORT TO...	44B : NATIONAL PORT
LATEST DATE OF SHIP.	44C : 180531
DESCRIPT. OF GOODS	45A : COTTON TEATOWEL

AS PER S/C ST303

DESCRIPTIONS		QUANTITY	UNIT PRICE
COTTON TEATOWEL			
1—300	10" × 10"	16000 DOZS	USD 1.31
301—600	20" × 20"	6000 DOZS	USD 2.51
601—900	30" × 30"	11350 DOZS	USD 4.73

CIF MONTREAL

DOCUMENTS REQUIRED	46A : + SIGNED COMMERCIAL INVOICE IN TRIPLICATE.

+ PACKING LIST IN TRIPLICATE.

+ PHOTOCOPY OF G. S. P. CERTIFICATE OF ORIGIN FORM A IN DUPLICATE.

+ MARINE INSURANCE POLICY OR CERTIFICATE IN DUPLICATE FOR 110 PCT OF INVOICE VALUE COVERING ALL RISKS AS PER P. I. C. C AND BLANK ENDORSED.

+ 2/3 SET OF CLEAN ON BOARD OCEAN BILLS OF LADING MADE OUT TO ORDER OF SHIPPER AND BLANK ENDORSED AND MARKED FREIGHT PREPAID AND NOTIFY APPLICANT.

DETAILS OF CHARGES	71B : ALL BANKING CHARGES OUTSIDE MONTREAL ARE FOR ACCOUNT OF BENEFICIARY.
PRESENTATION PERIOD	48 : DOCUMENTS MUST BE PRESENTED WITHIN 15 DAYS AFTER THE DATE OF SHIPMENT BUT WITHIN THE VALIDITY OF THE CREDIT.
CONFIRMATION	*49 : WITHOUT.

3. 补充资料

(1) 苏州毛织品进出口公司编码:195762654

(2) 出口许可证编号:2010122433

(3) 商品编码:8744.0151

（4）商业发票编号：T03617

（5）商业发票日期：2018 年 5 月 27 日

（二）缮制出口许可证申请表

出口货物许可证申请表（Export Licence Application）由出口商填制，其主要内容与缮制方法如下：

1. 出口商及编码

填出口商全称，注明在海关注册的企业代码及领证人姓名。

2. 发货人及编码

按信用证或合同规定填写，并与运输单据中显示的托运人相符。

3. 出口许可证号

此栏留空，由签证机关填制。

4. 出口许可证有效截止日期

"一批一证"制的商品为 3 个月，其他情况下的商品为 6 个月，应根据装运实际需要填写。

5. 贸易方式

根据实际方式填写，如：一般贸易、进料加工、来料加工等。

6. 合同号

填入该批出口合同编号，长度不超过 20 个字节。

7. 报关口岸

填写实际装运口岸，注明全称。

8. 进口国（地区）

应填写目的港（地）国家的全称。

9. 付款方式

按合同支付条款的规定填写，如：L/C、T/T 等。

10. 运输方式

应与合同规定的一致，如：海运、空运等。

11. 商品名称及商品编码

根据《中华人民共和国海关统计商品目录》规定的商品标准名称和统一编码填写。

12. 规格、型号

填写实际规格，不同规格应分行表示，计量单位按 H.S 编码规则填写。

13. 单位

填写与合同规定一致的计量单位名称。

14. 数量

必须填写实际出运的数量，并与发票的相关内容一致。

15. 单价

按合同成交的单价填制，并与发票的相关内容一致。

16. 总值

按合同成交的总额填写，并与发票总金额相同。

17. 总值折美元

按外汇牌价折算为美元记入。

18. 总计

各栏的合计数分别填入本栏内。

19. 备注

如有特别要求或说明,在此栏注明。

20. 签证机构审批(初审)

发证机关审核无误后盖章,由授权人签名,并注明签证日期。

苏州毛织品进出口贸易公司填写出口许可证申请书范例:(样例10-1)

样例10-1

中华人民共和国出口许可证申请表

1. 出口商:苏州毛织品进出口贸易公司 代码:195762654 领证人姓名:童莉　电话:(0512)64042521				3. 出口许可证号:		
2. 发货人:　　代码:3106785432 苏州毛织品进出口贸易公司				4. 出口许可证有效截止日期: 　　　　年　月　日		
5. 贸易方式: 一般贸易				8. 进口国(地区): 加拿大		
6. 合同号: ST303				9. 付款方式: L/C		
7. 报关口岸: 苏州				10. 运输方式: 江海运输		
11. 商品名称:全棉毛巾				商品编码:8744.0151		
12. 规格、等级	13. 单位	14. 数量	15. 单位(USD)	16. 总值(USD)	17. 总值折美元	
10"×10"	DOZ	16000	1.31	20960.00	20960.00	
20"×20"	DOZ	6000	2.51	15060.00	15060.00	
30"×30"	DOZ	11350	4.73	53685.50	53685.50	
18. 总计 Total	DOZ	33350		89705.50	89705.50	
19. 备注 申领日期:				20. 签证机构审批(初审): 　　　　　　　　　经办人: 终审:		

填表说明:(1) 本章应用正楷逐项填写清楚,不得涂改、遗漏,否则无效。
　　　　(2) 本表内容需打印多份许可证的,请在备注栏内注明。

（三）缮制商业发票

商业发票(commercial invoice)简称发票,是卖方向买方签发的载明货物的品质、数量、包装和价格等内容,并凭以索取货款的凭证。在国际贸易实务中,商业发票起着非常重要的作用。其主要是:

① 发票是买卖双方收付货款和记账的依据;

② 发票是买卖双方办理报关、纳税和计算佣金的依据;

③ 如信用证中不要求提供汇票,发票可代替其作为付款的依据;

④ 发票是全套结汇单据的核心,是缮制其他出口单据的依据。

商业发票由出口企业自行拟制,无统一格式,但基本内容和缮制方法大致相同。

1. 出票的名称与地址(Exporter's Name and Address)

出票人的名称、地址应与合同的卖方或信用证的收益人的名称、地址相同。制单时,应标出出票人的中英文名称和地址。一般出口企业印刷的空白发票,都事先会将该公司的名称、地址、电话和传真印在发票的正上方。

2. 发票名称(Name of Document)

发票名称应用英文粗体标出"Commercial Invoice"或"Invoice"字样。如果信用证指定"Detailed Invoice"或"Receipted Invoice"等发票名称时,应照办。

3. 发票编号(No.)

发票编号由出口公司根据本公司的实际情况自行编制,是全套结汇单据的中心编号。

4. 发票日期(Date)

发票日期按实际日期填写,应晚于合同日期或开证日,早于提单等签发日期。

5. 信用证编号(L/C No.)

信用证项下的发票应填信用证号码,必须与该信用证的编号相同。

6. 合同编号(Contract No.)

合同编号应与信用证的列明一致,信用证未明确规定,可不填。其他支付方式需填入。

7. 收货人(Messrs)

在信用证支付方式下,须按信用证规定的填制,一般是开证申请人。托收方式下,通常是买方。两者填写时,名称地址不应同行放置,应分行表明。

8. 运输工具及航线(From...to...)

填写货物实际的起运港(地)、目的港(地)以及运输方式。运输方式用 by 表示,如果货物需经转运,应把转运港(地)的名称表示出来。如:By s. s "Red Star" from Shanghai to London W/T Rotterdam;From Guangzhou to Piraeus W/T Hong Kong by steamer。

9. 唛头及件号(Marks and Number)

发票唛头应按信用证或合同规定的填制,其他单据的唛头应与其一致。如没有唛头,则填写 N/M。如货物运至目的港后再转运内陆城市,可在目的港下方打 In transit to . . . 或 In transit 字样。

10. 货物描述（Description of Goods）

货物描述一般包括品名、品质、数量和包装等内容。在信用证方式下，必须与信用证的描述一致。如为其他支付方式，应与合同规定的内容相符。

小知识

常见的信用证引导货物内容的词或词组

(1) description of goods；

(2) description of merchandise；

(3) covering shipment of；

(4) covering the following foods by；

(5) covering value of；

(6) shipment of goods.

11. 单价及价格术语（Unit Price and Trade Terms）

完整的单价应包括计价货币、单位价格、计量单位和贸易术语四部分内容。如：USD100 Per KG CIF London。

12. 总值（Total Amount）

发票总额不能超过信用证金额，对于佣金和折扣应按信用证规定的处理。如果来证要求分别列出运费、保险费和 FOB 价格，必须照办。

13. 声明文句及其他内容（Declaration and Other Contents）

根据信用证的规定或特别需要在发票上注明的相关内容。如：(1)证明文句，We hereby declare that the goods are of pure national origin of the exporting country（兹声明该商品保证产于出口国）；We hereby certify that the contents of invoice herein are true and correct（兹证明发票中的内容是真实正确的）。(2)某些参考号，Import License No.（进口许可证号码）；Contract No.（合同号码）。

14. 出票人签章（Signature）

出票人签章，通常是在发票的右下角打上出口公司的名称，并由经办人签名或盖章。如信用证规定手签（Manually Signed），则必须按规定照办。对墨西哥和阿根廷等国的出口，无论信用证是否规定，都必须手签。

商业发票实样：（样例10－2）

苏州毛织品进出口贸易公司缮制发票范例：（样例10－2）

样例 10－2

苏州毛织品进出口贸易公司

SUZHOU KNITWEAR AND MANUFACTURED GOODS IMPORT & EXPORT TRADE CORP.

321 ZHONGSHAN ROAD, SUZHOU, CHINA

COMMERCIAL INVOICE

POST CODE:200132

FAX:0512－64042522

TEL:0512－64042521

INVOICE NO. T03617

DATE:MAY.01,2018

S/C NO. ST 303

L/C NO. TH2003

DATE:FEB.12,2018

To Messrs：YI YANG TRADING CORPORATION

　　　　　　88 MARAHALL AVE

　　　　　　DONCASTER VIC 3108

　　　　　　CANADA

FROM　SHANGHAI　　　　　　　　　　　　TO　MONTREAL

唛头号码 MARKS & NO.	货物品名 DESCRIPTIONS OF GOOD	数　量 QUANTITY	单　价 UNIT PRICE	总　值 AMOUNT
Y. Y. T. C ST303 MONTREAL C/No. 1－367	COTTON TEATOWELS 10"×10" 20"×20" 30"×30" AS PER S/C No. ST303	16000DOZS 6000DOZS 11350DOZS	CIF MONTREAL USD1.31 USD2.51 USD4.73	USD20960.00 USD15060.00 USD53685.50 USD89705.50

TOTAL AMOUT：SAY US DOLLARS EIGHTY-NINE THOUSAND SEVEN HUNDRED AND FIVE POINT FIVE ONLY

WE HEREBY CERTIFY THAT THE ABOVE MENTIONED GOODS ARE OF CHINESE ORIGIN

SUZHOU KNITWEAR AND MANUFACTURED GOODS

IMPORT & EXPORT TRADE CORPORATION

董莉

点评：

- 发票是单证工作中的核心单据,必须正确缮制。
- 发票总金额应用英文大写表示。
- 唛头应按信用证规定填写,如其未作规定,出口商可自行决定。

小思考

　　苏州毛织品进出口贸易公司的单证员在缮制完商业发票后,如果没有在发票上签名盖章,会遭到开证行的拒付吗？为什么？

（四）发证机关签发出口许可证实例

样例 10-3

<table>
<tr>
<th colspan="3" style="text-align:center">中华人民共和国出口许可证
EXPORT LICENCE OF THE PEOPLE'S REPUBLIC OF CHINA</th>
</tr>
<tr>
<td colspan="2">出口商
Exporter　　　编码 195762654
苏州毛织品进出口贸易公司</td>
<td>出口许可证编号
Licence No. 2010122433</td>
</tr>
<tr>
<td colspan="2">发货商
Consignee　　　苏州毛织品进出口公司</td>
<td>出口许可证有效截止日期
Export Licence Expiry Date 2018.6.20</td>
</tr>
<tr>
<td colspan="2">贸易方式
Terms of Trade　　　一般贸易</td>
<td>进口国（地区）　加拿大
Country/Region of Importation</td>
</tr>
<tr>
<td colspan="2">合同号
Contract No.　　　ST 303</td>
<td>收款方式
Terms of Payment　　　L/C</td>
</tr>
<tr>
<td colspan="2">报关口岸
Port of Clearance　　苏州海关</td>
<td>运输方式
Means of Transport　　　江海运输</td>
</tr>
<tr>
<td colspan="2">商品名称
Description of Goods　　全棉茶巾</td>
<td>商品编码
Code of Goods　　　8744.0151</td>
</tr>
</table>

商品规格型号 Specification	单位 Unit	数量 Quantity	单价（USD） Unit Price	总值（USD） Amount	总值折美元 Amount in USD
10" ×10"	DOZ	16000	1.31	20960.00	20960.00
20" ×20"	DOZ	6000	2.51	15060.00	15060.00
30" ×30"	DOZ	11350	4.73	53685.50	53685.50
总计 Total	DOZ	33350		89705.50	89705.50

<table>
<tr>
<td>备注
Supplementary Details</td>
<td>发证机关盖章
Issuing Authority's Stamp & Signature

发证日期
Date　　　2018 年 3 月 20 日</td>
</tr>
</table>

商务部监制　　　　　　　　　　　　　　　　　　　　　本证不得涂改,不得转让

小知识

1. 出口许可证必须准确填制,内容真实,否则要承担法律责任。

2. 规格、型号及单位有四个子栏,每栏限 8 个汉字,内容多可附清单。为了简便,通常单价一栏免填。

3. 商品名称未列入《商品名称及编码协调制度》内,一律用 "9999" 表示该商品编码。

第二节　办理海运货物运输

在货物运输委托中,出口商为托运人,船代、货代和外运公司等为承运人或其代理人。托运人办理出运时,要向承运人或其代理人递交托运委托书和发票、装箱单等单据。承运人或其代理人则负责租船订舱和配载等业务。货物出运后,由承运人或其代理人签发海运提单。

一、海运提单的含义

海运提单(bill of lading)简称提单,是由船公司或其代理人收到承运货物时或将其装船后,向托运人签发的货物收据,是物权凭证,是运输合同的证明。

二、海运提单的种类

(一)已装船提单与备运提单

已装船提单(on board B/L)是指货物装船后,由承运人签发给托运人的提单,须载明装货船名和装船日期。由于这种提单对收货人的按时收货有保障,因此,在买卖合同和信用证中一般都规定卖方应提供已装船提单。

备运提单(received for shipment B/L)是承运人在收到托运货物等待装船期间向托运人签发的提单。由于该提单没有确切的装船日期,且不注明装运船只的名称,实际业务中一般不使用。

(二)清洁提单与不清洁提单

清洁提单(clean B/L)指装运时货物的外表状况良好,承运人未加有关货损或包装不良之类批注的提单。

不清洁提单(unclean B/L or Foul B/L)指装运后,承运人加注了货物外表状况不良或存在缺陷之类批注的提单。银行拒绝接受不清洁提单。

(三)记名提单与不记名提单

记名提单(straight B/L)是在提单中的收货人栏内填明收货人的名称。这种提单只能是指定的收货人提货,不能转让,故银行不愿接受这种提单作为议付证件,因而在国际贸易实务中极少使用。

不记名提单(blank B/L or open B/L)是指在提单上收获栏内不填写收货人或指示人的名称而留空,或只填写"来人"(bearer)字样,可不作任何背书就能将提单转让或提取货物。因其安全性极差,故实际业务中不使用。

(四)直达提单、转船提单、联运提单

直达提单(direct B/L)是指货物从装运港直接运抵目的港的提单。直达提单中只列有装运港和目的港名称,不得有"中途转船"、"在某港转船"等批注。

转船提单(transhipment B/L)是指货物须经中途转船才能到达目的港而由承运人在装运

国际贸易实务

港签发的全程提单。转船提单上一般注有"在某港转船"字样,以及转船船名等。货物在中途港口转船换装,常常会增加货物受损及等候船舶延误到货时间的风险。因此,除另有约定外,进口方一般不允许转船。

联运提单(through B/L)是指货物须经过海运和其他运输方式联合运输时,由第一承运人所签发的,包括全程运输,并能在目的港或目的地凭以提货的提单。

三、办理海运货物实例

(一)缮制材料

(1)销售确认书(S/C No. ST303)
(2)信用证(TH2003)
(3)补充资料

包装重量

		G. W	N. W
SIZE	10"×20"	58KGS/ BALES	57KGS/ BALES
SIZE	20"×10"	54KGS/ BALES	53KGS/ BALES
SIZE	30"×30"	53KGS/ BALES	51KGS/ BALES

包装体积

SIZE	10"×20"	0.1624 M³/ BALES
SIZE	20"×10"	0.176 M³/ BALES
SIZE	30"×30"	0.13 M³/ BALES

(二)缮制装箱单

装箱单(packing list or packing)又称包装单、码单,是用以说明货物包装细节的清单。

装箱单是补充发票内容,详细记载包装方式、包装材料、包装件数、货物规格、数量、重量等内容,便于进口商和海关对货物的核准与检查。

出口企业制作的装箱单的格式不尽相同,但其内容和缮制方法主要有:

1. **出口企业名称和地址**(Exporter's Name and Address)
出口企业的名称地址应与发票同项内容一致,缮制方法相同。

2. **单据名称**(Name of Document)
单据名称通常用英文粗体标出,常见的英文名称有:Packing List(Note),Packing Specifications,Specifications。实际使用中,应与信用证要求的名称相符,未作规定可自行选择。

3. **装箱单编号**(No.)
一般填发票号码,也可填合同号。

4. **出单日期**(Date)
通常填发票签发日,不得早于发票日期,但可晚于发票日期1至2天。

5. **唛头**(Shipping Mark)
唛头制作要符合信用证或合同的规定,并与发票的唛头相一致。

6. **品名和规格**(Name of Commodity and Specifications)
品名和规格必须与信用证或合同的描述相符。规格包括商品规格和包装规格,如:

Packed in polythene bags of 3kgs each，and then in inner box，20 boxes to a carton.（每3公斤装一塑料袋,每袋装一盒,20盒装一纸箱。）

7. 数量（Quantity）

填写实际件数,如品质规格不同应分别列出,并累计其总数。

8. 单位（Unit）

填写外包装的包装单位,如:箱、包、桶等。

9. 毛重（Gross Weight）

填入外包装每件重量,规格不同要分别列出,并累计其总量。

10. 净重（Net Weight）

填写每件货物的实际重量并计其总量。

11. 尺码（Measurement）

填写每件包装的体积,并标明总尺码。

12. 签章（Signature）

出单人签章应与商业发票相符,如果信用证规定中性包装,此栏可不填。

苏州毛织品进出口贸易公司缮制装箱单范例:（样例10－4）

样例10－4

苏州毛织品进出口公司
SUZHOU KNITWEAR AND MANUFACTURED GOODS IMPORT & EXPORT TRADE CORPOR.
321 ZHONGSHAN ROAD SUZHOU, CHINA
PACKING LIST

POST CODE：200132
FAX：0512－64042522
TEL：0512－64042521
TO：

YI YANG TRADING CORPRATION
88 MARSHALL AVE
DONCASTER VIC 3108
CANADA

INVOICE NO. T03617
DATE：MAY. 01,2018
S/C NO. ST303
SHIPPING MARKS：

Y. Y. T. C
ST303
MONTREAL
C/NO. 1－367

C\NOS.	NOS & KINDS OF PKGS (BALES)	QTY (DOZENS)	G. W (KGS)	N. W (KGS)	MEAS (M³)
	COTTON TEATOWELS				
	SIZE 10"×10" 80				
1—80	PACKED IN 80BALES OF 200 DOZ. EACH	16000	58	57	0.1624
81—140	SIZE 20"×20" 60	6000	54	53	0.176
141—367	PACKED IN 60 BALES OF 100 DOZ. EACH	11350	53	51	0.13
	SIZE 30"×30" 227				
	PACKED IN 227 BALES OF 50 DOZ. EACH				
TOTAL：		33350	19911	19317	53.06

TOTAL BALES：SAY THREE HUNDRED AND SIXTY SEVEN ONLY

SUZHOU KNITWEAR AND MANUFACTURED GOODS
IMPORT & EXPORT TRADE CORPORATION

童莉

点评：

- 装箱单编号与日期通常采用发票的号码与日期,便于资料归档查询。
- 总包装件数应用英文数字大写表示。

小思考

如果信用证没有对装箱单作签章的规定,出口商是否一定都要签字盖章？为什么？

（三）缮制货运委托书

货运委托书是出口商在办理出口货物托运时填写,向承运人或其代理人提出申请,是承运人或其代理人制作提单的依据。

货运委托书无统一格式,各货运代理公司制作的内容大致相同。其主要缮制方法如下：

1. 经营单位

通常填写出口商名称,并与发票同项内容一致。

2. 编号

订舱委托书编号由货运代理公司提供,并由其填写。

3. 发货人

填写实际发货人的名称。

4. 收货人

应根据信用证的规定填写。

5. 通知人

通常填写进口商名称,并注明地址和通讯号码。

6. 海洋运费

CIF 和 CFR 选择预付,FOB 选择到付。

7. 毛重

填写本批货物总的毛重数量。

8. 尺码

填写本批货物总的体积数。

苏州毛织品进出口贸易公司填写货运委托书范例:(样例 10 - 5)

样例 10-5

货运订舱委托书

经营单位 （托运人）	苏州毛织品进出口贸易公司			编号	
提单 B/L 项目 要求	发货人：苏州毛织品进出口贸易公司 Shipper：				
	收货人：TO ORDER OF SHIPPER Consignee：				
	通知人：YI YANG TRADING CORPORATION Notify Party：88 MARAHALL AVE DONCASTER VIC 3108 CANADA				

海洋运费（✓） Sea freight	预付（✓）或（ ）到付 Prepaid or Collect		提单 份数	3	提单寄送 地 址	苏州市中山路321号
起运港	SUZHOU	目的港	MONTREAL	可否转船	允许	可否分批	允许

起运港	SUZHOU	目的港	MONTREAL	可否转船	允许	可否分批	允许
集装箱预配数		20'×40'×1		装运期限	2018.5.30	有效期限	18.5.30

标记唛码	包装 件数	中英文货号 Description of goods	毛重 （公斤）	尺码 （立方米）	成交条件（总价）
Y. Y. T. C ST303 MONTREAL C/No. 1-367	367 箱	全棉茶巾 COTTON TEATOWELS	19911	53.06	USD89705.50

特种货物 冷藏货危 险品	重件：每件重量	
	大件 （长×宽×高）	
	特种集装箱：（　　　　）	

内装箱（CFS） 地址	苏州逸仙路2960号三号门 电话：(0512)68206820×215

门对门装箱地址	苏州市中山路1321号	物资备妥日期	2018 年 5 月 16 日
外币结算账号	THY6684321337	物资进栈：自送（ ）或派送（✓）	
声明事项		人民币结算单位账号	SZR80066686
		托运人签章	
		电话	(0512)64042521
		传真	(0512)64042522
		联系人	童莉
		地址	苏州市中山路321号
		制单日期：2018 年 5 月 5 日	

点评：
- 订舱委托书是托运人委托货运代理公司办理订舱协议书。
- 订舱委托书是货运代理公司向船公司办理订舱和缮制运输单据的依据。
- 订舱委托书中的发货人、收货人和通知人应按照信用证或合同的规定填写。

（四）签发海运提单

货代公司签发海运提单范例：（样例10-6）

国际贸易实务

Shipper SUZHOU KNITWEAR AND MANUFACTURED GOODS IMPORT & EXPORT TRADE CORPORATION		B/L NO. HJSHB142939 中国对外贸易运输总公司 CHINA NATIONAL FOREIGN TRADE TRANSPORT CORPORATION 直运或转船提单 BILL OF LADING DIRECT OR WITH TRANSHIPMENT
Consignee or order TO ORDER OF SHIPPER		SHIPPED on board in apparent good order and condition (unless otherwise indicated) the goods or packages specified herein and to be discharged at the mentioned port of discharge of as near they're to as the vessel may safely get and always afloat. THE WEIGHT, measure, marks and numbers, quality, contents and value particulars furnished by the Shipper, are not checked by the Carrier on loading. THE SHIPPER, Consignee and the Holder of this Bill of Lading hereby expressly accept and agree to all printed, written or stamped provisions, exceptions and conditions of this Bill of Loading, including those on the back hereof. IN WITNESS where of the number of original Bill of Loading stated below have been signed, one of which being accomplished, the other(s) to be void.
Notify address YI YANG TRADING CORPORATION 88 MARAHALL AVE DONCAS VIC 3108 MONTREAL, CANADA		
Pre-carriage by	Port of loading SHANGHAI	
Vessel PUDONG Voy. 053	Port of transshipment	
Port of discharge MONTREAL	Final destination	

Container seal No. or marks and Nos.	Number and kind of packages Designation of goods	Gross weight (kgs.)	Measurement(m³)
Y. Y. T. C ST303 MONTREAL C/NO. 1 - 367	COTTON TEATOWLS FREIGHT PREPALD TOTAL ONE 40' CONTAINER	19911KGS	53. 06
REGARDING TRANSHIPMENT INFORMATION PLEASE CONTACT		Freight and charges FREIGHT PREPAID	

Ex. rate	Prepaid at	Fright payable at SUZHOU	Place and date of issue SUZHOU MAY. 30 ,2018
	Total prepaid	Number of original Bs/L THREE	Signed for or on behalf of the master as agent　童 莉

点评：
- 提单是运输合同证明、货物收据和物权凭证。
- 提单是议付单证之一，必须与信用证、合同规定内容一致。

第三节　签发出口货物产地证明书

一、中华人民共和国原产地证书的含义

中华人民共和国原产地证书（Certificate of Origin of the People's Republic of China）简称原

产地证明书,又称一般原产地证明书,是证明本批出口商品的生产地,并符合《中华人民共和国出口货物原产地规则》的一种文件。它是由国家质量检验检疫局统一规定和印制,由中国出入境检验检疫局或中国国际贸易促进委员会签发。如果信用证或合同对签证机构未作具体规定,一般由检验检疫局出具。

产地证明书主要用于进口国海关实行差别关税,实施进口税率和进口配额等不同国别政策的依据。产地证明书是出口商应进口商的要求给予提供的,有着多种形式,其中应用最多的是原产地证书和普惠制产地证,通常用于不需要提供海关发票或领事发票的国家或地区。

(一)申请签发一般原产地证书

根据我国有关规定,出口企业最迟于货物出运前 3 天向签证机构申请办理一般原产地证书,并按签证机构要求提供已缮制的《一般原产地证明书申请书》一份和《中华人民共和国原产地证明书》一套,并随附出口货物商业发票一份及签证机构所需的其他证明文件。

1. 缮制一般原产地证书申请书

(1)商品名称

填入出口货物名称,并与发票同项内容一致。

(2)H. S. 编码

H. S. 是海关合作理事会《商品名称及编码协调制度》的英文缩写。商务部和海关总署根据 H. S. 分类编制了《中华人民共和国进出口商品的目录对照表》,规定了商品名称和编码。本栏应填入该商品的 H. S. 编码前八位数。

(3)商品生产、制造、加工单位、地点

填入出口货物的生产或加工单位的名称和地点。

(4)含进口成分产品主要制造加工工序

出口货物如有含进口成分,此栏注明主要制造或加工工序。

(5)商品 FOB 总值

填入出口货物 FOB 总额,如为 CFR 条件成交,要减去运费额。

(6)最终目的地国家/地区

填入出口货物到达的最终目的地国家或地区。

(7)拟出运日期

填入出口货物拟出运日期,必须在合同或信用证规定的装运期内。

(8)转口国(地区)

出口货物如有转口,则填入该国或地区的名称。

(9)包装数量或毛重或其他数量

填入出口货物总包装件数,或总毛重数量。

(10)贸易方式和企业性质

根据实际情况填入相应的贸易方式和企业性质。

苏州毛织品进出口贸易公司缮制一般原产地证明书申请书范例:(样例 10-7)

样例 10-7

一般原产地证明书/加工装配证明书
申请书

申请单位注册号：Q310467   证书号：

申请人郑重申明：

　　本人被正式授权代表本企业办理和签署本申请书。

　　本申请书及一般原产地证明书/加工装配证明书所列内容正确无误，如发现弄虚作假，冒充证书所列货物，擅改证书，自愿接受签发机构的处罚并承担法律责任，现将有关情况申报如下：

企业名称	苏州毛织品进出口贸易公司	发票号	T03617
商品名称	全棉茶巾	H．S．编码（八位数）	8744.0151
商品 FOB 总值（以美元计）	88000 美元	最终目的地国家/地区	加拿大
拟出运日期	2018 年 5 月 30 日	转口国（地区）	

贸易方式和企业性质（请在适用处划"√"）					
一般贸易		三来一补		其他贸易方式	
中资企业	外资企业	中资企业	外资企业	中资企业	外资企业
√					

包装数量或毛重或其他数量			
证书种类（划"√"）		一般原产地证明书√	加工装配证明书

　　现提交中国出口货物商业发票副本一份，一般原产地证明书/加工装配证明书一正三副，以及其他附件　　份，请予审核签证。

　　申请单位盖章

　　　　　　　　　　　　　　　申请人（签名）：董莉
　　　　　　　　　　　　　　　电话：0512-64042521
　　　　　　　　　　　　　　　日期：2018 年 5 月 10 日

商 检 局 联 系 记 录

　　2. 缮制一般原产地证明书

　　一般原产地证明书共有 12 项内容，除按检验检疫局指定的号码填入证书编号

（Certificate No.）以外，就其各栏目内容和缮制要点逐项予以说明。

（1）出口商（exporter）

此栏包括出口商的全称和地址。信用证项下的证书，一般为信用证受益人，托收项下的是卖方。

（2）收货人（consignee）

填本批货物最终目的地的收货人全称和地址。信用证项下的证书一般为开证申请人，如信用证有具体规定，应按要求填写。

（3）运输方式和路线（means of transport and route）

应填装运港和卸货港的名称，并说明运输方式。如：From Shanghai to London by sea。如要转运，须注明转运地。如：By s. s. from Shanghai to London W/T Hong Kong。

（4）目的国家或地区（country/region of destination）

填写信用证或合同规定列出最终目的地的国家或地区名称。

（5）供签证机构使用（for certifying authority use only）

本栏供检验检疫局根据需要加注说明，如：补发、后发证书等事项。

（6）唛头及包装件数（marks and numbers of packages）

按信用证中规定的内容进行缮制，且与发票的同项一致，不得留空。

（7）商品名称、包装件数及种类（description of goods，number and kind of packages）

填写具体的品名，包装件数和种类填外包装数量及其包装方式，如散装货物用"In bulk"表示。此栏要用"＊ ＊ ＊ ＊ ＊ ＊ ＊"符号打成横线表示结束，防止添加新内容。

（8）H. S. 编码（H. S. code）

本栏应按该规定填入，不同商品应分别标明不同的 H. S. 编码。

（9）数量及重量（quantity or weight）

依据发票和提单有关内容填写，重量应注明毛重和净重。如：G. W. 40000kgs；N. W. 38000kgs。

（10）发票号码及日期（number and date of invoice）

按发票实际号码和日期填写，月份应用英文缩写表示。如：DEC. 3,2011。

（11）出口商声明（declaration by the exporter）

出口商声明已事先印就，内容为："下列签署人声明，以上各项及其陈述是正确的，全部货物均在中国生产，完全符合中华人民共和国原产地规则"。在本栏仅填入申报地点和日期，加盖申请单位章，并由经办人签字。签字与图章不能重叠。

出口商签章

出口商加盖的公章应有中英文对照,手签人员及其签字、图章必须在签证机构进行登记注册和备案。

（12）签证机构证明（certification）

签证机构证明事先已印制,内容为:"兹证明出口商声明是正确的。"签证机构在此注明签证日期和地点,并由授权人签名,加盖签证机构印章。两者不能重叠。

苏州毛织品进出口贸易公司填写一般原产地证明书范例:（样例10-8）

样例10-8

1. Exporter（full name and address） SUZHOU KNITWEAR AND MANUFACTURED GOODS IMPORT & EXPORT COR. 321 ZHONGSHAN ROAD, SUZHOU CHINA			CERTIFICATE NO. CERTIFICATE OF ORIGIN OF THE PEOPLE'S REPUBLIC OF CHINA		
2. Consignee（full name, address, country） YI YANG TRADING CORPORATION 88 MARAHALL AVE DONCASTER VIC 3108 CANADA			5. For certifying authority use only		
3. Means of transport and route FROM SHANGHAI TO MONTREAL					
4. Country/Region of destination CANADA					
6. Marks and numbers of packages Y. Y. T. C ST303 MONTREAL C/No. 1-367	7. Description of goods, number and kind of packages COTTON TEATOWELS SEVEN HUNDRED AND SIXTX SEVEN （367）BALES * * * * * * * * * * *	8. H. S. Code 8744.0151	9. Quantity or weight 33350 DOZS	10. Number and date of invoices T03617 MAY. 01,2018	
11. Declaration by the exporter The undersigned hereby declares that the above details and statements are correct; that all the goods were produced in China and that they comply with the Rules of Origin of the People's Republic of China. SUZHOU KNITWEAR AND MANUFACTURED GOODS IMP/EXP CORPORATION SUZHOU MAY.10,2018 童莉 .... Place and date, signature and stamp of authorized signatory			12. Certification It is hereby certified that the declaration by the exporter is correct. .... Place and date, signature and stamp of certifying authority		

（二）申请签发普遍优惠制产地证书

普遍优惠制产地证书（Generalized System of Preferences Certificate of Origin）简称普惠制产地证（G.S.P.），是指受惠国有关机构就本国出口商向给惠国出口受惠商品而签发的用以证明原产地证明的文件。普惠制产地证明书主要有普惠制产地证明书 A、普惠制产地证明书格式 59A 和普惠制产地证书格式 APR 三种。其中 Form A（格式 A）使用范围较广，它由我国出入境检验检疫局统一签发。

根据我国有关规定，出口企业最迟于货物出运前 5 天向签证机构申请办理普惠制产地证书，并按签证机构要求提供已缮制的"普惠制产地证明书申请书"一份和普惠制产地证明书 Form A 一套，并随附出口货物商业发票一份及签证机构所需的其他证明文件。如果出口商品含有进口成分，还应上交"含进口成分受惠商品成本明细单"一式两份。

1. 缮制普惠制产地证明书申请书

普惠制产地证明书申请书的内容和缮制方法如下：

（1）申请单位（盖章）

填写申请单位全称并盖章。

（2）注册号

填写申请单位在出入境检验检疫局的注册编号，各公司注册号由当地出入境检验检疫局提供。

（3）生产单位

填写该批出口商品的生产企业单位的名称。

（4）生产单位联系人电话

填写该批出口商品的生产企业单位的电话号码。

（5）商品名称

按商业发票中的商品名称填写，并与 H.S. 税目号一致。

（6）H.S. 税目号

填写海关《商品编码协调制度》商品 8 位数字的前 6 位。

（7）商品总值

填写以美元计的 FOB 价值，如是以其他贸易术语成交的，则应扣除以外汇支付的费用，如佣金、海运费和保险费等。

（8）发票号

填写该票货物的发票号码。

（9）最终销售国

填写出口商品的最终销售国家。

（10）证书种类

根据需要画"√"进行选择加急证书或普通证书。

（11）货物拟出运日期

填写出口商品出运的日期。

（12）贸易方式和企业性质

在对应的位置画"√"。

（13）计量单位

按《海关统计商品目录》填写。

（14）原产地标准

根据实际情况从（1）、（2）、（3）条中选择其中一条，填于空格处。符合"W"的，加列H. S. 的四位税目号。

（15）本批产品的运输情况

如直接运输，填启运地（港）和目的地（港）；如为转运，需增填中转国家（地区）。

（16）申请人说明

如需另作说明时，则在此详述。

（17）签章

由领证人手签，加盖申请单位公章，并写明申请人的名称、电话及申请日期。

苏州毛织品进出口贸易公司填写普惠制产地证明书申请书范例：（样例10-9）

样例10-9

普惠制产地证明书申请书

申请单位（加盖公章）：苏州毛织品进出口贸易公司　　　　证书号：

申请人郑重申明：　　　　　　　　　　　　　　　　　　注册号：3104118764

本人被正式授权代表本企业办理和签署本申请书的。

本申请书及普惠制产地证明书格式 A 所列内容正确无误，如发现弄虚作假，冒充格式 A 所列货物，擅改证书，自愿接受签发机构的处罚并承担法律责任。现将有关情况申报如下：

生产单位	苏州毛巾厂	生产单位联系人电话	0512-68432161
商品名称（中英文）	全棉茶巾 COTTON TEATOWELS	H. S. 税目号（以六位数码计）	8744.0151
商品 FOB 总值（以美元计）	88000 美元	发票号	T03617
最终销售国	加拿大	证书种类"✓"	加急证书	普通证书✓

货物拟出运日期	2017 年 5 月 30 日

贸易方式和企业性质（请在适用处划"✓"）

正常贸易 C	来料加工进 L	补偿贸易 B	中外合资 H	中外合作 Z	外商独资 D	零售 Y	展卖 M
✓							

包装数量或毛重或其他数量	367 箱

原产地标准；
本项商品系在中国生产，完全符合该给惠国给惠方案规定，其原产地情况符合以下第（1）条；
（1）"P"（完全国产，未使用任何进口原材料）；
（2）"W"其 H. S. 税目号为＿＿＿＿＿（含进口成分）；
（3）"F"（对加拿大出口产品，其进口成分不超过产品出厂价值的40%）.
本批产品系：1. 直接运输从上海到蒙特利尔；
　　　　　　2. 转口运输从＿＿＿＿＿中转国（地区）＿＿＿＿＿到＿＿＿＿＿；

申请人说明	领证人（签名）
	电话：
	日期：　年　月　日

国际贸易实务

2. 缮制普惠制产地证书

本证书用英文填写,唛头文字不作限制。证书编号(reference No.)按检验检疫局指定的编号填制。其他缮制要点如下:

(1)发货人〈出口商业务名称、地址、国家〉(goods consigned from〈exporter's business name, address, country〉)

按信用证规定的受益人名称、地址、国别填制,如信用证未有详细地址,可填入实际地址。

(2)收货人〈出口商业务名称、地址、国家〉(goods consigned to〈consignee's name, address, country〉)

填入受惠国的最终收货人的名称、地址和国别。信用证项下一般为开证申请人,如果其不是实际收货人,又不知最终收货人,可填提单被通知人或发票抬头人。

(3)运输方式和路线〈就所知而言〉(means of transport and route〈as far as known〉)

应按信用证规定填运输路线和运输方式。如:by steamer(海运)、by train(陆运)、by air(空运)。如中途转运应注明转运地,如:via Hong Kong;不知转运地则用W/T表示。

(4)供官方使用(for official use)

本栏留空,供签证机构加注说明用。

(5)项目号(item number)

将同批出口不同种类的商品用阿拉伯数字进行顺序编号填入此栏,单项商品用"1"表示或不填。

(6)唛头及包装件数(marks and numbers of packages)

唛头按信用证规定的填制,并与发票和提单内容相同。

(7)包装件数、方式和品名(number & kind of packages, description of goods)

填出口货物最大包装件数和商品名称,如信用证规定单据要加注信用证编号或合同号码等内容,可在此显示。如:信用证规定 All shipping documents must show the S/C No. T20031。此栏应注明 S/C No. T20031 的合同号。

(8)原产地标准(origin criterion)

根据货物原料进口成分的比例填制。"P"表示无进口成分;"W"表示含进口成分,但符合原产地标准;"F"指出口加拿大货物中的进口成分要在40%以下。

(9)毛重或其他数量(gross weight or other quantity)

按发票和提单内容填。以重量表示的商品,此栏填写毛重数量,或再加注件数。散装货填净重数量,但注明"N. W."。

(10)发票号码及日期(number and date of invoice)

按发票实际内容填制。

此栏填写完毕,从第5项开始用"＊ ＊ ＊ ＊ ＊"符号打成横线示意填写完了。

(11)签证当局证明(certification)

签证当局证明已印制,此栏由签证当局盖章,由其授权人手签。出证日期和地点由申报单位填写。签证当局(出入境检验检疫局)只签发正本。

(12) 出口商申明(declaration by the exporter)

本栏有三个内容:A. 生产国别:"China"已事先印妥;B. 出口国别:填给受惠国的国名(即进口国);C. 出口商申请日期、地点及签章:申请单位盖章,由受权人手签并注明日期和地点。

苏州毛织品进出口贸易公司填写普惠制产地证书范例:(样例10-10)

样例10-10

ORIGINAL

1. Goods consigned from (Exporter's business name, address, country) SUZHOU KNITWEAR AND MANUFACTURED GOODS IMPORT & EXPORT CORPORATION 321 ZHONGSHAN ROAD,SUZHOU,CHINA	Reference No. 200401 GENERALIZEDSYSTEMOFPREFERENCES CERTIFICA OF ORIGN (Combined declaration and certificate) FORM A LSSUED IN THE PEOPLES REPUBLIC OF CHINA (country) See Notes . overleaf
2. Goods consigned to (Consignee's name, address, country) YI YANG TRADING CORPORATION 88 MARAHALL AVE DONCASTER VIC 3108 CANADA	
	4. For official use
3. Means of transport and route (as for as known) FROM SHANGHAI TO MONTREAL BY S. S	

5. Item number 1	6. Marks and numbers of packages Y. Y. T. C ST303 MONTREAL C/NO. 1 – 367	7. Number and kind of packages; description of goods COTTON TEATOWELS SEVEN HUNDRED AND SIXTY SEVEN (367) BALES	8. Origin criterion(see notes overleaf) "F"	9. Gross weight or other quantity 33350 DOZENS G. W 19111KG	10. Number and date of invoices NO. T03617 DATE: MAY. 01,2018
＊＊＊＊＊	＊＊＊＊＊＊＊	＊＊＊＊＊＊＊＊＊＊＊	＊＊＊＊	＊＊＊＊＊	＊＊＊＊＊＊＊

11. certification	12. declaration by the exporter
It is hereby certified, on the basis of control carried out, that the declaration by the exporter is correct ENTRY-EXIT INSPECTION AND QUARANTINE AUTHORITIES OF THE PEOPLE'S REPUBLIC OF CHINA .... Place and date, signature and stamp of certifying authority	The undersigned hereby declares that the above details and statements are correct, that all the goods were produced in **CHINA** .... （country） and that they comply with the origin requirements specified for those goods, in the generalized system of preference for goods exported to CANADA .... （importing country） SUZHOU KNITWEAR AND MANUFACTURED GOODS IMPORT & EXPORT CORPORATION SUZHOU MAY.16,2018 童莉 .... Place and date, signature of authorized signatory

点评:
- 普惠产地证书具有有价证券的性质,是一份重要单证。
- 普惠产地证书最晚在装运前 5 天申请签发。

小思考

苏州毛织品进出口贸易公司对外签订了一份销售合同书,信用证规定我方提供普惠制产地证书,只要是该公司的单证员都具有向当地的出入境检验检疫局申请签发的权利吗? 为什么?

第四节 办理出口货物保险手续

一、投保单

(一) 投保单的含义

投保单(application for insurance)是投保人向保险公司提出办理保险的申请,也是被保险人接受保险业务的依据。在我国出口货物运输保险业务中,出口企业先填制投保单,并随附发票和提单等向保险公司申请投保,经保险公司审核无误,并收取保险费后,出具保险单或其他保险单据。

（二）缮制投保单

由于保险公司出具保险单是以投保单内容为依据,因此,投保单的填制十分重要。投保单各保险公司事先已印制好,其内容与缮制方法如下:

1. 投保人名称

一般为出口商,信用证如有规定,须符合其要求。

2. 发票号码及标记

应与本套单据发票同项内容相一致。

3. 件数

应按货物包装件数填写,如:500 箱。

4. 货物名称

填具体货物名称,与其他单证货名要一致。

5. 保险金额

应按 CIF 发票总额再加 10% 计算的金额填写。如发票为 FOB 或 CFR 金额,则先换为 CIF 价后,再加一成。

6. 运输工具

海运填船名,铁路和空运填班次与航次,联运应注明联运方式,如陆空联运。

7. 开航日期

按实际出运日期填写。

8. 赔付地及币制

赔付地一般为目的港（地）,如有特殊要求可事先说明。币制应与信用证的货币相同。

9. 运输路程

按信用证或合同规定填写,如有中途转运须表明转运地名。

10. 承保险别

按合同或信用证要求注明承保险别,如有特殊要求应在此说明。

11. 投保单位签章

一般填出口企业全称,并由经办人签名,注明日期。

苏州毛织品进出口贸易公司填制投保单范例:（样例 10 - 11）

样例 10 - 11

中国人民财产保险股份有限公司上海分公司

PICC PROPERTY AND CASUALTY COMPANY LIMITED SHANGHAI BRANCH

出 口 运 输 险 投 保 单

编号_____

兹将我处出口物资依照信用证规定拟向你处投保国外运输险计开:

被保险人(中文)苏州毛织品进出口贸易公司		过户		
(英文)SUZHOU KNITWEAR AND MANUFACTURED GOODS IMPORT & EXPORT TRADE COR-PORATION				
标记及发票号码	件数	物资名称		保险金额
Y. Y. T. C ST303 MONTREAL C/No. 1－367 No. T03617	367 BALES	COTTON TEATOWELS		USD 98677.00
运输工具及 转载工具	PUDONG V.053	约 于 2018 年 5 月 30 日 启运	赔款 偿付地点	蒙特利尔
运输路程	自上海经	到蒙特利尔	转载地点	
投保险别: COVER ALL RISKS PER PICC 1/1/1981.		投保单位签章: 苏州毛织品进出口贸易公司章 2018 年 5 月 14 日		

二、保险单

(一)保险单含义

保险单(insurance policy)是保险人与被保险人之间订立保险合同的一种书面文件,又是保险人出具的承保证明,当被保险货物遭受损害时,保险单是被保险人向保险人进行索赔的依据,也是保险公司理赔的必要条件。保险单是一种权利的凭证,经背书后可以随货物所有权的转移而进行转让。

(二)保险单的种类

1. 保险单

保险单俗称"大保单",是正式的保险单据。除正面项目外,背面印就保险双方当事人的权利义务条款,是保险人与被保险人之间的保险合同。

2. 保险凭证

保险凭证(insurance certificate)俗称"小保单",是保险单的简化形式,省略了背面的保险条款,但保险条款仍以保险单为准,与保险单具有同等的法律效力。

3. 联合保险凭证

联合保险凭证(combined insurance certificate)又称"联合发票",是比保险凭证更简化的形式,仅在商业发票内加注保险的有关内容,并由保险公司签章,发票内载货物即已承保。这种形式仅适港澳地区银行来证。

国际贸易实务

4. 预约保险单

预约保险单(open policy)又称预约保险合同,是保险公司与投保人事先订立在一定时期内承保多批货物的保险合同。合同中规定了承保范围、险制、费用、责任等条款,凡在合同约定时期内,货物一旦起运就自动承保,由出口商向保险公司发出"装运通知"或"保险声明"作为正式保单生效的标志。

(三) 缮制保险单

保险单一般由保险公司审单员根据投保人提供的投保单等材料进行缮制,但也有个别保险公司,由投保人代其填保险单的各栏目内容,由保险公司审核后签章生效。

1. 发票号码(invoice no.)

按投保货物的商业发票号填写。

2. 保险单号码(policy no.)

按保险公司指定的编号填入。

3. 被保险人(the insured)

托收项下的保险单应填出口商名称,信用证支付应按信用证要求填制。如:信用证规定"To order",此栏转录,受益人并要在保险单背面作空白背书;信用证要求"To order of . . . 或 in favour of . . .",此栏应写成 To order of 加上被保险人名称,并作记名背书;信用证对此无具体规定,受益人应视为被保险人,并作空白背书。

4. 标记(marks & nos.)

应与发票的唛头相同,也可填"As per Invoice No. . . ."。

5. 包装及数量(quantity)

此栏填最大包装件数,并与发票、提单同项内容一致。散装货填"in bulk",如果货物价格以重量计价,除表示件数外,还应注明毛重或净重。

6. 保险货物名称(description of goods)

按发票品名填写,如发票品种名称繁多,可填其统称。

7. 保险金额(amount insured)

一般按发票总值110%填写,信用证项下应按信用证规定计算填入。如:发票金额须扣除佣金时,应按原金额加成投保;发票金额须扣除折扣时,应按扣除的金额加成投保。保险金额小数点后的尾数应进位取整,如:USD2304.1 应进位取整为 USD2305。

8. 总保险金额(total amount insured)

用英文大写表示,大小写金额须保持一致。

9. 保险费(premium)、费率(rate)

保险公司一般在印制保险单时已在本栏各印妥"as arranged"(按约定),无须填制。如信用证要求详细列明,则应按来证要求办理,删除"as arranged"字样,填上具体保险费额和费率。

10. 装载运输工具(per conveyance S.S)

海运填写船名和航次,中途转船应在一程船名后加填二程船名。如:By S. S. DONG FANG/TOKYO V.108。其他运输方式为:By Railway(陆运),By Airplane(空运)。

11. 开航日期(Slg. on or Abt.)

一般填写本批货物运输单据的签发日期,如:海运可填"As per B/L"。

12. 起讫地点(from ... to...)

在 From 后填装运港(地)名称,To 后填目的港(地)名称。须转运时应在目的港(地)后加注 W/T at ...(转运港/地名称),并与提单或其他运输单据相一致。如黑海运至目的港,保险承保到内陆城市,应在目的港后注明。例如:"From ... To Liverpool and then to Birmingham"。

13. 承保险别(conditions)

应按合同或信用证规定的保险险别填写,并注明依据的保险条款名称及其颁布年份。如:"Covering all Risks and War Risks as Per PICC 1/1/1981"。

14. 保险勘察代理人(insurance survey agent)

由保险公司指定,并注明其详细地址,以便在货损失时,收货人可及时通知代理人进行勘察和理赔事宜。注意,不能接受来证中指定的理赔代理人。

15. 赔款偿付地点(claim payable at ...)

本栏包括保险赔款的支付地点和赔付的货币名称,其应按信用证规定缮制。如来证未作规定或托收项下,则填目的港(地)名称。

16. 签发日期(place and date of issue)

保险单签发日期不得晚于提单等运输单据签发日。签发地为受益人所在地,通常已事先印就在保险单上。

17. 保险公司签章(authorized signature)

保险单经保险公司签章后才有效,其签章一般已事先印制在保险单的右下方,然后由授权人签名即可。

苏州毛织品进出口贸易公司缮制保险单范例:(样例 10 - 12)

样例 10 - 12

中国人民财产保险股份有限公司
PICC PROPERTY AND CASUALTY COMPANY LIMITED

总公司设于北京　　　　一九四九年创立
Head Office:BEIJING　　　Established in 1949

保　险　单
INSURANCE POLICY

保险单次号次
POLICY NO.　SH043101984

中国人民财产保险股份有限公司(以下简称本公司)根据苏州毛织品进出口贸易公司(以下简称被保险人)的要求,由被保险人向本公司缴付约定的保险费,按照本保险单承保险别和背面所载条款与下列条款承保下述货物运输保险,特立本保险单。

THIS POLICY OF INSURANCE WITNESSES THAT PEOPLE'S INSURANCE OF CHINA (HEREINAFTER CALLED "THE COMPANY") AT THE REQUEST OF SUZHOU KNITWEAR AND MANUFACTURED GOODS IMPORT & EXPORT TRADE CORPORATION (HEREINAFTER CALLED "THE INSURED") AND IN CONSIDERATION OF THE AGREED PREMIUM PAYING TO THE COMPANY BY THE INSURED UNDERTAKES TO INSURE THE UNDERMENTIONED GOODS IN TRANSPORTATION SUBJECT TO THE CONDITIONS OF THIS POL-

ICY. AS PER THIS CLAUSES PRINTED OVERLEAF AND OTHER SPECIAL CLAUSES ATTACHED HEREON.

标记 MARK & NOS.	包装及数量 QUANTITY	保险货物项目 DESCRIPTION OF GOODS	保险金额 AMOUNT INSURED
AS PER INVOICE NO. T03617	367 BALES	COTTON TEATOWELS	USD 98677.00

保险金额：

TOTAL AMOUNT INSURED : SAY US DOLLARS NINETY-EIGHT THOUSAND SIX HUNDERED AND SEVENTY SEVEN ONLY.

保费：　　　　费率：　　　　　装载运输工具：

PREMIUM : AS ARRANGED RATE : AS ARRANGED　PER CONVEYANCE S. S. PUDONG V. 053

开航日期　　　　　　自　　　　　　　至

SLG. IN OR ABT. MAY 30,2018　FROM　SHANGHAI　TO　MONTREAL

承保险别：

CONDITIONS : FOR 110% OF INVOICE VALUE COVERING ALL RISKS AS PER PICC 1/1/1981

所保货物,如遇出险,本公司凭保险单及其他有关证件给付赔偿。所保货物,如果发生本保险单项下负责赔偿的损失或事故,应立即通知本公司下属代理人查勘。

CLAIMS IF ANY PAYABLE ON SURRENDER OF THIS POLICY TO GATHER WITH OTHER RELEVANT E-VENT DOCUMENTS IN THE EVENT OF ACCIDENT WHEREBY LOSS OR DAMAGE MAY RESULT IN A CLAIM UNDER THIS POLICY IMMEDIATE NOTICE APPLY ING FOR SURVEY MUST BE GIVEN TO THE COMPANY'S AGENT AS MENTIONED HEREUNDER.

BOYO PHILIPS & CO.,LTD. (HEAD OFFICE)

507,PLACED'A RMES,SUTYE 1600 MONTREAL,CANADA.

中国人民财产保险股份有限公司上海分公司
PICC PROPERTY AND CASUALTY COMPANY LIMITED SHANGHAI BRANCH

赔偿地点

CLAIM PAYABLE AT　MONTREAL, IN USD.

日期

DATE　MAY. 15,2018

地址：中国上海中山南路700 号 TEL：021 - 63773000 FAX：021 - 83773000

Address：700 South Zhongshan Road，Shanghai，China General manager　张莉

小案例

　　黑龙江某粮油进出口公司与德国进口商签订一份小麦销售合同,数量10000 公吨,由卖方投保平安险。货到目的港后,进口商在码头进行包装,期间下起了暴雨,致使100 多公吨未包装的小麦致损。于是,进口商以货物在保险有效期内为由,向保险公司提出索赔。试析,进口商能否得到保险公司的理赔？ 为什么？

★★★★★ 本章学习路径 ★★★★★

- 一、出口许可证——┬─出口许可证申请表
  　　　　　　　　　├─商业发票
  　　　　　　　　　└─出口许可证

- 二、运输单据——┬─货运委托书
  　　　　　　　　└─海运提单

- 三、产地证——┬─一般原产地证书申请书
  　　　　　　　├─一般原产地证书
  　　　　　　　├─普惠制原产地证书申请书
  　　　　　　　└─普惠制原产地证书

- 四、保险单据——┬─投保单
  　　　　　　　　└─保险单

本章复习思考题

1. 出口许可证由哪个部门签发?
2. 在我国出口业务中,常用的发票形式主要有哪些?
3. 商业发票有哪些主要作用?
4. 通常商业发票应包括哪些主要内容?
5. 缮制提单时应注意哪些问题?
6. 装箱单主要包括哪些内容,其作用如何?
7. 产地证明书有哪些主要作用?
8. 保险单有哪些种类? 各有什么作用?

知识扩充

《中华人民共和国进出口货物原产地规则》

　　1992年3月颁布的《中华人民共和国进出口货物原产地规则》对我国的原产地工作的主管部门、原产地证书签发的机构和可签发原产地证书的标准等方面作了明确的规定,是我国原产地制度的基本法规。

《中华人民共和国进出口货物原产地条例》

2005 年 1 月 1 日实施的该条例适用于最惠国待遇、反倾销、原产地标记管理、关税配额等方面的非优惠性贸易措施,以及进行政府采购和贸易统计等活动中对进出口货物原产地的确定。

第十一章　出口货物报检单、报关单、装运通知和商业汇票的缮制

本章是第十章的延续,同样是以我国出口贸易的实际业务为背景,以出口货物报检与报关单据流转为主线,系统地阐述了出口货物报检单、报关单、装运通知和商业汇票的种类、作用、格式、内容和缮制方法,并运用了范例和点评的具体形式,帮助学生全面掌握缮制外贸单证的工作。

趣味小问题

上海进出口公司以 CIF 价格条件对外出口商品，成交 30000 美元，其中运费 250 美元、保险费 150 美元。现要求在报关单上分别列出运费和保险费，那么应当如何填列呢？（通过下面的学习你会得到答案）

第一节　签发出口商品检验检疫证书

一、出口商品检验检疫证书的含义

出口商品检验检疫证书是检验检疫机构签发的用以证明出口货物的品质、数量、卫生等情况的书面文件。其主要作用有：履行合同的法律依据；作为议付的有效单据；出入境货物通关的重要凭证；是索赔、仲裁和诉讼等举证的法律文件。

对于列入《检验检疫商品目录》等法定商检的商品、食品卫生和动植物产品，或贸易当事人提出的检验检疫要求时，出口企业可向中国出入境检验检疫机构提出报检申请，由报检单位在货物出运前填制中华人民共和国出入境检验检疫出境货物报检单，向地方出入境商品检验检疫局进行报检，获取有关检验检疫证书。

二、缮制出境货物报检单

出境货物报检单的主要内容和缮制方法如下：

1. 编号

由检验检疫机构报检受理人员填写，前6位为检验检疫机构代码，第7位为报检类代目，第8、9位为年代码，第10至15位为流水号。实行电子报检后，该编号可在受理电子报检的回执中自动生成。

2. 报检单位

填写报检单位的全称，并盖报检单位印章。

3. 报检单位登记号

填写报检单位在检验检疫机构备案或注册登记的代码。

4. 联系人

填写报检人员姓名。

5. 电话

填写报检人员的联系电话。

6. 报检日期

检验检疫机构实际受理报检的日期，由检验检疫机构受理报检人员填写。

7. 发货人

预检报检的，可填写生产单位；出口报检的，应填写外贸合同中的卖方。

8. 收货人

填写外贸合同中的买方名称。

9. 货物名称

填写出口贸易合同中规定的货物名称及规格。

10. H.S.编码

填写本批货物的商品编码（8位数或10位数编码），以当年海关公布的商品税则编码分类为准。

11. 产地

填写本货物的生产或加工地的省、市和县名称。

12. 数/重量

填写本货物实际申请检验检疫数/重量,重量还应注明毛重或净重。

13. 货物总值

填写本批货物的总值及币种,应与出口贸易合同与发票上的货物总值一致。

14. 包装种类及数量

填写本批货物实际运输包装的种类及数量,应注明包装的材质。

15. 运输工具名称及号码

填写装运本批货物的运输工具的名称和号码。

16. 合同号

填写出口贸易合同、订单或形式发票的号码。

17. 信用证号

填写本批货物的信用证编号。

18. 贸易方式

根据实际情况填写一般贸易、来料加工、进料加工、易货贸易和补偿贸易等贸易方式。

19. 货物存放地点

填写本批货物存放的具体地点或厂库。

20. 发货日期

填写出口装运日期,预检报检可不填。

21. 输往国家和地区

填写出口贸易合同中买方所在国家和地区,或合同注明的最终输往国家和地区。

22. 许可证/审批号

如为实施许可/审批制度管理的货物,必须填写其编号,不得留空。

23. 生产单位注册号

填写本批货物生产、加工的单位在检验检疫机构注册登记编号,如:卫生注册登记号、质量许可证号等。

24. 起运地

填写装运本批货物离境交通工具的起运口岸/城市地区名称。

25. 到达口岸

填写本批货物最终抵达目的地停靠口岸名称。

26. 集装箱规格、数量及号码

货物若以集装箱运输,应填写集装箱的规格、数量及号码。

27. 合同订立的特殊条款以及其他要求

填写在出口贸易合同中特别订立的有关质量、卫生等条款,或报检单位对本批货物检验检疫的特别要求。

28. 标记及号码

填写本批货物的标记号码,如没有标记号码,则填"N/M",不得留空。

29. 用途

根据实际情况,填写种用或繁殖、食用、奶用、观赏或演艺、伴侣动物、试验、药用、饲用、其他等用途。

30. 随附单据

根据向检验检疫机构提供的实际单据,在该前"□"内打"√",或在"□"后补填单据名称,在其"□"内打"√"。

31. 需要证单名称

根据需要由检验检疫机构出具的证单,在对应的"□"内打"√"或补填,并注明所需证单的正副本数量。

32. 报检人郑重声明

报检人员必须亲笔签名。

33. 检验检疫费

由检验检疫机构计费人员填写。

34. 领取证单

报检人在领取证单时,填写领证日期并签名。

苏州毛织品进出口公司缮制报检单范例:(样例 11-1)

样例 11-1

<table>
<tr><td colspan="6" align="center">中华人民共和国出入境检验检疫
出境货物报检单</td></tr>
<tr><td colspan="4">报检单位(加盖公章):苏州毛织品进出口贸易公司</td><td colspan="2">编号:_____</td></tr>
<tr><td colspan="3">报检单位登记号:Q3416　联系人:童莉</td><td>电话:64042521</td><td colspan="2">报检日期:2018 年 5 月 17 日</td></tr>
<tr><td rowspan="2">发货人</td><td colspan="5">(中文)苏州毛织品进出口贸易公司</td></tr>
<tr><td colspan="5">(外文)SUZHOU KNITWEAR AND MANUFACTURED GOODS IMP/EXP CORPORATION</td></tr>
<tr><td rowspan="2">收货人</td><td colspan="5">(中文)</td></tr>
<tr><td colspan="5">(外文)YI YANG TRADING CORPORATON</td></tr>
<tr><td>货物名称(中/外文)</td><td>H.S.编码</td><td>产地</td><td>数/重量</td><td>货物总值</td><td>包装种类及数量</td></tr>
<tr><td>全棉茶巾
COTTON TEATOWELS</td><td>8744.0151</td><td>苏州</td><td>33350 打</td><td>89705.50 美元</td><td>367 包</td></tr>
<tr><td>运输工具名称号码</td><td colspan="2">PUDONG V.053</td><td>贸易方式</td><td>一般贸易</td><td>货物存放地点　苏州中山路</td></tr>
<tr><td>合同号</td><td colspan="2">ST 303</td><td>信用证号</td><td>TH 2003</td><td>用途</td></tr>
<tr><td>发货日期</td><td>2018.5.30</td><td>输往国家(地区)</td><td>加拿大</td><td>许可证/审批证</td><td>2002122433</td></tr>
<tr><td>启运地</td><td>上海</td><td>到达口岸</td><td>蒙特利尔</td><td>生产单位注册号</td><td></td></tr>
<tr><td>集装箱规格、数量及号码</td><td colspan="5"></td></tr>
<tr><td colspan="2">合同、信用证订立的检验
检疫条款或特殊要求</td><td colspan="2">标记及号码</td><td colspan="2">随附单据(划"√"或补填)</td></tr>
<tr><td colspan="2"></td><td colspan="2">Y.Y.T.C
ST303
MONTREAL
C/NO.1-367</td><td>☑ 合同
☑ 信用证
☑ 发票
□ 换证凭证
☑ 装箱单
□ 厂检单</td><td>□ 包装性能结果单
☑ 许可/审批文件
□
□
□
□</td></tr>
</table>

国际贸易实务

需要证单名称(划"√"或补填)		检验检疫费	
☑ 品质证书 1 正 3 副 ☐ 重量证书 __ 正 __ 副 ☐ 数量证书 __ 正 __ 副 ☐ 兽医卫生证书 __ 正 __ 副 ☐ 健康证书 __ 正 __ 副 ☐ 卫生证书 __ 正 __ 副 ☐ 动物卫生证书 __ 正 __ 副	☐ 植物检疫证书 __ 正 __ 副 ☐ 熏蒸/消毒证书 __ 正 __ 副 ☐ 出境货物换证凭单 ☐ ☐ ☐ ☐	总金额 (人民币元)	
		计费人	
		收费人	
报检人郑重声明: 　1. 本人被授权报检。 　2. 上列填写内容正确属实,货物无伪造或冒用他人的厂名、标志、人证标志,并承担货物质量责任。 　　　　　　　　　　　　签名:		领取证单	
		日期	
		签名	

注:有"＊"号栏由出入境检验检疫机关填写　　　　　　　　　◆国家出入境检验检疫局制

三、缮制中华人民共和国出入境货物检验检疫证书

检验检疫证书依据作用不同,有品质检验证书(Quality Certificate)、数量检验证书(Quantity Certificate)、植物检疫证书(Phytosanitary Certificate)、健康检验证书(Health Certificate)、动物卫生检疫证书(Animal Health Certificate)、兽医卫生检疫证书(Veterinary Health Certificate)、卫生检验证书(Sanitary Certificate)、熏蒸/消毒检验证书(Fumigation/Disinfection Certificate)等形式。下面主要介绍品质和数量检验证书的内容和主要缮制方法。

1. 编号(No.)

由出证机构依据不同类别的商品进行编号。

2. 日期(Date)

填实际检验日期,不得晚于提单签发日。如出口货物为鲜货,最好与装运日相同。否则,检验日期过早,就不能证明装运时货物的质量。

3. 发货人(Consignor)

信用证支付方式下通常是信用证的受益人,托收项下的证书是合同的卖方。

4. 收货人(Consignee)

信用证支付方式下按信用证规定填写,一般为开证申请人,托收项下的证书为合同买方。

5. 品名(Description of Goods)

品名填制应与信用证及商业发票的名称相同。

6. 标记及号码(Mark & No.)

按信用证与合同规定唛头制作,如没有具体规定,出口商可自行编制。

7. 报验数量/重量(Quantity/Weight Declared)

按发票中的相同内容填制。散装物可用"In bulk"注明,再加数量。

8. 包装种类及数量(Number and Type of Packages)

包装种类和数量应与发票、提单的内容相一致。

9. 运输工具(Means of Conveyance)

应填运输方式和运输工具名称,如:By S.S. DONGFANG,并与提单内容一致。

10. 检验结果(Results of Inspection)

证明本批货物经检验后的实际品质或数量。

11. 印章(Stamp)

由检验检疫局盖章。

12. 主任检验员(Chief Inspector)

由检验该批货物主任检验员签章。如信用证规定手签,应照办。

数量检验证书范例:(样例 11－2)

样例 11－2

中华人民共和国出入境检验检疫

ENTRY-EXIT INSPECTION AND QUARANTINE OF THE PEOPLE'S REPUBLIC OF CHINA

数量检验证书

QUANTITY CERTIFICATE

编号

No. 325422

发货人: SUZHOU KNITWEAR AND MANUFACTURED GOODS IMPORT & EXPORT CORPORATION

Consignor

收货人: YI YANG TRDING CORPORATION

Consignee

品名: COTTON TEATOWELS

Description of Goods

报验数量/重量: 33350DOZ/19911KG

Quantity Weight Declared

包装种类及数量: 367BALES

Number and Type of Packages

运输工具: PUDONG V. 053

Means of Conveyance

标记及号码

Mark & No.

Y. Y. T. C

ST303

MONTREAL

C/NO. 1－367

检验结果:	10"×10"	PACKED IN 80 BALES OF 200 DOZ EACH
Results of Inspection	20"×20"	PACKED IN 60 BALES OF 100 DOZ EACH
	30"×30"	PACKED IN 227 BALES OF 50 DOZ EACH
	TOTAL:	33350DOZENS
	TOTAL:	367BALES

我们已尽所知和最大能力实施上述检验,不能因我们签发本证书而免除卖方或其他方面根据合同和法律所承担的产品数量责任和其他责任。All inspections are carried out conscientiously to the best of our knowledge and ability. This certificate does not in any respect absolve the seller and other related parties from his contractual and legal obligations especially when product quantity is concerned.

李 莉

MAY. 26,2017

国际贸易实务

第二节　出口报关单

一、出口报关单的含义

    出口报关单(export declaration)是由海关总署统一格式印制的,由出口企业或其代理人在装运前填制向海关申报通关,经海关审核并签发的法律文书,其分为海关作业联、海关留存联、企业留存联、海关核销联、出口收汇证明联和出口退税证明联一式六份。

    出口报关单是海关依法监管货物出口的必备的法律证书;是海关对出口货物进行征收关税、其他税费和编制海关统计以及处理其他海关业务的重要凭证;是有关部门进行出口货物核销、出口退税和外汇管理的重要依据。

    报关单根据贸易性质和海关监管的要求不同,有一般贸易出口货物报关单、进料加工专用出口报关单、来料加工补偿贸易专用出口报关单和外商投资企业出口货物报关单。其采用不同的颜色或加注贸易性质的文字以示区别,主要内容大致相同,填制方法略有差异。

二、缮制出口报关单

    1. 预录入编号

本栏目填报预录入报关单的编号,预录入编号规则由接受申报的海关决定。

    2. 海关编号

本栏目填报海关接受申报时给予报关单的编号,一份报关单对应一个海关编号,报关单海关编号为18位。

    3. 收发货人

本栏目填报在海关注册的对外签订并执行进出口贸易合同的中国境内法人、其他组织或个人的名称及编码。编码可选填18位法人和其他组织统一社会信用代码或10位海关注册编码任一项。

    4. 进口口岸/出口口岸

本栏目应根据货物实际进出境的口岸海关,填报海关规定的"关区代码表"中相应口岸海关的名称及代码。

    5. 出口日期

出口日期指运载出口货物的运输工具办结出境手续的日期,本栏目供海关签发打印报关单证明联时填写,在申报时免予填报。

6. 申报日期

申报日期指海关接受进出口货物收发货人、受委托的报关企业申报数据的日期。

7. 生产销售单位

生产销售单位填报出口货物在境内的生产或销售单位的名称。

8. 运输方式

按照实际运输方式并按海关规定的"运输方式代码表"填报。

9. 运输工具名称

本栏目填报载运货物进出境的运输工具名称或编号。

10. 航次号

本栏目填报载运货物进出境的运输工具的航次编号。

11. 提运单号

本栏目填报进出口货物提单或运单的编号。一份报关单只允许填报一个提单或运单号,一票货物对应多个提单或运单时,应分单填报。

12. 申报单位

自理报关的,本栏目填报进出口企业的名称及编码;委托代理报关的,本栏目填报报关企业名称及编码。

13. 监管方式

本栏目应根据实际对外贸易情况按海关规定的"监管方式代码表"选择填报相应的监管方式简称及代码。一份报关单只允许填报一种监管方式。

14. 征免性质

本栏目应根据实际情况按海关规定的"征免性质代码表"选择填报相应的征免性质简称及代码,持有海关核发的"征免税证明"的,应按照"征免税证明"中批注的征免性质填报。一份报关单只允许填报一种征免性质。

15. 备案号

本栏目填报进出口货物收发货人、消费使用单位、生产销售单位在海关办理加工贸易合同备案或征、减、免税备案审批等手续时,海关核发的"加工贸易手册""征免税证明"或其他备案审批文件的编号。一份报关单只允许填报一个备案号。

16. 贸易国(地区)

本栏目填报对外贸易中与境内企业签订贸易合同的外方所属的国家(地区)。出口填报售予国。

17. 运抵国(地区)

运抵国(地区)填报出口货物离开我国关境直接运抵或者在运输中转国(地区)未发生任何商业性交易的情况下最后运抵的国家(地区)。无实际进出境的,填报"中国"(代码142)。

18. 指运港

指运港填报出口货物运往境外的最终目的港;最终目的港不可预知的,按尽可能预知的目的港填报。无实际进出境的,本栏目填报"中国境内"(代码142)。

19. 境内货源地

境内货源地填报出口货物在国内的产地或原始发货地。出口货物产地难以确定的,填报最早发运该出口货物的单位所在地。

20. 许可证号

本栏目填报以下许可证的编号：出口许可证、两用物项和技术出口许可证、两用物项和技术出口许可证（定向）、纺织品临时出口许可证。一份报关单只允许填报一个许可证号。

21. 成交方式

本栏目应根据出口货物实际成交价格条款，按海关规定的"成交方式代码表"选择填报相应的成交方式代码。无实际进出境的报关单，进口填报 CIF，出口填报 FOB。

22. 运费

运费可按运费单价、总价或运费率三种方式之一填报，注明运费标记（运费标记"1"表示运费率，"2"表示每吨货物的运费单价，"3"表示运费总价），并按海关规定的《货币代码表》选择填报相应的币种代码。

23. 保费

保费可按保险费总价或保险费率两种方式之一填报，注明保险费标记（保险费标记"1"表示保险费率，"3"表示保险费总价），并按海关规定的《货币代码表》选择填报相应的币种代码。

24. 杂费

本栏目填报成交价格以外的、按照《中华人民共和国进出口关税条例》相关规定应计入完税价格或应从完税价格中扣除的费用。可按杂费总价或杂费率两种方式之一填报，注明杂费标记（杂费标记"1"表示杂费率，"3"表示杂费总价），并按海关规定的《货币代码表》选择填报相应的币种代码。

25. 合同协议号

本栏目填报进出口货物合同（包括协议或订单）编号。未发生商业性交易的免予填报。

26. 件数

本栏目填报有外包装的进出口货物的实际件数。本栏目不得填报为零，裸装货物填报为"1"。

27. 包装种类

本栏目应根据出口货物的实际外包装种类，按海关规定的"包装种类代码表"选择填报相应的包装种类代码。

28. 毛重（千克）

本栏目填报出口货物及其包装材料的重量之和，计量单位为千克，不足一千克的填报为"1"。

29. 净重（千克）

本栏目填报出口货物的毛重减去外包装材料后的重量，即货物本身的实际重量，计量单位为千克，不足一千克的填报为"1"。

30. 集装箱号

本栏目填报装载出口货物（包括拼箱货物）集装箱的箱体信息。一个集装箱填一条记录，分别填报集装箱号（在集装箱箱体上标示的全球唯一编号）、集装箱的规格和集装箱的自重。非集装箱货物填报为"0"。

31. 随附单证

本栏目根据海关规定的"监管证件代码表"选择填报除本规范第十八条规定的许可证件以外的其他出口许可证件或监管证件代码及编号。

32. 标记唛码及备注

本栏目填报要求如下:标记唛码中除图形以外的文字、数字。

33. 项号

本栏目分两行填报及打印。第一行填报报关单中的商品顺序编号;第二行专用于加工贸易、减免税等已备案、审批的货物,填报和打印该项货物在《加工贸易手册》或《征免税证明》等备案、审批单证中的顺序编号。

34. 商品编号

本栏目填报的商品编号由 10 位数字组成。前 8 位为《中华人民共和国进出口税则》确定的进出口货物的税则号列,同时也是《中华人民共和国海关统计商品目录》确定的商品编码,后 2 位为符合海关监管要求的附加编号。

35. 商品名称、规格型号

本栏目分两行填报及打印。第一行填报进出口货物规范的中文商品名称,第二行填报规格型号。

36. 数量及单位

本栏目分三行填报及打印。

(1) 第一行应按进出口货物的法定第一计量单位填报数量及单位,法定计量单位以《中华人民共和国海关统计商品目录》中的计量单位为准。

(2) 凡列明有法定第二计量单位的,应在第二行按照法定第二计量单位填报数量及单位。无法定第二计量单位的,本栏目第二行为空。

(3) 成交计量单位及数量应填报并打印在第三行。

37. 最终目的国(地区)

最终目的国(地区)栏目中填报已知的进出口货物的最终实际消费、使用或进一步加工制造国家(地区)。

38. 单价

本栏目填报同一项号下出口货物实际成交的商品单位价格。无实际成交价格的,本栏目填报单位货值。

39. 总价

本栏目填报同一项号下出口货物实际成交的商品总价格。无实际成交价格的,本栏目填报货值。

40. 币制

本栏目应按海关规定的"货币代码表"选择相应的货币名称及代码填报,如"货币代码表"中无实际成交币种,需将实际成交货币按申报日外汇折算率折算成"货币代码表"列明的货币填报。

41. 征免

本栏目应按照海关核发的"征免税证明"或有关政策规定,对报关单所列每项商品选择海关规定的"征减免税方式代码表"中相应的征减免税方式填报。

42. 特殊关系确认

本栏目根据《中华人民共和国海关审定进出口货物完税价格办法》（以下简称《审价办法》）第十六条，填报确认进出口行为中买卖双方是否存在特殊关系，在本栏目应填报"是"，反之则填报"否"。

43. 价格影响确认

本栏目根据《审价办法》第十七条，填报确认进出口行为中买卖双方存在的特殊关系是否影响成交价格，纳税义务人如不能证明其成交价格与同时或者大约同时发生的下列任何一款价格相近的，应当视为特殊关系对进出口货物的成交价格产生影响，在本栏目应填报"是"，反之则填报"否"。

44. 支付特许权使用费确认

特许权使用费是指进出口货物的买方为取得知识产权权利人及权利人有效授权人关于专利权、商标权、专有技术、著作权、分销权或者销售权的许可或者转让而支付的费用。如果进出口行为中买方存在向卖方或者有关方直接或者间接支付特许权使用费的，在本栏目应填报"是"，反之则填报"否"。

45. 版本号

本栏目适用加工贸易货物出口报关单。本栏目应与"加工贸易手册"中备案的成品单耗版本一致，通过"加工贸易手册"备案数据或企业出口报关清单提取。

46. 货号

本栏目适用加工贸易货物进出口报关单。本栏目应与"加工贸易手册"中备案的料件、成品货号一致，通过"加工贸易手册"备案数据或企业出口报关清单提取。

47. 录入员

本栏目用于记录预录入操作人员的姓名。

48. 录入单位

本栏目用于记录预录入单位名称。

49. 海关批注及签章

本栏目供海关作业时签注。

样例 11-3

中华人民共和国海关出口货物报关单

预录入编号：　　　　　　　　　　　　　　　　　　　　　　　　　海关编号：

收发货人 3309915020 苏州毛织品进出口贸易公司	出口口岸 吴淞海关 2202		出口日期	申报日期
生产销售单位 苏州毛巾厂	运输方式 水路运输 2	运输工具名称 PUDONG V.053	提运单号 HJSHB142939	
申报单位 3309915020 苏州毛织品进出口贸易公司	监管方式 一般贸易 0110	征免性质 一般征税 101	备案号	

贸易国(地区) 加拿大	运抵国(地区) 加拿大 501		指运港 蒙特利尔	境内货源地 苏州
许可证号 2002122433	成交方式 CIF 1	运费 502/800/3	保费 502/987/3	杂费
合同协议号 ST303	件数 367	包装种类 捆	毛重(千克) 19911	净重(千克) 19339.7
集装箱号	随附单据			

标记唛码及备注　Y.Y.T.C

ST303

MONTREAL

C/NO. 1 – 367

项号	商品编号	商品名称、规格型号	数量及单位	最终目的国(地区)	单价	总价	币制	征免
1	8744.0151 1	全棉茶巾 10"x10"	16000 打	加拿大	1.31	20960.00	502	照章
		20"x20"	16000 打		2.51	15060.00		
		30"x30"	16000 打		4.73	53685.50		

特殊关系确认：　价格影响确认：　支付特许权使用费确认：

录入员　　录入单位	兹声明对以上内容承担如实申报,依法纳税之法律责任	海关批注及签章
报关人员	申报单位(签章) 苏州毛织品进出口贸易公司	

小知识

1. 报关企业和报关员必须真实、准确填制报关单,不得虚报,否则承担相应法律责任。

2. 不同贸易方式的货物应填制相应的报关单。

3. 不同合同的出口货物、同一批出口货物中不同贸易方式的,不准填在同一份报关单上。

4. 报关单应与合同、发票和装箱单等,同项内容一致,做到单证一致、单货一致。

5. 同一份报关单上的不同商品,不得超过五项。

6. 为适应电子报关的需要,还应填写有关项目的代码。

7. 如对已填制的报关单的内容想进行更改,可填写"出口货物报关单更改单申请"。

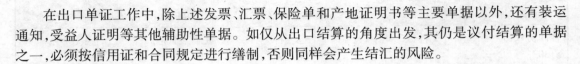

第三节　装运通知

在出口单证工作中,除上述发票、汇票、保险单和产地证明书等主要单据以外,还有装运通知,受益人证明等其他辅助性单据。如仅从出口结算的角度出发,其仍是议付结算的单据之一,必须按信用证和合同规定进行缮制,否则同样会产生结汇的风险。

一、装运通知的含义

装运通知(shipping advice)是指出口商按信用证或合同的规定,在出口货物装运后,向收货人或其通知人发出货物装运情况的书面文件。

装运通知的主要作用是在 CIF 价格条件下,装运通知是告知进口商作好接货准备工作,及时办理进口报关;在 FOB 和 CFR 成交价格条件下,装运通知还具有提请进口商及时办理保险。在实际业务中,通常进口商与本国保险公司都事先签订预保合同,要求装运通知发到保险公司,此时装运通知就起到自动承保证明书的作用;装运通知的副本是向银行议付货款的单据之一。

二、缮制装运通知

装运通知由出口商自行拟制,无固定格式,其内容主要视信用证或合同具体要求而定。以下就装运通知的主要栏目、内容及缮制要点予以介绍。

1. 出口商中英文全称、地址

注明出口企业全称和地址及电话号码等,便于联络。

2. 单据名称

常用"SHIPPING ADVICE"(装运通知)或"DECLARATION OF SHIPMENT"(装运声明)表示,信用证项下应按来证要求表明单据名称。

3. 发票号码(Invoice No.)

应填本套单据的发票号码。

4. 地点及日期(Place and Date)

出单日期一般与提单签发日相同,信用证项下应按来证规定缮制。出单地点通常是实际发货地或受益人所在地。

5. 抬头人(To)

抬头人通常是进口商。信用证项下应按来证要求填写,如信用证无具体规定,可致开证申请人。

6. 信用证编号(L/C No.)

填本套单据所属的信用证编号。

7. 预约保险单号码(Open Policy No.)

按信用证提供的预约保险单号码填制。

8. 唛头(Shipping Marks)

按发票、提单上的唛头缮制。

9. 商品名称（Description of Goods）

填商品的全称，并与发票中的品名一致。

10. 数量（Quantity）

应填写商品包装的总数量，与发票和提单的同项内容一致。

11. 装运港（Port of Loading）

填实际装运港，应与提单一致。

12. 目的港（Destination）

填提单的最终目的地，通常应注明国别或地区。

13. 装运日期（Shipping Date）

一般按已装船提单的签发日期填制。

14. 装运船名（Name of Carrying Steamer）

填实际载货船名，如转运应标明转运的第二程船名。

15. 提单编码（B/L No.）

按本套单据提单的实际编号填制。

16. 发票金额（Invoice Value）

填写发票货值的金额。

17. 签章（Signature）

注明出口商全称，由经办人签字盖章。

苏州毛织品进出口公司缮制装运通知范例：（样例 11 - 4）

样例 11 - 4

SHANGHAI IMPORT & EXPORT TRADE CORPORATION
321   ZHONGSHAN ROAD, SHANGHAI, CHINA
SHIPPING ADVICE

FAX：64042522

TELEX：64042523

TEL：64042521

MESSRS：

       YI YANG TRADING CORPORATION

       88 MARAHALL AVE

       DONCASTER VIC 3108

       CANADA

INVOICE NO. T03617

L/C NO. H2003

S/C NO. ST303

DATE：MAY. 31，2018

DEAR SIRS,

    WE HEREBY INFORM YOU THAT THE GOODS UNDER THE ABOVE MENTIONED CREDIT HAVE BEEN SHIPPED. THE DETAILS OF THE SHIPMENT ARE STATED BELOW.

SHIPPING MARKS：	COMMODITY：	COTTON TEATOWLS
Y. Y. T. C	NUMBER OF BALES：	367BALES
ST303	TOTAL G.W：	19911KG
MONTREAL	OCEAN VESSEL：	PUDONG V. 053
C/NO. 1 - 367	DATE OF DEPARTURE：	MAY. 30，2018

```
B/L NO. :              HJSHB142939
PORT OF LOADING：      SHANGHAI
DESTINATION：          MONTREAL


SHANGHAI IMPORT & EXPORT TRADE CORPORATION
                    TONGLI
```

小案例

　　2016 年,苏州某进出口公司按 CFR 贸易术语与英商签订一份刺绣工艺品的出口合同,价值 6 万美元。货物于 6 月 8 日上午装船完毕,业务员因工作较忙,在 10 日才发出装船通知。英商收到装船通知后向当地保险公司投保时,该保险公司获悉装载该批货物的轮船已于 10 日凌晨触礁沉没而拒绝承保。英商立即来电称:"由于你方未能及时发出装船通知,以至我方无法投保,因货轮罹难,货物损失应由你方负担并赔偿我方损失。"请问英商的要求合理吗? 为什么?

小·知识

　　装运通知和受益人证明的日期通常与提单签发日一致。装运通知和受益人证明无固定格式,可根据信用证的要求内容进行缮制。按装运通知和受益人证明的内容多少进行排列,达到简明、清晰和美观。

第四节　商业汇票

一、汇票的含义

　　汇票是出票人签发的,委托付款人在见票时或者在指定日期无条件支付确定金额给收款人或持票人的票据。汇票一般有两张正本(即 First Exchange 和 Second Exchange),其具有同等效力,付款人付一不付二,付二不付一,先到先付,后到无效。在信用证和托收方式业务中,多使用出口商出具的商业汇票。

二、缮制汇票

　　各出口商开具的汇票格式不完全相同,但其基本栏目和内容是一致的。根据《日内瓦统一法》规定,汇票必须包括下列内容。

　　1. 汇票字样(Draft)

汇票一词用英语表示,通常有 Bill of Exchange 或 Draft。

2. 编号（No.）

汇票编号填本套单据的发票号码，便于以后核对汇票与发票中相关的内容。

3. 出票日期与地点（Date and Place of Issue）

出票日期与地点常并列于汇票右上方。信用证项下的出票日期是议付日期，出票地点是议付地或出票人所在地，通常出口商多委托议付行在办理议付时代填。需要注意的是，汇票出票不得早于其他单据日期，也不得晚于信用证的有效期和交单期。

4. 汇票金额（Amount）

汇票金额用数字小写和英文大写分别表明。小写金额位于 Exchange for 后，可保留两位小数，由货币名称缩写和阿拉伯数词组成。如：USD1450.80。大写金额位于 The sum of 后，习惯上句首加"SAY"，意指"计"。句尾由"ONLY"示意为"整"，小数点用 POINT 或 CENTS 表示。如：SAY U. S. DOLLARS ONE THOUSAND FOUR HUNDRED AND FIFTY POINT EIGHT ONLY。大小写金额与币制必须相符。通常汇票金额和发票金额一致，并不得超过信用证金额，除非信用证另有规定。

5. 付款期限（Tenor）

信用证项下的汇票付款期限必须与信用证规定相符。付款期限主要有即期和远期两种。即期付款在 At 与 Sight 之间填上虚线或"＊"符号，变成 At ＊＊＊＊＊＊＊ Sight，表示见票即付。远期付款主要有见票后若干天付款、出票日后若干天付款、提单日后若干天付款和定日付款。如：信用证规定见票后 90 天付款（Available against your drafts drawn on us at 90 days after sight），在 at 与 sight 之间填入 90 days after，意为从承兑日后第 90 天为付款期；信用证规定出票日后 80 天付款（Available against presentation of the documents detailed herein and of your drafts at 80 days after date of the draft），则在 at 后填入 80 days after date，将汇票上印就的"sight"划掉，其意为汇票出票日后 80 天付款；信用证规定提单日后 70 天付款（Available by beneficiary's drafts at 70 days after on board B/L date），则在 at 后填入 70 days after date of B/L，删去 sight，意为提单日后第 70 天付款。

小知识

6. 受款人（Payee）

汇票受款人又称抬头人或收款人，填写接受票款的当事人名称。

7. 出票条款（Drawn Clause）

出票条款必须按信用证的描述填于 Drawn under 后，如信用证没有出票条款，其分别填写开证行名称、地址、信用证编号和开证日期。

信用证如有利息条款，如："Payable with interest at 5 per cent annum from date hereof to approximate date of arrival of cover in Tokyo"或信用证要求汇票注明"Documents against payment"（货单付款），必须在出票条款后将其列出。

8. 付款人（Drawee）

汇票付款人即受票人，包括付款人名称和地址，在汇票中以 To...（致……）表示。付款人必须按信用证规定填制，通常为开证行。如果信用证规定"Draft drawn on applicant"或"drawn on us"或未规定付款人时，在 to 后都打上开证行名称和地址。

如果信用证规定以开证申请人为付款人时，银行将视该汇票为一份附加的票据。

9. 出票人签章（Signature of the Drawer）

出票人为信用证受益人，也就是出口商。通常在右下角空白处打上出口商全称，由经办人签名，该汇票才正式生效。如果信用证规定汇票必须手签，应注意照办。

苏州毛织品进出口公司缮制商业汇票范例：（样例 11-5）

样例 11-5

BILL OF EXCHANGE

No. To 3617   SUZHOU MAY. 31 ,2017

For USD89705.50   Date

At ********************* sight of this second exchange (first of the same tenor and date unpaid) pay to the order of BANK OF CHINA SUZHOU BRANCH   the sum of

SAY US DOLLARS EIGHTY-NINE THOUSAND SEVEN HUNDRED AND FIVE POINT FIVE ONLY

Drawn under NATIONAL PARIS BANK (CANADA) MONTREAL

L/C No. TH2003   Dated FEB. 12 ,2017

```
TO.  NATIONAL PARIS BANK
     24 MARSHALL VEDONCASTER MONTREAL,CANADA.
                      SUZHOU KNITWEAR AND MANUFACTURED GOODS
                      IMPORT & EXPORT TRADE CORPORATION
                                    童莉
```

小思考

在出口贸易结算中,是否每种支付方式都需要汇票作为支付工具? 为什么?

小·知识

　　汇票是出口结算的重要票据,是支付货款的凭证,属于有价证券。信用证支付方式项下的汇票,除了严格按信用证缮制以外,还要符合票据法的规定。托收方式支付下的汇票与信用证项下的汇票在缮制方法上有所不同的。汇票中的大小金额和币制必须相同,并符合信用证要求。汇票的缮制应做到整洁美观,不得有涂改现象。

★★★★★ **本章学习路径** ★★★★★

一、出口货物报检——┌出口货物报检单
　　　　　　　　　　└检验检疫证书
二、出口货物报关——出口货物报关单
三、装运通知
四、商业汇票

本章复习思考题

1. 出口商在什么情况下须向出入境检验检疫机构申请签发商品检验检疫证书?
2. 缮制出口货物报关单时应注意的问题是什么?
3. 根据我国《票据法》的规定,汇票的主要项目是什么?

知识扩充

中国国家出入境检验检疫局

　　根据国务院的决定和《国务院办公厅关于印发国家出入境检验检疫局职能配置内设机构和人员编制规定的通知》(国办发〔1998〕102号)的规定,将国务院有关部门原先设置在各地的出入境卫生检疫、动植物检疫和进出口商品检疫机构(以下简称"三检"机构)合并,组建

国际贸易实务

为设置在各地的出入境检验检疫机构。各地出入境检验检疫机构分为直属局和分支局,是负责所辖区域出入境卫生检疫、动植物检疫和进出口商品检验的行政执法单位。国家出入境检验检疫局实行垂直管理的体制,即直属局有国家出入境检验检疫局直接领导,分支局隶属于所在区域的直属局领导。

这样决定的目的是贯彻党中央、国务院关于推进政府机构和行政管理体制改革的要求,按照精简、统一、提高效能的原则和我国口岸管理体制改革的总体目标,理顺管理体制、调整组织结构、精简人员编制,实行政事分开和政企分开,建立与社会主义市场经济体制和国际通行规则相适应"依法把关、监管有效、方便进出、管理科学"的出入境检验检疫管理新体制。

第十二章　进口贸易单证的制作

　　本章主要讲述进口贸易单证的制作。本章分三部分：第一，进口订货卡片；第二，开证申请书，主要讲述开证时应注意的问题、开立信用证的具体手续、信用证申请书的缮制；第三，进口到货单证，包括保险单证和进口货物报关单。

趣味小问题

假如你是个进口商，想从墨西哥进口一批仙人掌。你需要做很多事情，其中之一就是要制作进口贸易单证。你需要制作哪些进口贸易单证？如何制作进口贸易单证？（学完本章后，你就会知道了）

第一节　进口订货卡片

在从事进口贸易前,必须做好准备工作,如:市场和客户的调查研究、进口商品的审批、落实进口许可证和外汇审核、进口订货卡片制订和进口商品的经营方案等。本节主要讲述进口订货卡片。

进口许可证是国家管理货物进口的法律凭证。我国对限制进口的货物实行进口许可证管理。商务部会同海关总署制定、调整和发布年度《进口许可证管理货物目录》。凡属于进口许可证管理的货物,除国家另有规定外,对外贸易经营者应当在进口前按规定向指定的发证机构申领进口许可证,海关凭进口许可证接受申报和验收。

经营者申领进口许可证时,应提供如下材料:

- 进口许可证申请表,并加盖印章。
- 经年检合格的"企业法人登记营业执照"及加盖对外贸易经营者备案登记专用章的"对外贸易经营者备案登记表"或者进出口企业资格证书。经营者为外商投资企业的,还应当提交外商投资企业批准证书。进口货物属国家实行国营贸易或者有其他资质管理要求的,应当提供商务部或者相关部门的有关文件。
- 根据进口货物情况,提交相应的进口批准文件及相关材料:

① 对监控化学品,发证机构凭国家履行禁止化学武器公约工作领导小组办公室批准的"监控化学品进口核准单"和进口合同(正本复印件)签发进口许可证。

② 对易制毒化学品,发证机构凭商务部"易制毒化学品进口批复单"签发进口许可证。

③ 对消耗臭氧层物质,发证机构凭国家消耗臭氧层物质进出口管理办公室批准的"受控消耗臭氧层物质进口审批单"签发进口许可证。

④ 对依照法律、行政法规的规定,其他需要限制进口的商品,发证机构按照国务院商务主管部门或者由其会同国务院其他有关部门签发的许可文件签发进口许可证。

加工贸易方式、外商投资企业进口监控化学品、易制毒化学品和消耗臭氧层物质需领取进口许可证,发证机构分别按第①、②、③条规定办理。

凡申领进口许可证的单位,应按以下规范填写进口许可证申请表:

① 进口商:应填写经外经贸部批准或核定的进出口企业名称及编码。外商资企业进口也应填写公司名称及编码;非外贸单位进口,应填写"自购",编码为"00000002";如接受国外捐赠,此栏应填写"赠送",编码为"00000001"。

② 收货人:应填写配额指标单位,配额指标单位应与批准的配额证明一致。

③ 进口许可证号:由发证机关编排。

④ 进口许可证有效截止日期:一般为一年(另有规定者除外)。

⑤ 贸易方式栏的内容有:一般贸易、易货贸易、补偿贸易、协定贸易、进料加工、来料加工、外商投资企业进口、国际租赁、国际贷款进口、国际援助、国际招标、国际展销、国际拍卖、捐赠、赠送、边境贸易、许可贸易等。

⑥ 外汇来源的内容有:银行购汇、外资、贷款、赠送、索赔、无偿援助、劳务等。外商投资

企业进口、租赁等填写"外资";对外承包工程调回设备和驻外机构调回的进口许可证管理商品、公用物品,应填写"劳务"。

⑦ 报关口岸:应填写进口到货口岸。

⑧ 出口国(地区):即外商的国别(地区)。

⑨ 原产地国:应填写商品进行实质性加工的国别、地区。

⑩ 商品用途:可填写自用、生产用、内销、维修、样品等。

⑪ 商品名称和编码:应按外经贸部公布的实行进口许可证管理商品目录填写。

⑫ 规格、型号:只能填写同一编码商品不同规格型号的4种,多于4种型号的应另行填写许可证申请表。

⑬ 单位:单位指计量单位。各商品使用的计量单位由外经贸部统一规定,不得任意变动。合同中使用的计量单位与规定计量单位的不一致时,应换算成统一计量单位。非限制进口商品,此栏以"套"为计量单位。

⑭ 数量:应按外经贸部规定的计量单位填写,允许保留一位小数。

⑮ 单价(币值):应填写成交时用的价格或估计价格并与计量单位一致。

样例 12-1

中华人民共和国进口许可证申请表

1. 进口商: 代码:	3. 进口许可证号:
2. 收货人:	4. 进口许可证有效截止日期: 年 月 日
5. 贸易方式:	8. 出口国(地区):
6. 外汇来源:	9. 原产地国(地区):
7. 报关口岸:	10. 商品用途:

11. 商品名称:			商品编码:		
12. 规格、型号	13. 单位	14. 数量	15. 单价(币别)	16. 总值(币别)	17. 总值折美元

18. 总计:					
19. 领证人姓名: 联系电话: 申请日期: 下次联系日期:		20. 签证机构审批(初审): 终审:			

中华人民共和国商务部监制　　　　　　　　　　　　　　　第一联(正本)签证机构存档

　　缮制进口订货卡片是进口业务的首要环节,是专业外贸公司凭以对外签订合约的基础。进口订货卡片是用货部门根据国务院或地方批准的进口计划提出的进口订货申请书,送有关进出口公司以便办理进口。按照我国现行的办法,在办妥进口许可证件和落实用汇来源之后,用货部门(泛指各种申请进口的单位)应填写进口订货卡片,交给负责办理进口手续的外贸企业,作为外贸企业对外订购合同和办理进口业务的依据。进口订货卡片内容包括商品名称、质量规格、包装、数量、生产国别、估计单价和总金额、要求到货时间、目的港或目的地等项目。办理进口业务的部门收到订货卡片后,应根据平时积累的资料和当时的市场情况,对订货卡片的各项内容进行认真审核,必要时可对商品的牌号、规格和进口国别、厂家等提出修改建议,但需经用货部门同意才能进行变动。

　　进口订货卡片的格式与内容基本固定,主要包括:商品名称、进口国别、品质规格、数(重)量、包装、估计单价和用汇金额、要求到货的时间和港口、外汇来源等项内容(见表12-1)。进出口公司收到订货卡片后,认真审核卡片的各项具体内容,注意是否符合进口的原则和规定,有无含糊不清的地方。经过审核许可后,才能积极组织订购,以满足国内用货部门的需要。

　　进口订货卡片是由用货部门自行缮制。在缮制时需要注意以下几个问题:

　　① 要按照订货卡片上面的要求逐项缮制;

　　② 所填商品应是国内或本单位需要之商品;

　　③ 必须落实好进口货物的外汇,并划到进出口公司的账户里;

　　④ 所进口的商品是否符合国家进口的原则和规定,是否需要申领进口许可证及办理减免税等,这些都要十分清楚、明了。

　　进口公司接受用货部门委托和收到进口订货卡片后,进行认真审核。审核的要点是:

　　① 商品的各项规定性是否正确。如:品名的中英文是否准确,规格是否清楚,用途是否适当,数量是否符合规定。

　　② 外汇来源和外汇金额是否有保障。

　　③ 进口项目是否符合现行的进口政策原则,审批手续是否完整。

　　④ 进口国别、装运港等是否符合我国的对外政策。

　　如在审核中发现错误,应及时纠正。如发现用货部门指定的进口商品并非适合,也可提出修改意见。但需注意的是,上述更改应得到用货部门的同意后方可进行。

样例 12-2

订货卡片样式

于 20　年向　　　　　　　　　　　　　　订货卡片（代替国内经济合同）
ORDER PLACED WITH　　　　　　　　　　FOR THE YEAR OF 20

订货部门代号　　　　　　　订货卡片编号
Code No. of the User ＿＿＿＿＿　Card No. ＿＿＿＿＿

中文品名 Name of Commodity in Chinese		英文品名 Name of Commodity in English		
单位 Unit	中文 Chinese	英文 English	数量 Quantity	单位 Unit Price	总金额 Amount

详细 规格	中文 Chinese	
	英文 English	

详细用途 Detailed uses of Commodity	

交货季度 Time of delivery	季度 Quarter	I	II	III	IV	年季	陆运	联运路局及到站名称 Name of Thorough Traffic Railway Bureau Destination （Station）
	数量 Quantity							

运输方法 Way of Transportation	国内到货港口或进口国境站名 Port of Transportation or Import Border Station

收货单位	收货单位及通讯地址	
结算单位	开户银行及账号	外汇部分 人民币部分
人民币 制作方式	本批进口商品双方同意按进口商品作价 办法的规定作价	1. 按代理作价 2. 按代理加成作价 3. 按国内调拨价

附:国内结算有关事项

（略）

订货部门 名称和图章	结算单位 财务章	联系人	电话 电报挂号

第二节　开证申请书

在以信用证方式支付的进口贸易实务中,开立信用证是履行进口合同的第一步,是进口业务的重要环节,进口方必须按合同规定及时开立信用证。

一、开证时应注意的问题

开证时间。进口企业应按合同规定的开证时间和方式开立信用证;如合同未规定开证期限的,则开证时间应以国外出口商在收到信用证后能在规定的装运期限内出运为原则。一般而言,如合同规定有装运期起止的时间,最迟应使国外出口商在装运期的第一天就能收到信用证;如合同只规定最后装运期限的,则应在装运期限到期前一个月或一个半月将信用证开到国外出口商。

信用证的内容应与合同条款相一致。货物的品质、规格、数量、价格、交货期、装运期、装运条件和货运与结汇单据等,均应以合同为依据,在信用证中逐一作出明确、具体的规定,不得将与信用证无关的内容或把合同中过细的条款写入信用证,更不得将模棱两可、含糊不清、可作弹性解释的或有争议的内容写入信用证。因为信用证是一个独立的文件,不依附于买卖合同,相关银行不受买卖合同约束。

汇票期限要与买卖合同的付款期限相吻合。

单据条款要明确。信用证的特点之一是单据买卖。因此进口方在申请开证时,必须列明需要出口人提供的各项单据及份数,并对单据的内容提出具体要求。

特别条款的利用。在有些特殊情况下,可以利用信用证中的特别条款作出规定。例如,我国银行一般不开可转让信用证,而有时实际供货人不是信用证的受益人,而是另一厂商。在这种情况下,可以在特别条款中注明"汇票和单据若中国厂商提供可以接受"。

信用证正本由开证银行寄往国外出口商所在地的某一银行通知给出口商,副本交给进口企业作为审核备查之用。国外出口商收到信用证后,如提出修改请求,经进口企业同意后,即可向开证银行办理改证手续,这是进口合同得以履行的保证。在修改信用证时,必须向银行提交修改申请书,加盖进口单位公章,其内容包括所要修改的信用证号码、合同号码、修改次数及修改内容。如因出口商提出修改要求,我方应在修改申请书上说明修改费用由出口商负担。

二、开立信用证的具体手续

① 进行备忘登统。登统主要内容包括:收到合同日期、合同编号、结算方式、结算单位、

收受保证金日期、开证日期、信用证号码等。

②　向订货单位开出收取人民币保证金的通知，保证金按 100% 收取，如果由订货单位的开户银行出具保函则按开证金额的 110% 收取。

③　收妥订货单位的保证金或银行保函后，根据 2010 年 12 月 1 日实施的《货物贸易进口付汇管理暂行办法》的规定，由进口人向银行申领并填写"进口付汇核销单"，办理批汇手续。待进口人办理付汇时，银行办理核销手续。

④　办理批汇后，填写开证申请书，连同进口合同提交银行，申请开立信用证。

⑤　开证银行对开证申请书进行审核，如发现有不妥之处可向外贸企业调阅合同核对，或提出修改意见。待信用证开妥后，立即邮寄给出口商所在地的代理行，要求该行将信用证交给出口人，同时将信用证副本送外贸企业并将保证金转入专户。

三、信用证申请书的缮制

开证申请书是银行开出信用证的依据。各银行出示的申请书格式不尽相同，但主要内容基本上一致，都包括两个部分：第一部分是信用证的内容，也是开证银行凭以向国外出口商付款的依据（见样例 12-3）；第二部分是进口商对开证银行的声明和保证，用以明确双方的责任（见样例 12-4）。进口企业申请开立信用证须填制第一部分内容，主要内容如下（以所提供的信用证申请书为例）。

（一）正面的内容

1. 申请开证日期

在申请书的右上角填写申请日期。

2. 信用证的传递方式

申请书会列出几种传递方式，有：信开（by air mail）、简电通知（with brief advice by tele-transmission）、快递（by express delivery）、电传（by teletransmission）等。申请人只需在选中的传递方式前面的方框中打"×"即可。

3. 信用证的性质和编号、有效期和到期地点

①　信用证的性质：申请书已列明"不可撤销跟单信用证"（Irrevocable Documentary Credit），如需要增加保兑或可转让等内容，可在本栏空白处另加注。

②　信用证编号：编号由开证银行编列。

③　信用证的有效期及到期地点（Date and Place of Expiry）：有效期通常在装运期后 15 天到期，到期地点一般在议付地。

4. 受益人

填写合同卖方即国外出口商的全称、详细地址、注明联系电话。

5. 通知银行

由开证行填写。

6. 信用证金额

填写合同规定的总值，分别用数字和文字两种形式表示并注明币别。

7. 分批与转运

应根据合同规定在所选择项目前的方框中打"×"。

8. 装运条件

应根据合同规定填写装运地（港）和目的地（港）名称以及最迟装运日期,如有转运地（港）也应列明。

9. 贸易条件

应根据合同成交的贸易术语在相对应的贸易术语代码前的方框中打"×",如果是其他条件,则应先在"other terms"前的方框中打"×",然后再在该项目的空白处打上有关的贸易术语。

10. 信用证的兑付方式

申请书上已印有 4 种选择,如"即期付款"（by sight payment）、"承兑"（by acceptance）、"议付"（by negotiation）、"延期付款"（by deferred payment）等。可根据合同的付款方式确定选项,并在其前面的方框中打"×"。

11. 汇票条款

主要包括汇票的金额、付款的期限和付款人的规定。

① 汇票金额:根据合同规定填写信用证项下应支付发票金额的百分之多少。

② 付款期限:根据合同支付条件填写即期或远期支付。如果是远期支付必须填写具体的付款时间（天数）。

③ 付款人:根据《UCP600》的规定,信用证项下汇票的付款人必须是开证行或其指定的付款行,不能填写开证申请人。

12. 单据条款

信用证申请书一般均印有提供选择的单据条款 13 条,其中第 1 条至第 12 条是具体的单据,第 13 条"其他单据"栏目,可将本笔交易中所需的除上述 12 项单据外的其他单据的要求填列在此处。填制单据条款时应注意:在所选单据前的括号中打"×";在所选单据条款中,还应加注具体要求和内容。如一式几份、有关单据内容等;如选中的单据条款中又有几项内容供选择,可在所选内容前的括号中打"×",如没有括号可打"×"时,可将选中的内容保留,其余的用"×"将条款全部掩盖掉;申请人必须根据合同规定填写单据条款,不能随意提出超出合同规定的要求。

13. 货物条款

填写合同项下的货物,包括品名、规格、数量、包装、单价等,所有内容应与合同规定一致,尤其是单价条款,不得有误。如合同规格等内容繁多,可加注"详情按××号合同"。

14. 附加条款

信用证申请书已印有 7 条,其中第 1 条至第 6 条是具体的条款要求,如需要可在条款前的括号中打"×";内容不完整的,可根据合同规定和申请的需要填写清楚。第 7 条是"其他条款",对上述没有包括的条款,可视需要填写在该栏目中。

15. 申请人签字盖章

申请书下面还应填列有关部门申请人的开户银行（填银行名称）、账户号码、执行人、联系电话、申请人签字盖章等内容。

不可撤销信用证申请书
APPLICATION FOR IRREVOCABLE LEITER OF CREDIT

中国银行上海分行   日期：
BANK OF CHINA SHANGHAI BRANCH   Date：＿＿＿＿＿＿＿

请贵行以　□ 空邮/平邮　□ 简电　□ 详电　　按照下列项目开立不可撤销信用证：
Please establish by　Airmail/mail　Brief cable　Full cable　An Irrevocable L/C as follows：

信用证号码 Credit Number	有效期限　Expiry Date 有效地点　Expiry Place
申请人 Applicant(name and address)	受益人 Beneficiary (name and address)
通知行(如此栏未经填入,贵行可自行代决定通知行) Advising Bank(if blank, any correspondent at your option)	金额 Amount(in figures and words)
	本议付/即期(延期)付款/承兑信用证之受益人须按发票金额开立　　汇票并随附下列单据支取本证款项。你行得选择以你代理行或本公司为汇票付款人。 This credit is available with nominated bank by negotiation/sight (deferred) payment/acceptance against presentation of the beneficiary's draft(s) at sight drawn on your bank, your correspondent or us at your option for full invoice value accompanied by the documents detailed herein.
分批装运 Partial shipments　　转运 Transshipment □ 准许　□ 不准许　　□ 准许　□ 不准许 allowed　not allowed　allowed　not allowed	
由 Shipment from 装运至 to 不得迟于 Latest	

需附单据 Documents required：

□　商业发票＿＿＿＿＿份
　　Signed Commercial Invoice in ＿＿＿＿＿ copies

□　全套清洁"已装船"海运提单/空运单/承运货物收据做
　　Full Set of Clean "On Board" Ocean Bills of Lading/Airway Bill/Forwarding Agent's Cargo Receipt made
　　成贵行抬头/空白抬头由发货人空白背书注明"运费付讫/运费待收"并通知＿＿＿＿＿＿＿＿＿＿
　　out to your order/made out to order and endorsed in blank marked "freight prepaid/freight to collect" and notify ＿＿＿＿＿＿＿＿＿

□　保险单或保险凭证由投保人空白背书,保额按110%发票金额,
　　Insurance policy (ies) or Certificate(s) in assignable form and endorsed in blank for 110% invoice value
　　注明赔款在＿＿＿＿＿＿＿＿＿＿支付,投保一切险/水渍险/平安险、战争险、
　　showing claims payable at ＿＿＿＿＿＿＿＿＿ and covering Institute Cargo Clauses (A/B/C), Institute War
　　罢工险/陆上运输一切险、战争险、罢工险。
　　and Strikes/Overland Transportation All Risks, War Risks and Risks of Strikes.

□　装箱单或重量单一式＿＿＿＿＿份,注明每件货物毛重/净重。
　　Packing list/Weight memo in ＿＿＿＿＿ copies showing quantity gross/net weight for each package.

□　由＿＿＿＿＿＿＿＿出具之品质证一式＿＿＿＿＿份
　　Certificate of quality in ＿＿＿＿＿＿ copies issued by ＿＿＿＿＿＿

□　由＿＿＿＿＿＿＿＿出具之产地证一式＿＿＿＿＿份
　　Certificate of origin in ＿＿＿＿＿＿ copies issued by ＿＿＿＿＿＿

其他条款:(下列条款遇到与上列印妥条款有明显出入时,则以下列条款为准) OTHER TERMS AND CONDITIONS:(These shall prevail over all printed terms in case of any apparent conflict)
证明装运:Evidencing Shipment of
签名盖章 Sealed & Signed by 账户号码 Account No. 及银行名称 with (name of bank)

（背面）

In consideration of your issuing the above L/C we agree that you shall have a pledge on all goods, documents and policies and proceeds thereof for any obligations or liabilities present or future incurred by you under or arising out of this L/C and that you shall have full discretion and power of sale over the said goods without notice to us.

贵行开出上述信用证后将有此信用证项下所有的商品、单证、保单、收益由你行担保。对于现在或将来由于此信用证带来的义务和负债,贵行可对上述商品进行销售处理,无需通知我公司。

We undertake to provide you at or before maturity with funds to meet all your disbursements and/or acceptances together with your commission, charges, etc. and we further undertake to sign, execute and deliver any transfer deeds or documents which you may require us to sign, execute and deliver for perfecting your title to the said goods and/or for vesting the same in or delivering the same to any purchaser or purchasers from you.

我公司保证按时向贵行支付该证项下的货款、手续费、利息及一切费用等资金。我公司还保证按照贵行要求签署、执行和交付转让文书来保护贵行利益。

We agree that you and your correspondents are not obliged for any loss, damage or delay, however caused, which is not directly due to the negligence or fault of your employees.

我公司保证对于不是直接由贵行员工失误造成的损失、损坏、延误,贵行和贵行的代理行不负责任。

We further agree that you reserve the right to disregard with notice to us, any request to include excessive details in this L/C and/or lengthy attachment there so.

我公司还认为贵行有权力要求我公司在信用证中提供更多的细节和繁琐的附件等。

（二）背面的内容

反面是申请人对开证行的声明,用以明确双方责任,主要内容如下:

① 声明申请人同意按照有关国际惯例办理该信用证项下一切事宜,并承担由此产生的一切责任;

② 声明委托银行开立信用证,并保证向银行按时支付货款、手续费、利息及一切费用;

③ 明确收到单据后,申请人在×个工作日内复审单据,并在规定期限内通知银行接受与否;

④ 声明该信用证及其项下业务往来函电和单据如因邮、电或其他方式传递过程中发生遗失、延误、错漏等,银行概不负责;

⑤ 声明若信用证需要修改,应由申请人及时通知银行,并及时核对信用证副本或修改副本是否与原申请书相符;

⑥ 声明如申请书字迹不清或词义含混而引起的后果由申请人负责。

开证申请人承诺书

中国银行：

我公司已办理一切进口手续，现请贵行按我公司开证申请书内容（见背面英文）开出不可撤销跟单信用证，为此我公司愿不可撤销地承担有关责任如下：

一、我公司同意贵行依照国际商会第 500 号出版物《跟单信用证统一惯例》办理该信用证项下一切事宜，并同意承担由此产生的一切责任。

二、我公司保证按时向贵行支付该证项下的货款、手续费、利息及一切费用等（包括国外受益人拒绝承担的有关银行费用）所需的外汇和人民币资金。

三、我公司保证在贵行单到通知书中规定的期限之内通知贵行办理对外付款/承兑，否则贵行可认为我公司已接受单据，同意付款/承兑。

四、我公司保证在单证表面相符的条件下办理有关付款/承兑手续。如因单证有不符之处而拒绝付款/承兑，我公司保证在贵行单到通知书中规定的日期之前将全套单据如数退还并附书面拒付理由，由贵行按国际惯例确定能否对外拒付。如贵行确定我公司所提拒付理由不成立，或虽然拒付理由成立，但我公司未能退回全套单据，或拒付单据迟到贵行并已超过单到通知书中规定的期限，贵行有权主动办理对外付款/承兑，并从我公司账户中扣款。

五、该信用证及其项下业务往来函电及单据和因邮、电或其他方式传递过程中发生遗失、延误、错漏，贵行当不负责。

六、该信用证如需修改，由我公司向贵行提出书面申请，由贵行根据具体情况确定能否办理修改。我公司确认所有修改当由信用证受益人接受时才能生效。

七、我公司在收到贵行开出的信用证、修改书副本后，保证及时与原申请书核对。不符之处，保证在接到副本之日起两个工作日内通知贵行。如未通知，当视为正确无误。

八、如因申请书字迹不清或词意含混而引起的一切后果由我公司负责。

开证申请人
（签字盖章）

开证行对开证申请书审核无误后，正式开立信用证，并将副本递交给进口商，进口商依据进口合同对信用证副本进行审核，确认无误后传真给出口商，以证明信用证已开立。

样例 12-5

APPLICATION FOR ISSUING LETTER OF CREDIT
开证申请书

To: BANK OF CHINA, SHANGHAI BRANCH   Date:
中国银行上海分行   日期

Please issue on our behalf and for our account the following IRREVOCABLE LETTER OF CREDIT
请为我公司开出不可撤销信用证。

By(   )TELEX(   )AIRMAIL   L/C No. (left for bank to fill)
　　　电开　　　信开   信用证号码（银行填写）

Beneficiary：(full name & detailed address)   Advising Bank：(left for bank to fill)
受益人：(全称及具体地址)   通知行：(银行填写)

Applicant：(full name & detailed address)　　Date & Place of Expiry：

申请人：(全称及具体地址)　　信用证的有效期及到期地点：

Amount：(Both in figure and words)

金额：(用数字和文字两种形式表示)

Dear Sirs,

尊敬的先生：

We hereby issue our IRREVDCABLE LETTER OF CREDIT in your favor for account of the

above applicant available by your draft(s) drawn □ at sight/□ on/□ us/□ advising bank/applicant for 　 %

of invoice value as drawn under this L/C accompanied by following documents marked with ×：

我公司由于　　现开出以你方为受益人的不可撤销信用证,凭你方的汇票及标上×的下列单据,信用证

上发票金额的百分之

A1 □ Signed commercial invoice in 　　copies indicating Contract No.

商业发票　份,表明合同号码

A2 □ Full set 3/3 clean on board ocean Bill of Lading 　□ made out to order and endorsed in bank

全套3份清洁已装船海运提单 　　　　　　根据要求制作和签名

□ notifying □ China National Foreign Trade Transportation Corp. at destination

通知中国外贸运输公司

/□ applicant/□ China National Foreign Trade Transportation Corp. at destination and applicant

或申请人或者既通知中国外贸运输公司又通知申请人

marked freight □ to collect/□ prepaid □ indicating freight amount.

制定运输期 　托收 　　预付 　　表明货运金额

A3 □ Airway Bill 　　consigned to □ China National Foreign Trade Transportation Corp. at

航空运单 　　交与中国外贸运输公司 　　申请人

destination □ applicant/□ us marked air freight □ to collect/□ prepaid □ indicating freight amount.

　　　申请人 　标明航班 　　　　　托收 　　预付 　　标明货运金额

A4 □ Memorandum, issued by China Travel Service (H. K.) Ltd, Hong Kong

备忘录 　　中国香港旅行服务有限公司公布

A5 □ Forwarding Agent's cargo receipt

代理货运收据

A6 □ Insurance policy or certificate in 　　copies endorsed in ban covering □ All Risks/ 保险单或者 　份签

名的证明

(　) Air Transpiration All Risks/Overland Transportation All Risks War Risks including per clause for 　 %

of invoice value.

全险 空运险 　　陆上运输险 　战争险

A7 □ Packing list/weight memo in 　　copies indicating quantity/gross and net weight of each package.

包装单/重量单 　份,标明数量/毛重和净重

A8 □ Quality certificate in 　　copies issued by □ below mentioned manufacturer/□ public Recognized surveyor.

下述指定的制造商或公认的监测员发布的质量证明书 　份

A9 □ Copy of your relax advising applicant within 　　hours after shipment indicating Contract No., L/C No.,

goods name, quantity, invoice value, vessel's name/air flight No., packages, loading port and shipping date.

装船后 　小时内通知申请人合同号,信用证号,商品名称,数量,发票金额,船名或航班,包装,卸货

港,装船日期

AA □ Copy of applicant's/ZHOUGZU's or its agent's shipping instruction indicating vessel name, Contract No.,

approximate shipping date.

申请人或申请人的代理人提出的装船指令,表明船名、合同号码、大概的装船日期

国际贸易实务

AB □ Your Letter certifying that one extra copy of each document called for herein has been □ disposed of according to relative contract stipulations

    证明你方每份单据的副本都已按照相关合同要求处理的信件

AC □ Other documents if any,

    如果有的话,其他单据

B:Evidence shipment of:装船证据

Packing:包装   Price term:贸易条件 CIF/CFR/FOB

Manufacturer:制造商   Shipping mark:运输标志

C   Special instructions:(if any marked with ×)

   特殊的要求:(有的话打×)

C1 □ Your signed receipt instead of draft is acceptable.

     你方签名的收据代替汇票是可行的

C2 □ The remaining   % of invoice value.

     发票金额的百分之

C3 □ Both quantity and amount   % more or less are allowed.

     数量和金额上多出或少百分之 都是可行的

C4 □ All banking charges □ outside China/□ in Hong Kong are for beneficiaries' account.

     所有的   中国外的   在香港的银行费用由受益人承担

C5 □ prepaid freight drawn in express of L/C amount is acceptable against presentation of original charges voucher issued by Shipping Co./Air Line/or its agent.

     运费预付是可行的,只要出示船公司/航空公司/它的代理人开出的原始费用凭证

D. Documents should be presented within days from the date of shipment, but in any event within the validity of this L/C.

   装船后 天内出示单据,任何情况下要在信用证的有效期内

E. Shipment from   to   not later than   transshipment is □ allowed/□ not allowed; partial shipments are □ allowed/□ not allowed; on deck shipment is □ allowed/□ not allowed; third party transport documents are □ allowed/□ not allowed.

运输由   到   ,不迟于   ,转运是允许的/不允许的,分批运输是允许的/不允许的,甲板运输是允许的/不允许的,第三方运输单据是允许的/不允许的 * May leave in blank 空白

Sealed & Signed by 签名盖章

Account No. 账户号码

with

(name of bank)

In consideration of your issuing the above L/C we agree that you shall have a pledge on all goods, documents and policies and proceeds thereof for any obligations or liabilities present or future incurred by you under or arising out of this L/C and that you shall have full discretion and power of sale over the said goods without notice to us.

    贵行开出上述信用证后将有此信用证项下的所有的商品、单证、保单、收益有为你行担保。对于现在或将来由于此信用证带来的义务和负债,贵行可对上述商品进行销售处理,无需通知我公司。

We undertake to provide you at or before maturity with funds to meet all your disbursements and/or acceptances together with your commission, charges, etc. and we further undertake to sign, execute and deliver any transfer deeds or documents which you may require us to sign, execute and deliver for perfecting your title to the said goods and/or for vesting the same in or delivering the same to any purchaser or purchasers from you.

    我公司保证按时向贵行支付该证项下的货款、手续费、利息及一切费用等资金。我公司还保证按照贵行要求签署、执行和交付转让文书来保护贵行利益。

We agree that you and your correspondents are not obliged for any loss, damage or delay, however caused, which is not directly due to the negligence or fault of your employees.

我公司保证对于不是直接由贵行员工失误造成的损失、损坏、延误,贵行和贵行的代理行不负责任。

We further agree that you reserve the right to disregard with notice to us, any request to include excessive details in this L/C and/or lengthy attachment there so.

我公司还认为贵行有权力要求我公司在信用证中提供更多的细节和繁锁的附件等。

案例 12-1

信用证中引用合同条款引发的争议

某年的第四季度,某市 A 公司与国外 T 公司达成协议,以 CFR 贸易术语、海运及信用证支付方式进口原料若干公吨,价值十余万美元。双方签订合同后,A 公司根据合同内容,通过当地银行向 T 公司开出即期、不可撤销信用证一份,由于货物的品质规格比较复杂,所以证内规定:"品质按照××年签订的第××号购货确认书为准。"合同内对货物品质的关键部分是规定水分不能过高,标准水分5%,最高不能超过8%,如当水分超过5%时,则每超过1%,单价应相应下调1%。

国外 T 公司收到开出的信用证后,按时将货物装出,并将信用证内规定的全套单据送交当地银行索偿。后者按照有关规定,将单据寄至我国开证银行求偿。开证行因证内关于货物的品质规格涉及合同,所以就通知 A 公司检查全部单据是否符合要求。A 公司经仔细检查单据后,发现国外 T 公司提交的单据存在以下问题:商业发票上关于货物的水分注明是5%,而在品质检验证书内,关于货物的水分却注明是8%。根据以上情况,A 公司一方面通知开证行暂时停止付汇,并至银行将暂停付汇的原因通过对方银行转告 T 公司,同时,也与 T 公司直接联系,说明根据合同规定,由于货物的实际水分已经超过标准水分3%,所以应相应降价3%。数天后,开证行收到国外银行转来 T 公司的反驳意见。同时,A 公司也收到国外 T 公司措词强硬的传真,内容是要求 A 公司立即按照原价支付货款,对于降价问题,则不予置理。强调合同内虽有规定,但并不影响进口方 A 公司照原价付款,同时,T 公司还利用国际惯例来证明他们要求按原价付款是合理的。指出,国际商会第500号出版物第3条a项中明确规定:"信用证与可能作为其依据的销售合同或其他合同,是相互独立的交易。即使信用证违反该合同,银行也与该合同完全无关,且不受其约束。"为此 T 公司明确表示不受合同约束,从而要求我 A 公司应照原价100%支付货款。

A 公司多次与 T 公司交涉,要求其遵照合同规定降价3%,但均遭到拒绝,A 公司除组织有关业务人员认真研究《UCP500》条款外,并请教当地有关外贸方面的专家教授。最后,对一些看法取得以下共识:《UCP500》条款规定"即使信用证中提及该合同,银行亦与该合同完全无关,且不受约束"和信用证内出不再重复而引用合同内对于货物品质规格的规定,这是两个不同的含义,因此,对后者来说,在执行合同中,所交货物的品质,必须按合同规定,这样做并不违反信用证的性质,因为证内已经作了明确规定。

案情分析与提示

1. 关于在信用证内是否应该详细列明货物的品质规格问题,如果货物的品质规格规定得很详细,可在信用证中引用合同的有关规定,但最好将合同副本作为信用证不可分割的一部分,随证一并开出。

2. 我方对外开出信用证时,最好开出的是付款信用证,证内一般应列明以下类似条款:"我行(指开证行)凭提交符合信用证条款的单据付款",有了这样的规定,开证行经过仔细审

国际贸易实务

核国外交来的单据后（必要时，银行与进口商商议，取得共识）才予以付款，使我方掌握主动权。

3. 我方对外开证时，一般只规定国外受益人应提供的单据种类和份数（有时份数也不规定），除了对海外提单的内容作适当规定外（如：规定提单的装卸货港口、收货人、通知方、运费写法、已装船的清洁提单及毛重尺码等项），对其他单据的内容，一般不作或极少作出规定。虽然一些惯例对某些单据的内容，作了一些较具体的规定，但对受益人来说，既可遵循，也可以不遵循这些惯例的规定。为此，建议我方在对外开证时，对某些单据的内容，要列明具体要求，以避免国外提供的某些单据上只填写一些不着边际的内容，而是非常简单，起不到该种单据应有的作用。

4. 在本案处理全过程中，银行（开证行）和 A 公司始终密切配合，对一些问题的处理非常谨慎，共同研究，取得共识，一致对外。可以说：银（银行）贸（贸易公司）密切协作，是解决贸易纠纷的关键，也是安全收汇（出口）或合理付汇（进口）的关键。

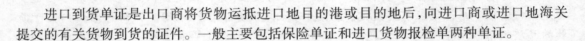

第三节　进口到货单证

进口到货单证是出口商将货物运抵进口地目的港或目的地后，向进口商或进口地海关提交的有关货物到货的证件。一般主要包括保险单证和进口货物报检单两种单证。

一、保险单证

保险单证是保险公司和投保人之间的保险合同，也是保险公司对投保人的承保证明，一旦货物发生损失，保险单证是保险公司决定承保与否的重要依据。

在我国进口贸易中，一般都以 FOB 或 CFR 等价格条件对外成交，在这种情况下，由我方办理保险。通常的专业外贸进出口公司（或总公司），同保险公司签有预约保险协议，按此协议规定所有按 FOB 或 CFR 等价格条件进口货物的保险，都由保险公司承保。因此，外贸进出口公司在收到国外装船通知后，即缮订保险通知单，将船名、开航日期、估计到达时间、商品名称、数量、金额、装运港、目的港等各项内容通知保险公司，经保险公司确认盖章后，即作为已办妥保险手续。

保险单一般须载明下列主要内容：

① 当事人的姓名及其住址；

② 保险标的物；

③ 保险风险及事故的种类；

④ 保险责任开始的日期、时间及保险期限；

⑤ 保险金额；

⑥ 保险费；

⑦ 开立保险单的日期和地点；

⑧ 保险人签章。

除以上内容外，其他事项可由保险人与被保险人双方协商一致后加注在保险单上。装货通知（代保险投保单）样式如样例 12-6 所示：

国际贸易实务

样例 12-6

××进出口公司
装货通知(代保险投保单)

下列进口物资,已从国外运出,请速作好接货准备。有关检验索赔期限,除在合同上另有规定外,一般均为货抵中国口岸后　　天。

合同及批次

起运口岸	运输工具	起运日期		
转运口岸	进口口岸	估计到达中国口岸日期		
物资名称及数量				
保险费	运费	件数	毛重	
付款条件		外汇金额		
收货单位				

20　年　月　日　　　　　　　根据　　填发

我国的进口企业一般采用下面两种方式进行进口货运保险并获得相应的保险单据。

(一)预约保险

我国大部分专业外贸出口公司都和保险公司签有海运、陆运、空运货物的预约保险合同——预保合同。这种保险方式手续简便,合同中对外贸公司进口的货物的投保险别、保险费率、适用的保险条款、保险费及赔偿的支付方式等都作了明确的规定。只要外贸公司接到国外出口人发来的装运通知后,缮制"保险通知单",将船名、开航日期、估计到达日期、商品名称、数量、金额、装运港(地)、目的港(地)等项内容一一列明,送交预约保险公司,经保险公司盖章确认后,就已办妥保险手续。货物一经起运,保险公司即自动按预约保险合同所订的条件承保。

(二)逐笔投保

如果进出口公司没有和保险公司签订预约保险合同,则需要对进口货物逐笔投保。当进口商接到国外出口商发来的发货通知后,必须立即到保险公司办理保险手续。一般情况下,由进口人填制"装货通知"和投保单交保险公司,"装货通知"中应列明合同号码、起运口岸、运输工具、起运日期、估计到达日期、目的口岸、货物名称、数量、金额等内容。保险公司接受承保后给进口人签发一份正式保险单。

二、进口货物报检单

进口商品分法定检验商品和非法定检验商品,法定检验进口商品是列入《种类表》及其他法律、法规规定必须经过商检机构或者国家商检局、商检机构指定的检验机构检验的进口商品。除此以外的进口商品为非法定检验商品。

这两类商品在办理报验手续上有所不同,法定检验商品到货后,收货人或其代理人必须向口岸或到达站商检机构办理进口商品登记手续,然后按商检机构规定的地点和期限向到货地商检机构办理进口商品报验。

非法定检验进口商品到货后,由收货、用货部门直接办理进口通关手续。提货后,可按合同的约定自行检验,若发现问题需凭商检证书索赔的,应向所在地商检机构办理进口商品报验。

(一)法定检验进口商品登记

① 填写《种类表》内进口商品登记申请表,按下列要求逐项填写:

NO.:商检受理报验编号,由受理报验人员填写。

申请登记单位:填写申请登记单位全称并盖章。

登记日期:填写申请登记当天日期。

商品编号:填写 H. S. 编码8位数字。

数(重)量:按实际到货数(重)量填写,并加附计量单位。

进口日期:按"进口货物到货通知单"所列进口日期填写。

合同号:买卖双方签订的外贸合同的号码。

合同金额:合同中所列商品总价值,并加附货物名称。

贸易国别(或地区):进口商品的出口国家(或地区)。

贸易方式:指"一般贸易""三来一补""边境贸易"或"其他"填写其中方式之一。

收用货单位:填写收用货单位全称。

② 应提供的单据:一般应提供进口货物到货通知单、进口货物报关单、合同、发票、提单/运单等。

③ 商检机构经审核、登记后,在报关单上加盖"已接受登记"印章。海关凭盖有商检机构"已接受登记"印章的报关单验放货物。经验放的货物收用货部门应按有关规定及时向商检机构办理进口商品报验。

(二)进口商品的报验

填写进口商品检验申请单按下列要求填写申请单上的相应栏目,未作说明的按实际情况填写或打"√"号。

报验号:商检机构受理报验的编号,由受理报验人员填写。

报验单位盖章:填写报验单位全称,并加盖公章或报验专用章。

报验日期:填写报验当天的日期。

发货人:合同中的卖方。

受货人:合同中的买方。

品名规格:按合同、发票所列品名规格填写,如品名太多时,只填写主要品名即可。

合同号:买卖双方签订的合同编号。

发票号:所附国外发票编号。

H. S. 编码:填写《商品分类及编码协调制度》中所列该商品的 8 位编码。

报验数量:填写申请检验的数量,并注明计量单位名称。

报验重量:填写申请检验的重量,并注明净重/毛重及商品计重单位名称。

商品总价值:按合同或国外发票列明的货值填写,并注明货币名称。

运输:填写运输工具及运输方式(海运、空运、陆运等)。如该批货物是海运、经转运港运载的,应将船名、装运港、转运港、卸货港及目的港均填写清楚。

进口日期:填写进口货物到货通知单所列进口日期。

卸货日期:指完成卸货的日期。

到厂日期:货物运至使用单位的日期。

索赔有效期:按合同规定的索赔期填写。

索赔有效期的计算方法:是从合同规定的起始日即进口日期或卸毕日期(不含当天)起开始计算,到规定期限的最后一天止。如果截止日为国家法定假日时,则应顺延。例如,索赔期为 3 个月,进口日期为 8 月 3 日,索赔有效期就到 11 月 3 日止;如果索赔有效期为 90 天,索赔有效期就到 11 月 1 日止,因在此期间,有的月份为 31 天,计算时应注意。

质保期:即质量保证期,按合同规定日期填写。

包装情况:填写运输包装种类及包装情况是否完好。如有异状,应按实际情况填写。

标记及号码:按实际到货运输包装上所列标记(唛头)填写,如无标记则应填写"N/M"。

申请说明:申请人如有特殊要求应在此栏中加以说明。

进口报验应提供的单据及资料。

报验项目不同,应提供的单据及资料也各异,具体情况介绍如下:

① 品质、规格报验应提供下列单据:

a. 贸易双方签订的合同;b. 国外发票;c. 提单或空运单等;d. 装箱单;e. 进口货物到货通知单;f. 国外品质证明;g. 使用说明书及有关标准与技术资料。

② 残损鉴定报验,除提供①中的 a、b、c、d、e 外,如为海运货物还应加附理货公司出具的理货残损单、海事报告、大副签证或保函;如为铁路运输的货物应加附铁路部门出具的商务记录;如为航空运输货物应加附空运部门出具的空运事故记录。

③ 数量、重量鉴定报验除提供①中的 a、b、c、d、e 外,还应加附重量明细单或磅码单和理货清单。进口商品经收货、用货部门验收或其他部门检验的,应加附有关货物的验收记录、重量明细单或检验结果报告单。

(三)进口商品报验的时间及地点

1. 报验时间的规定

① 报验人应在合同中列明的索赔有效期前不少于 1/3 的时间,向货物所在地商检机构报验。

② 索赔期已近,来不及完成检验出证的,报验人必须预先向国外办理延长索赔期手续。

2. 报验地点的规定

① 外贸合同或运输契约规定进口商品检验地点的,应在规定的地点所在地商检机构报验。如合同规定凭卸货口岸商检机构出具的品质、重量检验证书作为计算价格、结算货款的,就应向卸货口岸商检机构报验;

② 大宗散装商品、易腐变质商品,如:粮食、原糖、化肥、化工原料、农产品等进口商品,必须向卸货口岸或到达站商检机构报验;

③ 在卸货时,发现货物的外包装残损或短件的,必须向卸货口岸或到达站商检机构报验;

④ 由内地收货、验货的,货物在国内运输途中又不会发生变质、变量而包装又完好的进口商品可向到货地商检机构报验;

⑤ 需结合安装调试进行检验的成套设备、机电仪产品及在口岸开件检验难以恢复包装的商品,应向到货地商检机构报验。

(四) 进口商品报验应注意事项

① 同一合同、同一发票、同一提单限填一份申请单,同一合同、不同发票或提单的,应分别填写申请单。

② 对装船前已经过预检验、监造监制的进口法检商品到达口岸时,仍应按规定进行报验。以货到后商检机构的检验结果为最终结果,并对检验不合格的进口商品签发检验证书,按合同规定对外索赔。

③ 对列入《实施安全质量许可制度的进口商品目录》内的进口商品按法定检验商品办理报验,并加附进口质量许可证复件或提供许可证编号。

④ 报验人应按合同、发票、提单等项填写申请单,书写工整、清晰、准确,不得随意涂改。

样例 12-7

中华人民共和国出入境检验检疫
入境货物报检单

报检单位(加盖公章):　　　　　　　　　　　　　　　　　　　　　　　编号_____

报检单位登记号:　　　联系人:　　电话:　　　　　　报检日期:____年____月____日

发货人	(中文)				
	(外文)				
收货人	(中文)				
	(外文)				
货物名称(中/外文)	H.S.编码	产地	数/重量	货物总值	包装种类及数量

国际贸易实务

运输工具名称号码		贸易方式		货物存放地点	
合同号		信用证号		用途	
到货日期					
启运地					
集装箱规格、数量及号码					
合同、信用证订立的检验检疫条款或特殊要求		标记及号码		随附单据（画"✓"或补填）	
需要证单名称（画"✓"或补填）				检验检疫费	
品质证书 重量证书 兽医卫生证书 健康证书 卫生证书 动物卫生证书		植物检疫证书		总金额 （人民币元）	
				计费人	
				收费人	
报检人郑重声明： 1. 本人被授权报检。 2. 上列填写内容正确属实，货物无伪造或冒用他人的厂名、标志、认证标志，并承担货物质量责任。 签名：＿＿＿＿				领取证单	
				日期	
				签名	

三、进口货物报关单

（一）进口货物报关单的作用

我国海关对进出口货物具有监管权力，履行接受申报、查验货物、征收关税、结关放行四项职能。进口货物到港报检后，由进口商或委托外运公司根据进口单据填制进口货物报关单，向海关申报，报关单要随附发票、提单、保险单、减免税或免验的证明文件及海关认为必要的签证和认证文件。海关以报关单、进口许可证等为依据，对进口货物进行实际的核对和查验，以确保货物的合法进口。

进口货物到货后，由进口企业或委托运输公司根据进口商务单据填具"进口货物报关单"（见样例 12-8），并随附提货单、发票、装箱单等有关单证，在海关规定的申报期限内，向海关办理进口通关手续。

（二）进口货物报关单的缮制

进口货物报关单的缮制与出口货物报关单的缮制，在许多项目的填制上基本原则相同，只在某些项目填制上另有区别。

1. 预录入编号

填写申报单位或预录入单位对该单位缮制录入的报关单的编号。用于该单位与海关之间引用其申报后尚未批准放行的报关单。报关单录入凭单的编号规则由申报单位自行决定。预录入报关单及 EDI 报关单的预录入编号由接受申报的海关决定编号规则,计算机自动打印。

2. 海关编号

填写海关接受申报时给予报关单的编号。海关编号由各海关在接受申报环节确定,应标识在报关单的每一联上。报关单海关编号为 9 位数字,由各直属海关统一管理。各直属海关对进口报关单和出口报关单应分别编号,并确保在同一公历年度内,能按进口和出口唯一地标识本关区的每一份报关单。各直属海关的统计、理单部门可以对归档的报关单另行编制理单归档编号。理单归档编号不得在部门以外用于报关单标识。

3. 进口口岸

填写货物实际进入我国关境口岸海关的名称。本栏目应根据货物实际进口的口岸海关选择填报《关区代码表》中相应的口岸海关名称及代码。进口转关运输货物需填报货物进境地海关名称及代码;无法确定进口口岸以及无实际进口的报关单,填报接受申报的海关名称及代码。

4. 备案号

填写进口企业在海关办理加工贸易合同备案或征、减、免税审批备案等手续时,海关提供给《进料加工登记手册》《来料加工及中小型补偿贸易登记手册》《外商投资企业履行产品出口合同进口料件及加工出口成品登记手册》(以下均简称《登记手册》)《进出口货物征免税证明》(以下简称《征免税证明》)或其他有关备案审批文件的编号。

5. 进口日期

进口日期指运载所申报货物的运输工具申报进境的日期。本栏目填报的日期必须与相应的运输工具进境日期一致。无实际进口的报关单填报办理申报手续的日期。本栏目为 6 位数,顺序为年、月、日各 2 位。

6. 申报日期

填写海关接受进口货物的收、发货人或其代理人申请办理货物进口手续的日期。预录入及 EDI 报关单填报向海关申报的日期,与实际情况不符时,由审单员按实际日期修改批注。本栏目为 6 位数,顺序为年、月、日各 2 位。

7. 经营单位

经营单位指对外签订并执行进口贸易合同的中国境内企业或单位。本栏目应填报经营单位名称及经营单位编码。经营单位编码为 10 位数字,指进出口企业在所在地主管海关办理注册登记手续时,海关给企业设置的注册登记编码。

8. 运输方式

填写货物进关境时所使用的运输工具的分类。

9. 运输工具名

填写载运货物进关境的运输工具的名称。

10. 提运单号

填写进口货物提单的编号。

11. 收货单位

此栏填写进口货物的收货人的名称和所在地。

12. 贸易方式

本栏目应根据实际情况按海关规定的《贸易方式代码表》选择填报相应的贸易方式简称或代码。

13. 征免性质

填写海关对进口货物实施征、减、免税管理的性质类别。本栏目应按照海关核发的《征免税证明》中批注的征免性质简称或代码。

14. 征税比例

征税比例仅用于"非对口合同进料加工"贸易方式下(代码"0715")进口料、件的进口报关单,填报海关规定的实际应征税比率,如:5%填报 5,15%填报 15。

15. 许可证号

本栏目用于应申领进口许可证的货物。此类货物必须填报外经贸部及其授权发证机关签发的进口货物许可证的编号,不得为空。一份报关单只允许填报一个许可证号,否则应分单填报。

16. 起运国(地区)

起运国(地区)指进口货物起始发出的国家(地区)。对发生运输中转的货物,如中转地未发生任何商业性交易,则起运地不变;如中转地发生商业性交易,则以中转地作为起运国(地区)填报。本栏目应按海关规定的《国别(地区)代码表》选择填报相应的起运国(地区)中文名称及其代码。无实际进口的,本栏目填报"中国"(代码"142")。

17. 装货港

填写进口货物境外起始发出港。本栏目应根据实际情况按海关规定的《港口航线代码表》选择填报相应的港口中文名称或代码,在运输中转地换装运输工具但未发生商业性交易的货物,运输单证上的装货港可以与起运地不一致。无实际进口的,本栏目为空。

18. 境内目的地

填写进口货物在国内的消费、使用地或最终运抵地。

19. 批准文号

进口报关单本栏目暂空,用于填报进口用汇核销单编号。

20. 成交方式

本栏目应根据实际成交价格条款按海关规定的《成交方式代码表》选择填报相应的成交方式代码。无实际进口的,填报 CIF 价。

21. 运费

本栏目用于成交价格中不包含运费的进口货物,应填报该份报关单所含全部货物的国际运输费用。

22. 保费

本栏目用于成交价格不包含保险费的进口货物,应填报该份报关单所含全部货物的国际运输的保险费用。

23. 杂费

填写成交价格以外的计入完税价格或加从完税价格中扣除的费用,如:手续费、佣金。

24. 合同协议号

本栏目填报进口货物合同(协议)号的全部字头和号码。

25. 件数

填有外包装的进口货物件数。

26. 包装种类

根据进口货物的实际外包装种类填写,如:木箱、纸箱、铁桶等。

27. 毛重(公斤)

填写货物及其包装材料的重量之和。

28. 净重(公斤)

填写货物的毛重减去外包装材料后的重量。

29. 集装箱号

填写装载货物进出境的集装箱两侧标识的全球唯一的编号。本栏目填写装载进口货物的集装箱编号。一票货物多集装箱装载的,填报其中之一,其余集装箱编号在备注栏填写或随附清单。

30. 随附单据

填写随进口货物报关单一并向海关递交的单证或文件。合同、发票、装箱单、许可证等必备的随附单证不在本栏目填报。本栏目应按海关规定的《监管证件名称代码表》选择填报相应证件的代码,并填报每种证件的编号(编号打印在备注栏下半部分)。

31. 用途

应根据进口货物的实际用途按海关规定的"用途代码表"选择填报相应的用途代码。

32. 标记及备注

本栏目下部供打印随附单据栏中监管证件的编号,上部用于选报以下内容:①受外商投资企业委托代理其进口投资设备、物品的外贸企业名称;②一票货物多个集装箱的,在本栏目报其余的集装箱号;③一票货物多个提运单的,在本栏目填报其余的提运单号;④标记代码等其他申报时必须说明的事项。

33. 项目

本栏目分两行填报并打印。第一行打印报关单中的商品排列序号。第二行专用于加工贸易等已备案的货物,填报和打印该项货物在《登记手册》中的项号。

34. 商品编号

填写海关规定的商品分类编码规则确定的进口货物的商品编号。

35. 商品名称、规格型号

本栏目分两行填报并打印。第一行打印进口货物规范的中文商品名称,第二行打印规格型号。

36. 数量及单位

填写进口商品的实际数量和计量单位。

37. 原产国(地区)

填写进口货物的生产、开采或加工制造国家(地区)。

38. 单价

填写进口货物实际成交的商品单位价格。

39. 总价

填写进口货物实际成交的商品总价。

40. 币制

填写进口货物实际成交价格的币种。

41. 征免

填写海关对进口货物进行征税、减税、免税或特案处理的实际操作方式。

42. 税费征收情况

此栏目供海关批注进口货物税费征收减免情况。

43. 录入员

本栏目用于填录 EDI 报关单打印录入人员姓名。

44. 录入单位

打印录入单位名称。

45. 申报单位

本栏目填写报关单左下方用于填报申报单位有关情况的总栏目。申报单位填写对申报内容的真实性直接向海关负责的企业或单位。自理报关的,应填报进口货物的经营单位名称及代码;委托代理报关的,应填报经海关批准的专业或代理报关企业名称及代码。本栏目内应加盖申报单位有效印章。本栏目还包括报关员姓名、单位地址、邮编和电话等分项目,由申报单位的报关员填报。

46. 填制日期

填写报关单的填制日期。

47. 海关审单批注栏

本栏目是供海关内部作业时签注的总栏目,由海关关员手工填写在预录入报关单上。其中"放行"栏填写海关对接受申报的进出口货物作出放行决定的日期。

样例 12-8

进口货物报关单样式

中华人民共和国进口货物报关单			
预录入编号		海关编号	
进口口岸	备案号	进口日期	申报日期
经营单位	运输方式	运输工具名	提运单号
收货单位	贸易方式	征免性质	征税比例
许可证号	起运国(地区)	装货港	境内目的地
批准文号	成交方式	运费	保费	杂费
合同协议号	件数	包装种类	毛重(公斤)	净重(公斤)

集装箱号	随附单据		用途
标记、唛头及备注			

项目	商品编号	商品名称、规格型号	数量及单位	原产国（地区）	单价	总价	币制	征免

税费征收情况				

录入员　录入单位	兹申明以上申报无讹并承担法律责任	海关审单批及放行日期（章）	
报关员 单位地址	申报单位（章）	审单　　　　审价	
		征税　　　　统计	
邮编　　电话　　填制日期		查验　　　　放行	

案例 12-2

FOB 条件下，仓至仓条款是否适用案

有一份 FOB 合同，货物在装船后，卖方向买方发出装船通知，买方向保险公司投保了仓至仓条款一切险。但货物在运往码头的途中，因暴风雨淋湿 10% 的货物。事后，卖方以保险单含有仓至仓条款，因而要求保险公司赔偿此项损失，但遭到保险公司拒绝。后来卖方又请求买方，以买方作为投保人的名义凭保险单要求保险公司赔偿损失，但同样也遭到保险公司拒绝。试问在上述情况下，保险公司有无拒赔的正当理由？为什么？

评析：索赔人向保险公司索赔时必须具备以下条件：

（1）保险公司与索赔人之间必须存在合法的有效的合同关系。所谓保险合同，一般是指保险单，保险单是保险合同的书面凭证。但保险单是保险公司签发的，因此严格地说，它应同被保险人填写的投保单合在一起才能看成是保险人和被保险人之间的合同。只有合法的

保险单的持有人才能向保险公司索赔。合法的持有人一般包括投保人或受让人。

（2）向保险公司行使索赔权利的人，必须享有保险利益。以货运保险来说，对货物拥有所有权的人，一般具有保险利益。但是在货物从卖方运交买方的过程中，其中要经过许多环节，比如货物从卖方仓库运出，在约定装船港装船，如按 FOB、CPR、CIF 合同买卖，在货物装船越过船舷之前，风险由卖方负责，因此在此期间，卖方具有保险利益。但是若卖方凭提单、保险单等装船单证向银行办理押汇，当这些单证已作为抵押品转移给银行，直至买方向银行付款赎单以前，银行则对保险标的具有保险利益。从上述过程来看，保险公司并不是简单地承保保险标的，而是要求被保险人对标的具有保险利益。

（3）被保险人或受让人索赔时，该项损失必须是保险单承保的范围。

从以上分析来看，本案例中保险公司所以拒绝卖方的索赔，是因为卖方虽然在当时具有对货物的所有权，但也不是上述保险单的被保险人或合法的受让人，尽管保险公司承担仓至仓条款的责任，卖方也不能向保险公司索赔；本案例中保险公司所以向买方拒赔，是因为买方虽然是保险单的校保险人或持有人，但是他当时对该标的尚未取得所有权，对货物装船前发生的风险损失不负任何责任，因此，他对装船前的标的不具有保险利益，尽管保险单内有仓至仓条款，保险公司对他也不承担赔偿责任。

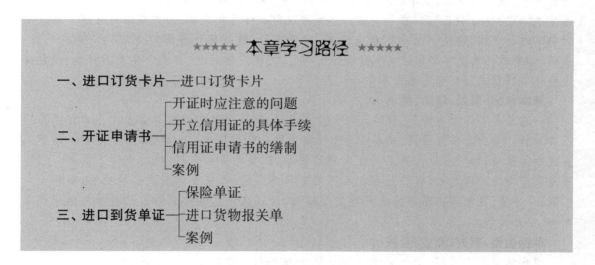

★★★★★ 本章学习路径 ★★★★★

一、进口订货卡片——进口订货卡片

二、开证申请书——开证时应注意的问题
　　　　　　　——开立信用证的具体手续
　　　　　　　——信用证申请书的缮制
　　　　　　　——案例

三、进口到货单证——保险单证
　　　　　　　　——进口货物报关单
　　　　　　　　——案例

本章复习思考题

1. 什么是进口订货卡片？

2. 开立信用证应注意哪些问题？

3. 我国的进口企业一般采用那些种方式进行进口货运保险并获得相应的保险单据？

知识扩充

国际贸易单证工作要点

从事国际贸易单证工作需要掌握许多"要点"。从易学、易记和实践中使用的频率高低

国际贸易实务

的角度,下面把单证工作的各个方面都以"三要点"的形式加以说明,希望能对大家理解和掌握相关知识有所帮助。

工作主线:合同、信用证、单据

这是一条贯穿整个国际贸易程序始终的主线。交易的双方在从事贸易活动时首先应订立合同以确定彼此的权利和义务,在此基础上(如果是信用证付款方式)由买方向本国开证行提出开证申请,并由后者向出口受益人开出信用证,然后买卖双方就以信用证和有关法律法规的规定为准来具体履行各自的义务,实践中履行义务多通过单据的形式实现。这条主线可简记为"3Cs":S/C(合同)——L/C(信用证)——DC(单据)。

工作过程:制作、审核、提交

任何一个环节的单证工作都可以缩略为上述三方面,该工作过程的主要依据是合同、信用证、有关惯例、规定和买卖货物的原始资料。第一、制作单据。单据不同的出单人各异:发票、箱单、汇票等由卖方做;运输部门通常会配合出具提单、运单、船证等;货物的保险手续则一定由保险公司办理,这就要求相关各方应密切协作,按要求顺序出单。第二、对制作完成的单据应严格审核,审核的一般过程是:制单人及其所在公司内部先自行核实,确认所做单据没有问题的情况下,再向本国银行/相关部门提交,银行有关部门将结合信用证等对单据进行逐字、逐句的审核,如单、证内容表面一致,银行将通过一定方式把全部单据寄国外有业务往来的银行(付款行),付款行审核后如无异议即履行付款义务,买方从付款行赎单前也要对单据进行审核,所以审核单据从出口方、出口银行、进口银行和进口方之间一直在进行。第三、如果单据的制作和审核没有发现任何问题,按规定的时间、方式和要求的种类、份数提交合格单据就成为顺理成章的事了。

基本单据:发票、箱单、提单

一笔业务不管内容繁简,当事人位于哪个国家,有关当事方通常都会要求出口方提交这三种单据。如交易条件不同,要求的单据种类也可能有所增减。比如 CIF 条件下出口方有义务提供保险单,如所出口的商品是法定检验商品,应有相应检验证;作为支付工具的汇票也不是每笔交易都需要的,有些业务根本不需要使用汇票;如果是易货或边境贸易,当事人一手钱,一手货,可能不需要单据或只有发票即可,所以单证从业人员对这三种单据必须认真对待、了如指掌。

单据类型:官方、商业、金融

单据的分类有多种,上述分类主要是从出单人和单据的作用角度进行划分的。官方单据主要指由官方机构核发的单据,诸如进出口报关单、检验检疫证、进出口收付汇核销单、原产地证和海关、领事发票等;商业单据主要是由进出口商、运输部门、保险公司等制作并提供的包括发票、装箱单、提单、保单、受益人证明、装运通知等在内的各种常见单据;金融单据用于取得货款,包括汇票、本票和支票。

【本书参考文献】

1. 宫焕久,许源.进出口业务教程[M].上海：上海人民出版社,2005.

2. 何民乐.国际贸易实务[M].大连：东北财经大学出版社,2003.

3. 韩常青.新编进出口贸易实务[M].北京：电子工业出版社,2005.

4. 任丽萍,陈伟.国际贸易实务[M].北京：清华大学出版社,北京交通大学出版社,2005.

5. 卓乃坚.国际贸易结算及其单证实务[M].第2版,北京：北京大学出版社,2015.

6. 吕红军.国际货物贸易实务[M].北京：中国对外经济贸易出版社,2002.

7. 方士华.国际贸易——理论与实务[M].大连：东北财经大学出版社,2003.

8. 吴百福.进出口贸易实务教程[M].上海：上海人民出版社,2003.

9. 周厚才.国际贸易理论与实务[M].北京：中国财政经济出版社,2001.

10. 彭福永.国际贸易实务教程[M].上海：上海财经大学出版社,2000.

11. 黄敬阳.国际货物运输保险[M].北京：中国对外经济贸易出版社,2002.

12. 陈志友.进出口贸易实务习题与解答[M].上海：立信会计出版社,2002.

13. 刁德霖.国际贸易习题与解答[M].上海：立信会计出版社,1997.

14. 王雪等.新编国际贸易单证实务[M].北京：化学工业出版社,2003.

15. 谢娟娟.对外贸易单证实务[M].天津：南开大学出版社,2015.

16. 曲建忠、刘福祥.国际贸易实务案例评析与疑难解答[M].青岛：石油大学出版社,1997.

17. 刘宝宏.国际贸易单证实务全书[M].北京：中国对外经济贸易出版社,1997.

18. 蒋学莺.外贸单证实务[M].北京：中国大地出版社,2004.

19. 吴泗宗,罗婉容.国际市场营销[M].太原：山西经济出版社,1994.

20. 刘德堂.怎样进行出口市场调研[M].北京：中国对外经济贸易出版社,1992.

21. 郭燕,何田田.进出口经营方案文选[M].北京：中国对外经济贸易出版社,1997.

22. 刘宝成.进出口实务操作[M].北京：中国纺织出版社,2004.

23. 袁永友,柏望生.新编国际贸易实务案例评析[M].北京：中国商务出版社,2004.

24. 许罗丹,杨全发.进出口贸易[M].广州：中山大学出版社,1995.

25. 陈建梁.新编国际金融[M].北京：经济管理出版社,2002.

26. 菲利浦·卡特奥拉(美).国际市场营销[M].北京：中国财政经济出版社,1989.

27. 张亚芬,陈明.国际贸易实务与案例教程[M].北京：高等教育出版社,2008.

28. 袁建新.国际贸易实务[M].上海：复旦大学出版社,2006.

29. 冷柏军.国际贸易实务[M].北京：中国人民大学出版社,2008.